FÖRDERVEREIN BERLINER STADTSCHLOSS

Wilhelm v. Boddien/Helmut Engel (Hrsg.)

Die Berliner Schlossdebatte – Pro und Contra

BERLIN
VERLAG

Die Deutsche Bibliothek – CIP-Einheitsaufnahme

Die **Berliner Schlossdebatte – Pro und Contra /**
Hrsg.: Wilhelm von Boddien/Helmut Engel. –
Berlin: Berlin Verl. A. Spitz, 2000
ISBN 3-8305-0106-4

Bildnachweis: Landesbildstelle Berlin,
Stiftung Preußische Schlösser und Gärten Berlin-Brandenburg,
Archiv Schloss Charlottenburg, Messbildarchiv Berlin, Gormannstraße
Farbige Fotos der Schlosssimulation:
Michael Haddenhorst, Berlin, Günter Schneider, Berlin

Satz & Layout, Reproduktion, Druck
igs.permedia GmbH, Berlin

Inhalt

Blick vom Zeughaus auf das Schloss 1938

Blick vom Zeughaus auf den Palast der Republik 1995

Wilhelm v. Boddien

Die Gegenstände: Schloss und Palast
Eine Beschreibung des Themas

Der Auseinandersetzung um die Bebauung der Mitte Berlins beruht auf der unterschiedlichen Auffassung der streitenden Lager, wie die historische Bedeutung des Standortes des künftigen Gebäudes zu interpretieren sei und die daraus resultierenden Konsequenzen zur Art seiner Architektur und Nutzung.

Der Platz definierte seit 1443 bis zum Ende der DDR die Staatsmitte, zunächst Brandenburgs, dann Preußens, des Kaiserreiches und schließlich der DDR. Lediglich zur Zeit der Weimarer Republik und des Hitlerreiches lag dieser wichtigste Ort Berlins im Abseits. Die Berliner Republik hat sich in der alten Reichshauptstadt eine neue Staatsmitte gesucht, den im Westen gelegenen Spreebogen, der nun die wichtigsten Funktionen von Regierung und Parlament beheimatet.

Die Mitte erhielt nur einen Teil ihrer ursprünglichen Staatsfunktionen zurück: Das Außenministerium nahm seinen Sitz am Friedrichwerderschen Markt und lediglich höchste staatsrepräsentative Ereignisse werden nach einer Neubebauung des Schlossplatzes dort stattfinden.

Der alte Standort des Schlosses ist zwischen 1974 und 1976 zur Hälfte mit dem wichtigsten Repräsentationsbau der untergegangenen DDR, dem Palast der Repulik, bebaut worden. Dieser Standort wird ihm nun streitig gemacht. Die Entscheidungen im Spreeinselwettbewerb von 1974 legten verbindlich fest, daß der Palast der Republik abgetragen werden soll und ein Neubau in der Kubatur des Schlosses an seiner Stelle errichtet werden soll. Da es bei diesem Wettbewerb um die künftige Struktur der Spreeinsel ging, wurden Entwürfe über die Architektur der Gebäude nicht ausgelobt und somit auch keine Vorentscheidungen hierzu getroffen.

An der Architektur des Nachfolgebaus entzündet sich der Streit – unter anderem z. B. daran, ob es angesichts der Leistungsfähigkeit der modernen Architektur nicht ein Rückschritt ins Reaktionäre wäre, wenn man statt eines neu konzipierten Gebäudes das Schlossäußere als Kopie errichten würde, ob eine moderne demokratische Nutzung des neuen Hauses in einem „Kaiserschloss" überhaupt denkbar wäre.

Ohne das Schloss ist die architektonisch-historische Entwicklung Berlins undenkbar, im Gegensatz zu den meisten europäischen Metropolen entwickelte sich die Stadt vom Schlossplatz aus, ohne dieses riesige Gebäude war die Stadt über Jahrhunderte nicht vorstellbar. Das Berliner Schloss war bis zu seiner Sprengung ihr Gravitationszentrum. Mit seiner Zerstörung brach die ganze historische Mitte zusammen, bezogen sich doch die wichtigsten repräsentativen Bauten der Stadt inhaltlich und architektonisch auf das Schloss, ergänzten im Laufe der Jahrhunderte dessen Funktionen oder übernah-

Palast der Republik. Lustgartenfassade 1995

Schloss. Lustgartenfassade vom Dom aus gesehen 1921

Schloss. Lustgartenfassade vom Dom aus gesehen 1921

Palast der Republik 1995

men sie sogar vollständig aus dem Riesenbau, der dafür immer mehr den großen Repräsentationsveranstaltungen der Staatsführung diente.

So entstand der imperiale Dom auf der Nordseite des Schlosses als Zeugnis für das damalige Verständnis der Einheit von Kirche und Staat. Das Alte Museum und nach ihm weitere Museumsbauten nahmen schon früher die königlichen Kunstsammlungen auf, für die im Schloss kein Platz mehr geschaffen werden konnte. Das Palais des Prinzen Heinrich wurde nach den napoleonischen Befreiungskriegen 1813 Sitz der Berliner Universität, die Staatsoper Unter den Linden mit anderen Theaterbauten diente der darstellenden Kunst. Das Zeughaus stand über Jahrhunderte als Arsenal für die Demonstration der Stärke des Landes dem Militär zur Verfügung. So hatte sich zusammen mit dem Schloss ein in der Welt einzigartiges Ensemble mit Gebäuden für alle wichtigen Funktionen des Staates in der alten Mitte Berlins gebildet, auf engstem Raum. Dies hatte natürlich auch Auswirkungen auf deren Architektur, die, angelehnt an die Dominanz der Schlossbaues, dessen Ergänzung, dessen Entsprechung suchte und dennoch durch die zeitlich verschiedenen Bauepochen und unterschiedliche Nutzung jedem Gebäude sein eigenes Gepräge gab. Von der großartigen Architektur des Schlosses herausgefordert, entstanden so Bauwerke von höchster architektonischer und künstlerischer Qualität, bildete sich das in den Kunstgeschichten der Welt gerühmte „Gesamtkunstwerk Berlin".
Alle Gebäude der Mitte waren auf das Schloss fixiert und befanden sich in einem höchst lebendigen Dialog mit ihm und zueinander. Diese Kommunikationslinien wurden durch den Abriß des Schlosses 1950 jäh unterbrochen; man spürt förmlich die Phantomschmerzen der um ihr wichtigstes Bauwerk amputierten Stadt.

Zur Zeit der Sprengung des Schlosses im Spätsommer des Jahres 1950 brach ein heftiger Streit über die Barbarei dieses Tuns aus, der sich in Argumenten widerspiegelte, die auch heute noch Gültigkeit haben und die sich fast unverändert auch im neuerlichen Streit wiederfinden. Deswegen seien hier einige zitiert:
„Das Zentrum unserer Hauptstadt, der Lustgarten und das Gebiet der jetzigen Schlossruine, müssen zu dem großen Demonstrationsplatz werden, auf dem der Kampfwille und Aufbauwille unseres Volkes Ausdruck finden."
(Walter Ulbricht, 1950 Generalsekretär der SED)

Ruine des Schlosses. Eosanderfront 1950

Sprengung der Südfassade des Schlosses 1950

„So ist mein Gewissen beruhigt. Jetzt schreien alle, und wenn das Schloss weg ist, kräht kein Hahn mehr danach." (Otto Grotewohl, 1950 Ministerpräsident der DDR)

„Wir hatten die Wahl: Schloss oder Dom. Hätten wir den Dom abgerissen, dann hätte der Westen für einige Jahre Wasser auf der Mühle gehabt und von „Kirchenstürmerei" gesprochen. Dann lieber das Schloss. Mit den Kunsthistorikern werden wir schon fertig." (Wilhelm Girnus, später Staatssekretär für Fach- und Hochschulwesen der DDR)

„In Anbetracht seiner europäischen künstlerischen, seiner geschichtlichen, seiner städtebaulichen und seiner sozialgeschichtlichen Bedeutung, in Anbetracht dessen, daß das Schloss ein Zeuge der Berliner Baukunst durch fünf Jahrhunderte ist, wendet sich die Deutsche Akademie der Wissenschaften mit schwersten Bedenken gegen eine etwa geplante endgültige Zerstörung des Schlosses. Die Akademie tut dies in der Erfüllung ihrer Kompetenz und ihrer Pflicht, sich an der Fürsorge für die Kulturgüter des deutschen Volkes im Allgemeinen und an der Denkmalpflege im Besonderen zu beteiligen. Unter den von diesen zu betreuenden Objekten steht das Schloss an erster Stelle." (Prof. Dr. Johannes Stroux, 1950 Präsident der Akademie der Wissenschaften)

„Solange man mir den Mund nicht gewaltsam verschließt, werde ich nicht aufhören, gegen den Beschluss zu protestieren, und zwar nicht als Angehöriger des Westens, sondern als ein Sohn des Ostens, der aufs Innigste mit Berlin und seiner Kultur verknüpft ist und der bemüht ist, in kulturellen Fragen dem Osten das Gewicht zu erhalten, auf das er durch die großen Hinterlassenschaften der Kunst, wie das Berliner Schloss, einen Anspruch hat." (Prof. Dr. Richard Hamann, 1950 Ordinarius für Kunstgeschichte an der Humboldt-Universität in Ostberlin)

„Hier steht wahrhaft zeitlose und große Form vor uns, auch in der Ruine spricht sie noch laut und eindrucksvoll genug. Man sollte sie retten, sie wieder herstellen. In Berlin aber wird weiterhin gesprengt und eingerissen – die Sprengung des Berliner Schlosses ist ein unbegreiflicher Akt fanatischen Zerstörungswillens, den die Geschichte als sinnlos und frevelhaft verurteilen wird." (Prof. Dr. Ernst Gall, 1950 Generaldirektor der bayrischen und preußischen Schlösserverwaltung)

Palast der Republik vom Alten Museum aus gesehen

„Wenn die Abrisspläne Wirklichkeit werden – und wir stehen vor einem Fait accompli – dann sollte man der Stadt einen anderen Namen geben. Das, was hier geschieht, ist wohlüberlegter, kaltblütiger Mord." (Dr. Stengel, 1950 Direktor des Märkischen Museums in Ostberlin)

„Die Machthaber des Tages im östlichen Berlin vernehmen den Ruhm des Schlosses als Mißlaute eines längst vergangenen Fürstenkultes. Diese haben ihre empfindlichen Trommelfelle irritiert und sollen jetzt zum Verstummen gebracht werden. Sie wollen lieber ihre eigenen Laute hören auf dem Aufmarschplatz, den sie auf dem Grundstück des abgerissenen Schlosses anlegen. Auch dieser öde Platz wird eines Tages ein Denkmal sein – ein Denkmal der Pietätlosigkeit, der Engstirnigkeit und der geistigen Armut." (Prof. Dr. Ragnar Josephson, Svenska Dagbladet, Stockholm, 1950)

An die Stelle des Schlosses trat 1951 der uferlose Marx-Engels-Platz mit der großen Tribüne im Osten, über die meiste Zeit des Jahres eine gähnende Einöde, da er nur an wenigen Tagen im Jahr für die Aufmärsche der DDR benötigt wurde.

Zwischen 1974 und 1976 wurde an der Stelle der Tribüne auf der östlichen Platzhälfte der Palast der Republik errichtet, der nach der Anerkennungswelle der DDR, nach dem Fall der Hallstein-Doktrin, Anfang der 70er Jahre, als Volkshaus, als Symbol der Souveränität und des Leistungsvermögens der sozialistischen Gesellschaft der DDR, als deren gesellschaftliches Zentrum konzipiert wurde. Er war der zentrale Veranstaltungsort der DDR, in ihm fanden die wichtigsten politischen Großveranstaltungen statt, wie die Parteitage der SED. Für diese wurde die gesamte Infrastruktur des Palastes benötigt, so daß er dann an einigen Tagen im Jahr für die Öffentlichkeit geschlossen wurde. Die meiste Zeit aber stand er der allgemeinen Öffentlichkeit für kulturelle Großveranstaltungen, für Bälle oder für das kleine Amüsement zur Verfügung. Mangels anderer attraktiver Veranstaltungsorte in Ostberlin wurde er so zum Mittelpunkt eines neuen Staatsbewußtseins der DDR und ihrer Bürger.
Der öffentlich zugängliche Teil bestand aus den großen Foyers mit den Galerien und dem Palasttheater, den großen und kleinen Restaurants, dem Jugendtreff und der Bowlingbahn. Dominiert wurde er von dem Großen Saal, der mit damals modernster Technik ausgestattet wurde, um ihn zu variieren. So konnte er für Veranstaltungen aller Art von 1000 bis 5000 Teilnehmern in kürzester Zeit umgebaut werden, war aber nicht teilbar.
Im allgemein öffentlich nicht zugänglichen Nordflügel wurde die Volkskammer eingerichtet, der Sitz des Scheinparlamentes der DDR, die nur wenige Male im Jahr zur Akklamation der Vorhaben der Partei einberufen wurde. Erst mit der Wende 1989 und mit dem ersten frei gewählten Parlament der DDR zog 1990 für wenige Monate Zeit ein höchst lebendiger und streitbarer Parlamentarismus in diese Räume ein, der aber schon bald ein jähes Ende fand, als die Regierung der DDR kurz vor der Wiedervereinigung den Palast insgesamt wegen seiner hochgradigen Asbestverseuchung für die Öffentlichkeit sperrte.
Die Volkskammer zog noch vor der Wiedervereinigung in das ZK-Gebäude der SED um, in die frühere Reichsbank am Kupfergraben. Seitdem ist der Palast geschlossen.
Zur Zeit finden im Inneren umfangreiche Rückbaumaßnahmen statt, die Asbestbeseitigung ist in vollem Gange. Übrig bleiben wird im Jahre 2001 nur noch der Rohbau des Gebäudes: sein stählernes Tragwerk und einige Betonfahrstuhltürme, Brandmauern und Treppenanlagen. Es ist äußerst unwahrscheinlich, daß er in der bisherigen Raumkonzeption wiederaufgebaut wird, da diese für die Nutzungen der heutigen Zeit denkbar ungeeignet ist und damit ein rentabler, subventionsfreier Betrieb unmöglich sein wird. Dazu stellt sich das Problem seiner Erweiterung durch die Nowendigkeit der

Schlosssimulation am Marx-Engels-Platz

Bebauung des früheren Aufmarschplatzes vor dem Palast, dessen Einöde in die Baukonzeption eines Nachfolgebaues einbezogen werden muss. Auch äußerlich würde damit der Palast sein überliefertes Bild, seine Identität verlieren. Er wird nicht mehr als Traditionsbau der DDR erkennbar sein.

Heute sind sich alle Seiten einig über die Barbarei der Sprengung und des Abrisses des Schlosses. Selbst die PDS als Nachfolgerin der SED bezeichnet die Sprengung des Schlosses als unentschuldbaren Sündenfall der DDR-Regierung. Und mancher nutzt dieses Eingeständnis, um seinerseits zu fordern, eine solche Untat nicht mit einer weiteren zu kompensieren, nämlich dem Abriss des Palastes.
So ergeben sich heute in der Debatte um die bauliche Zukunft der Mitte Berlins mehr offene Fragen und konträre Ansichten, als bislang Antworten hierzu gefunden werden konnten:

Was soll hier gebaut werden? Der erweiterte Palast der Republik? Eine Art Centre Pompidou als Beweis der Schöpfungskraft der Architektur der Moderne?

Oder einfach nur das historische Schloss – und wenn, auch einschließlich seiner einst so kostbaren Innenräume?

Eine Kombination aus Schloss und Palast etwa, oder eine aus Palast und Centre Pompidou?

Fragen über Fragen:

Wiegt ein möglicher Wiederaufbau des Palastes nach der Asbestentsorgung den dann endgültigen Verlust der historischen Mitte auf? Ist sein Denkmalwert über dem des wiederhergestellten Ensembles anzusiedeln, das ohne Schloss undenkbar ist?
Oder wiegt die Wiederherstellung dieser berühmten Vedoute, der historischen Mitte Berlins, des Ensembles aus Schloss und umgebenden historischen Bauten mit ihrem Bedeutungsalter für die europäische Kulturgeschichte dies nicht alles auf? Ist diese nicht ein Teil des europäischen Gedächtnisses?

Gibt es Beispiele dafür, dass ein modernes Gebäude anstelle seines historischen Vorgängerbaus ein altes Stadtensemble wieder zusammengefügt hat, und zwar so, dass das einzelne Bauwerk dieses Ensembles seine ursprüngliche künstlerisch-individuelle Bedeutung zurückerhielt, das kunstvoll gewebte Kommunikationsnetz der Gebäude untereinander wiederhergestellt und der moderne Neubau wiederum der qualitativ Beste des Ensembles wurde?

Wer finanziert das Bauvorhaben und wie soll es genutzt werden?

Dieses Buch will über die Problemstellung und zur Versachlichung des Prozesses informieren. Es will Erläuterungen geben, die ein besseres Verständnis ermöglichen, und beleuchtet hierzu die verschiedenen Facetten der Diskussion über den Berliner Schlossplatz. Es will so dafür sorgen, dass die so dringend notwendigen Beschlüsse für Berlin bald und richtig getroffen werden können.
Bundesregierung und Senat haben unsere Arbeit bislang interessiert und mit großem Wohlwollen begleitet. Hierfür gebührt ihnen Dank. Auch das Medieninteresse ist ständig gewachsen, und auch die kontroverse Berichterstattung half, die Plattform für unsere Arbeit zu verbreitern, die Öffentlichkeit immer mehr für die Mitte Berlins zu sensibilisieren, Dank also auch den Journalisten, ohne die wir die Öffentlichkeit nicht erreicht hätten.
Besonders herzlich danken wir aber allen Autoren dieses Buches für ihren engagierten Beitrag, den sie zugunsten der guten Sache honorarfrei zur Verfügung gestellt haben. Wir danken den Bildarchiven für die Möglichkeit, ihr Bildmaterial für dieses Buch ebenfalls honorarfrei zu verwenden. Durch die großzügige, aus den Spenden seiner Mitglieder und Förderer finanzierte, weitgehende Druckkostenübernahme des Fördervereins Berliner Stadtschloss e.V., Berlin, wäre es nicht möglich gewesen, dieses Buch herauszugeben und wichtigen Multiplikatoren aus Politik, Kultur, Wirtschaft und Medien zuzuleiten. Auch diesen Tausenden von engagierten Bürgern gebührt unser großer Dank.
Auch meinem Mitherausgeber Prof. Dr. Helmut Engel, dem Landeskonservator von Berlin, danke ich herzlich für seine immer positiv-kritische und konstruktive Unterstützung bei der Idee, Gestaltung und redaktionellen Umsetzung dieses Buches.

Berlin, im Mai 2000

Wilhelm v. Boddien

Lustgarten mit Schloss 1930

Friedrich Vollhardt

Originalität – eine Begriffsbestimmung*

Unter *Originalität* versteht man die einem Menschen, insbesondere einem Künstler (Autor) zugeschriebene Kreativität bzw. die an einem (literarischen) Werk wahrgenommene Neuheit. Das seit dem 18. Jahrhundert, in Deutschland vor allem seit dem *Sturm und Drang* verwendete Prädikat steht im Zusammenhang mit älteren Vorstellungen des Schöpferischen, Ursprünglichen und Innovativen, welche (1) die natürliche Begabung und außergewöhnliche Fähigkeit eines Individuums (*Genie*) umschreiben sowie (2) die unverwechselbare, dabei zugleich musterhafte Eigenart seiner künstlerischen (zunehmend seltener: wissenschaftlichen) Leistung charakterisieren sollen.

Beide Bestimmungen dienen der Abgrenzung von als vorbildlich angesehenen Autoren der Antike wie der Neuzeit sowie von geltenden Gattungskonventionen und poetologischen Normen, vornehmlich jenen der Nachahmung (*Imitatio*). Der Bruch mit der literarischen Tradition gilt als Qualitätsmerkmal, ebenso die behauptete Unabhängigkeit von Bezugstexten (verneinte *Intertextualität*). Aufgrund dieser weitreichenden, dabei notwendig unscharf bleibenden Kriterien entwickelte sich parallel zu dem noch im 19. Jahrhundert wirkungsmächtigen Konzept positiver Individualität die Forderung nach einschränkenden Maßstäben der Beurteilung (‚originaler Unsinn'), ohne daß sich hieraus präzisere Beschreibungen ergaben. In der Literaturwissenschaft ist der Terminus *Originalität* kaum noch in Gebrauch, im Unterschied zur *Literaturkritik*, wo die der Wertung dienende Formel die in der Goethezeit geprägte Topik ‚schöpferischer Kreativität' mehr oder weniger explizit aufnimmt.

Wortgeschichtlich leitet sich der Terminus vom französischen *Originalité* (Selbstständigkeit, Ursprünglichkeit, Eigenartigkeit) ab, das seit dem späten 17. Jh. nachgewiesen ist.[1] Im 18. Jahrhundert wurde er ohne Bedeutungsänderung als *originality* in die englische sowie als *Originalität* in die deutsche Sprache übernommen.[2] Wortgeschichtliche Zusammenhänge bestehen mit lateinisch *origo* (Ursprung, Quelle)[3] und *originalis* (ursprünglich)[4]. Das substantivierte Adjektiv des Neutrums ist seit dem 15. Jahrhundert in der Kanzleisprache belegt (mittellateinisch *originale*, ohne feste Terminologie).[5] Die im 18. Jahrhundert entstehenden Wortzusammensetzungen wie *Originalcharakter, -denker, -dichter, -kerl, -kopf, -künstler, -manier, -novellen, -schriftsteller, -stück*[6] veralten seit der zweiten Hälfte des 19. Jahrhunderts oder sterben aus.

Lustgarten mit Amazone

Die Sachgeschichte des Begriffs reicht bis in die lateinische Poetik der Antike zurück. Diese lässt dem Autor die Wahl zwischen der Bearbeitung überlieferter und der Erfindung neuer Stoffe, bei deren Ausarbeitung auf die Regeln der Wahrscheinlichkeit und Stimmigkeit zu achten ist: „aut famam sequere aut sibi convenientia finge, scriptor."[7] Der Dichter erscheint damit als „Kristallisationspunkt von Tradition und Originalität".[8]

Die mittelalterliche Dichtung und Poetik (Galfrid von Vinsauf, um 1210) hat den Verfahren der ‚dilatatio materiae' (*Amplificatio*), der formbildenden Bearbeitung tradierter Themen, den Vorzug gegenüber der Erfindung neuer ‚materiae' gegeben.[9] Die in der Forschung lange Zeit als Reform des *Meistergesangs* gedeutete Forderung nach einem neuen und eigenen ‚Ton', wie sie sich bei dem Nürnberger Hans Folz im späten 15. Jahrhundert findet, lässt sich möglicherweise mit dem heutigen Begriff vom künstlerischen Eigentum,[10] kaum aber mit jenen im 18. Jahrhundert ausgebildeten Vorstellungen von *Originalität* in Verbindung bringen[11].

Diese bilden sich auf der Grundlage von Anregungen und Einsichten, welche die einflussreichste Poetik des Humanismus auf die Formel einer quasi-göttlichen Schöpferkraft des Dich-

ters brachte, der hierin anderen Künstlern überlegen sei: „At poeta et naturam alteram et fortunas plures etiam ac demum sese istoc ipso perinde ac deum alterum efficit."[12] Zusammengefasst wurden die poetologischen Revisionen in dem Neuheits-Theorem (Novitas): „Summa enim laus in poetica novitas."[13]
Doch erst im 18. Jahrhundert entfalteten diese programmatischen Sätze ihre eigentliche Wirkung. Zunächst führte das gesteigerte Kreativitätsbewusstsein weder zu einer Auflösung der imitatio-Lehren,[14] noch bewirkte die Novitas-Formel einen Verzicht auf die Ableitung von Regeln zur Herstellung ‚origineller' poetischer Arbeiten.[15] Erst am Ende des 17. Jahrhunderts mehren sich dann auch in Deutschland Urteile über „vortrefflichste Poete[n]" wie Paul Fleming, dessen „unvergleichlicher Geist [...] mehr auff sich selbst/als frembder Nachahmung beruhet."[16]
Die Rezeption der in England durch Shaftes bury, Edward Young, William Duff u. a. entwickelten Modellbildungen[17] begünstigte – parallel zu der Ablösung der rhetorischen Regelpoetik durch die *Ästhetik* – in den literarischen Zentren der deutschsprachigen Länder (einschließlich der Schweiz) die Ausbildung eines Konzepts der *Originalität*, das mit den Begriffen Ausdruck, Ursprünglichkeit, Phantasie, Natur, „Eingegeistetes"[18] eine durch Sprache erzeugte Erlebensdimension umschreibt. In keinem anderen europäischen Land entwickelte sich jedoch gleichzeitig eine so starke Kritik an den „Originalköpfen" und ihren „Andachten über eine Schnupftabacksdose":[19] „Nulle part le débat sur l'originalité littéraire n'a été plus passioné, plus général, plus profond que dans le monde de langue allemande."[20] Wenn literarische Werke nur als Ausdruck der ‚Individualität' des Autors Geltung haben, sind sie weder kritisierbar noch musterbildend.
In der ‚Kritik der Urteilskraft' hat Kant dieses Problem zu lösen versucht, indem er Originalität als die Fähigkeit des Genies bestimmte, seine Produkte „exemplarisch" zu machen, so dass sie „mithin, selbst nicht durch Nachahmung entsprungen, anderen doch dazu, d. i. zum Richtmaße oder Regel der Beurteilung, dienen müssen" (§ 46). Der nicht aufgelöste Widerspruch im Begriff einer ‚musterhaften Originalität' ist um 1800 eingehend untersucht worden.[21] Er begleitet die ästhetische Theoriebildung im 19. Jahrhundert, die ein zunehmend geringeres Interesse an der Frage nach der Originalität zeigt. Zur Geschichte und Vorgeschichte des ‚Geniebegriffes' veröffentlichte Edgar Zilsel 1926 eine materialreiche Arbeit, an welche die Forschung erst spät (Nachdruck 1972) angeknüpft hat. Ebenfalls in den 1920er Jahren erschien die dezidiert ahistorische, Elemente der Phänomenologie und des Neukantianismus aufnehmende Studie von Meikichi Chiba zur ‚Originalitätslehre', die ohne Nachfolge blieb.
Die zahllosen Erwähnungen des Begriffs der Originalität in Titeln literaturwissenschaftlicher Arbeiten verdankt sich zumeist dem Bedürfnis der Verfasser, ihren Gegenstand durch die vage Anspielung auf einen Grundbegriff der idealistischen Ästhetik aufzuwerten. In jüngster Zeit ist der Versuch unternommen worden, den in der Kreativitätspsychologie gebrauchten Begriff der Originalität[22] für die Analyse der Künstlerproblematik in den Novellen des 19. und frühen 20. Jahrhunderts zu nutzen.[23]

Prof. Dr. Friedrich Vollhardt, Gießen, geb. 1956, ist Inhaber des Lehrstuhls im Institut für Neuere deutsche Literatur der Justus-Liebig-Universität Gießen. Der vorliegende Artikel wird in Kürze im zweiten Band des Reallexikons der deutschen Literaturwissenschaft im Walter de Gruyter-Verlag, Berlin, erscheinen.

* Der folgende Beitrag ist für den zweiten Band der Neubearbeitung des Reallexikons der deutschen Literaturwissenschaft verfasst worden, der in Kürze erscheint (Neubearbeitung des Reallexikons der deutschen Literaturgeschichte. Gemeinsam mit Georg Baumgart, Klaus Grubmüller, Jan-Dirk Müller und Friedrich Vollhardt hg. v. Harald Fricke). Die Herausgeber danken dem Verlag Walter deGruyter (Berlin) für die Erlaubnis zum Vorabdruck.

1 Logan Pearsall Smith: Four Words *Romantic, Originality, Creative, Genius*. Oxford 1924. S. 17.

2 Hans Schulz: Deutsches Fremdwörterbuch. Fortgeführt von Otto Basler. Bd. 2. Berlin 1942. S. 272.

3 Friedrich Kluge: Etymologisches Wörterbuch der deutschen Sprache. Bearbeitet von Walther Mitzka. Berlin 1967. S. 524.

4 Deutsches Wörterbuch von Jacob und Wilhelm Grimm. Neubearbeitung. Bd. 7. Leipzig 1993. S. 1347f.

5 Zu späteren Übersetzungen aus dieser Wortgruppe vgl. Klaus Grubmüller, Klaus Weimar: Art. *Authentizität*. In: Reallexikon der deutschen Literaturwissenschaft. Neubearbeitung des Reallexikons der deutschen Literaturgeschichte. Gemeinsam mit Harald Fricke, Klaus Grubmüller und Jan-Dirk Müller hg. v. Klaus Weimar. Bd. I. Berlin, New York 1997. S. 168f.

6 Vgl. Deutsches Wörterbuch von Jacob und Wilhelm Grimm. Neubearbeitung. Bd. 7. Leipzig 1993. S. 1348; Hans Schulz: Deutsches Fremdwörterbuch. Fortgeführt von Otto Basler. Bd. 2. Berlin 1942. S. 269f.

7 Horaz: ‚De arte poetica' v. 119f.

8 Manfred Fuhrmann: Einführung in die antike Dichtungstheorie. Darmstadt 1973. S. 108.

9 Vgl. Franz J. Worstbrock: Dilatatio materiae. In: Frühmittelalterliche Studien 19 (1985). S. 1–30, Zitat S. 9f.

10 Vgl. Gisela Kornrumpf, Burghart Wachinger: Alment. In: Deutsche Literatur im Mittelalter. Hg. v. Christoph Cormeau. Stuttgart 1979. S. 356–411, Zitat S. 376f.

11 Vgl. Karl Stackmann: Quaedam Poetica. In: Literatur, Musik und Kunst im Übergang vom Mittelalter zur Neuzeit. Hg. v. Hartmut Bookmann u.a. Göttingen 1995. S. 132–161, Zitat S. 145.

12 Julius Caesar Scaliger: Poetices libri septem. Sieben Bücher über die Dichtkunst. Unter Mitwirkung von Manfred Fuhrmann hg. und übers. v. Luc Deitz und Gregor Vogt-Spira. Bd. I/1. Stuttgart-Bad Cannstatt 1994. S. 70: "der Dichter dagegen nicht nur eine zweite Natur, sondern auch noch mehr Lebensschicksale erschafft, und sich eben hierdurch selbst gewissermaßen zu einem zweiten Gott macht". Vgl. auch Vinzenz Rüfner: Homo secundus Deus. In: Philosophisches Jahrbuch 63 (1955). S. 248–291, Zitat S. 273; Godo Lieberg: Poeta creator. Amsterdam 1982. S. 164; Eugène N. Tigerstedt: The poet as creator. Origins of a metaphor. In: Comparative Literature Studies 5 (1968), S. 455–488.

13 Scaliger Bd. I/1, S. 162: „Das höchste Lob kommt in der Dichtung nämlich der Neuheit zu". Vgl. auch Hans-Joachim Lange: Aemulatio Veterum sive de optimo genere dicendi. Bern 1974. S. 133ff.

14 Vgl. Alfons Reckermann: Das Konzept kreativer imitatio im Kontext der Renaissance-Kunsttheorie. In: Innovation und Originalität. Hg. v. Walter Haug und Burghart Wachinger. Tübingen 1993. S. 248–291.

15 Beispielhaft etwa in Jacob Masens ‚Ars nova argutiarum' (1649) sowie ‚Palaestra eloquentiae ligatae' (1654–57). Vgl. Barbara Bauer: Jesuitische 'ars rhetorica' im Zeitalter der Glaubenskämpfe. Frankfurt 1986.

16 Daniel Georg Morhof: Unterricht von der Teutschen Sprache und Poesie [1700]. Hg. v. Henning Boetius. Bad Homburg 1969. S. 214.

17 Vgl. Elizabeth L. Mann: The problem of originality in english literary criticism, 1750–1800. In: Philological Quaterly 18 (1939). S. 97–118; Wolfgang Clemen: Originalität und Tradition in der englischen Dichtungsgeschichte. München 1978; Patricia Philipps: The adventurous muse. Theories of originality in English poetics 1650–1760. Uppsala 1984.

18 Herder über Klopstock, in: Allgemeine deutsche Bibliothek. Hg. v. Friedrich Nicolai. 118 Bd. XIX/1. Berlin, Stettin 1773. S. 109–123, Zitat S. 112; weitere Belegstellen bei Hans Schulz: Deutsches Fremdwörterbuch. Fortgeführt von Otto Basler. Bd. 2. Berlin 1942. S. 272f.

19 Georg Christoph Lichtenberg: Vermischte Schriften. Neue vermehrte, von dessen Söhnen veranstaltete Original-Ausgabe. Bd. 1. Göttingen 1844: ‚Parakletor oder Trostgründe für die Unglücklichen, die keine Originalgenies sind', S. 209.

20 Roland Mortier: L'originalité. Genf 1982. S. 38.

21 Ferdinand Heinrich Lachmann ‚Ueber Paradoxie und Originalität' (1801); zit. nach Kerstin Stüssel: Poetische Ausbildung und dichterisches Handeln. Tübingen 1993. S. 116.

22 Vgl. etwa Hans-Joachim Krämer: Zu Konzept und Diagnose der Originalität. München 1979.

23 Vgl. Günter Blamberger: Das Geheimnis des Schöpferischen oder: Ingenium est ineffabile? Stuttgart 1991.

Hermann Wirth

Rekonstruktion, Wiederaufbau, Nachbau oder Kopie?

Abb. 1 Weimar, Kopie der Brunnenfigur des Neptunbrunnens auf dem Marktplatz

Angeregt hat diesen bereits 1993 verfassten Beitrag nicht so sehr der Kampanile von St. Markus in Venedig (1902–1912), auch nicht die Frauenkirche in Dresden (ab 1989), sondern das aktuelle Wiederaufbegehren hinsichtlich des Berliner Stadtschlosses frühestens seit 1950, spätestens seit der Wiedervereinigung Deutschlands. Er basiert auf der, seit etwa einhundert Jahren seriös, vorher nahezu ausschließlich, danach aber immer noch von bloßen Emotionen belasteten Debatte über die „richtigen“ (besser: angemessenen) denkmalpflegerischen Methoden. Die diesem gegenüber zunächst gebotene und entsprechend bekundete Skepsis[1] ist indessen – nach dem, was sich in Berlins Mitte baulich konzeptionell und baupraktisch seit 1993 tatsächlich ereignet hat – der Erkenntnis gewichen: Es gibt zu allem bisher Erwogenen nur eine einzige Alternative, nämlich das Neuentstehen des Schlosses, freilich nicht als solches, sondern eines Neubaus im architektonischen Erscheinungsbild und mit der städtebaulichen Prägnanz und Identifikationskraft des Alten. Den Vorwurf des architektonischen Historismus kann hierbei nur das denkmalpflegerische Anliegen, nämlich für eine (in diesem Fall partielle) Kopie, ausräumen, dem allerdings ein immer noch bestehendes Defizit begrifflicher Übereinkünfte mit inhaltlich-sachlichen Konsequenzen entschieden im Wege steht.

Begrifflicher Wirrwarr macht das Dilemma deutlich: Niemand weiß mehr, worüber jemand spricht, wenn von „Rekonstruktion“, „Restaurierung“, von „Denkmalen“ oder „Denkmälern“ die Rede ist. Bestenfalls weiß es der jeweilige Referent oder Textautor, der, wenn er sich selbst dazu nicht näher erklärt, es jedoch dem beliebigen Ermessen seiner Hörer bzw. Leser anheim stellt, bei „Denkmälern“ an in Metall, Stein oder Holz nachgebildete Personen auf hohem Sockel, bei „Denkmalen“ vielleicht an Dampfmaschinen oder an Kirchen, Burgen, Schlösser und alte Häuser zu denken; mit dem Begriff „Restauration“ an einen Gasthof, an Absichten zur Restitution von gesellschaftlichen Zuständen der Vergangenheit oder an die Wiederherstellung desolater Baustrukturen („Restaurierung“) erinnert zu werden, bei „Rückbau“ an den Vernichtungsakt gegen ein historisches bauliches Dokument oder lediglich an eine städtebauliche Korrektur; mit „Kopie“ gedankliche Verbindungen zu einer möglicherweise bereits in zweiter Ausfertigung ein denkmalgeschütztes Architekturensemble prägenden Skulptur (Abb. 1), zu einem „originalgetreuen“ Nach- bzw. Wiederaufbau eines kompletten Gebäudes (Abb. 2) oder einer Platzfront (Abb. 3), zur Wiedergewinnung eines baulichen Identitätsträgers (Abb. 4) oder zum architektonischen Historismus zu knüpfen; schließlich unter „Rekonstruktion“ alles das zu begreifen, was „Kopie“, „Wiederaufbau“ und „Restaurierung“ beinhalten. Begriffliche Klärung tut not; sie ist geboten, auch wenn üblich gewordene Sprachgepflogenheiten schier unüberwindbare Barrieren aufwerfen und ein derartiger Versuch aussichtslos erscheinen mag. „Denkmäler“ sind absichtlich gesetzte, nach Alois Riegl „gewollte“ Erinnerungszeichen[2] in Holz, Stein oder Metall. „Denkmale“ ist der plurale Sammelbegriff für „gewollte“ und „gewordene“ (da durch Willensakt mit memorialer Weihe ausgezeichnet, schließlich auch „gewollte“) Schutz- und Pflegeobjekte aus der Menge der geschichtlichen Hinterlassenschaften. „Restau-

Abb. 2
Frankfurt/M., Kopie des Goethehauses

Abb. 3
Frankfurt/M.: Römerberg, Nachbau der Ostseite des Sonnabendmarktplatzes

Abb. 4a/4b Berlin, Baumaske einer erwogenen Baukörper- und Fassadenkopie des einstigen Residenzschlosses, 1993

Abb. 5
Athen, Korenhalle des Erechtheions auf der Akropolis mit konservierend kopierten Koren

rierung“ (nicht „Restauration“), d. h. die Wiederherstellung eines einst vorhanden gewesenen, authentisch dokumentierten gestalterischen Zustandes, ist die (nach der „gestaltenden Denkmalpflege“) am häufigsten angewendete Methode in der denkmalpflegerischen Praxis, trotz der gelegentlich in extreme Orthodoxie entgleitenden Argumentation – bei schon penetranter Wiederholung der unter ganz anderen historischen Umständen von Georg Dehio 1905 erhobenen Forderung: „... nicht restaurieren – wohl aber konservieren“[3]. In Restaurierung und „Konservierung“ – d. h. Erhaltung (nicht Erhalt, was etwas nicht Gegebenes, aber Begehrenswertes beinhaltet) eines vorgefundenen Erscheinungsbildes mit allen Abnutzungs- und Verfallsspuren, mit allen bislang erfolgten Bereicherungen und Verstümmelungen – erschöpfen sich die praktischen denkmalpflegerischen Maßnahmen, so jedenfalls im traditionellen Begriffsverständnis. „Die Restaurierung ... findet dort ihre Grenze, wo die Hypothese beginnt“[4]. Mit diesem Satz legte die „Charta von Venedig“ 1964 die Schwelle des denkmalpflegerischen Praxisfeldes fest. Demzufolge wären alle praktischen Maßnahmen am Denkmal, die über Konservierung und Restaurierung hinausgehen, der denkmalpflegerischen Fachkompetenz entzogen – ein verhängnisvoller und oft voreilig gezogener Schluss. Hier sind Relativierung und Erweiterung denkmalpflegerischer Begrifflichkeiten dringlichst geboten. Die behördliche, amtliche Zuständigkeit mag, wenn die Schwelle zu Praxisfeldern jenseits von Konservierung und authentisch quellenkundlich legimitierter Restaurierung überschritten werden muss, als erloschen betrachtet werden; für die fachliche denkmalpflegerische Verantwortung kann und darf das nicht zutreffen.

Unter dem ausschließlichen Primat der Konservierung vor der Restaurierung, der in Anbetracht von Abnutzungs- und Verfallsspuren, von Bereicherungen und Verstümmelungen die Fetischisierung jeden Geschichtszeugnisses begünstigt, haben „Rückbau“, Wiederaufbau, Vervollständigung und Ergänzung keine Legitimation; bei strikter Beschränkung auf Konservierung und authentische Restaurierung finden neu- und umgestaltende Eingriffe, Anbauten, Translozierung und Kopie keine denkmalpflegerische Rechtfertigung. Jedoch ein derartiger Fundamentalismus bricht spätestens am städtebaulichen Denkmal, am urbanistischen „Denkmalensemble“, am „Denkmalschutzgebiet“, an der „Schutzzone“ oder „geschützten Gesamtanlage“ – gleich, wie ein und derselbe Gegenstand, im Fachjargon das „Flächendenkmal“, in den Denkmalschutzgesetzen der deutschen Länder z. B. benannt ist. Ein „Flächendenkmal“, d. h. ein denkmalpflegerisches Schutzobjekt in seiner kartographischen Fixierung mit flächendeckender Erstreckung über Hektare und Quadratkilometer, lässt sich weder ausschließlich konservieren noch ausschließlich authentisch restaurieren. Aber auch am punktuellen oder singulären Denkmal muss denkmalpflegerische Orthodoxie in ihrer traditionellen Begriffsgläubigkeit scheitern – es sei denn, man ist gewillt, das Denkmal „in Schönheit“ oder in Hässlichkeit „sterben“ zu lassen[5], womit sich allerdings die praktische Denkmalpflege selbst jede Rechtfertigung nähme.

Vor dem Hintergrund eines denkmalpflegerischen Fundamentalismus, der bei gelegentlichen polemischen Debatten am Platze sein mag, müssen bereits bestimmte, im Rahmen der Konservierung erforderliche praktische Maßnahmen als Sakrileg erscheinen. Im Zusammenhang mit

Abb. 6 a/6 b
Berlin, partiell wiederaufgebauter Pergamonaltar im Pergamonmuseum mit restaurierend kopierten Bauteilen in hellerer Farbnuance und nichtruinöser Konturierung

bloßen Sicherungsmaßnahmen können bauliche Zutaten als Überfangungen, als Substruktionen, als Einhausungen notwendig sein, und das Erfordernis nach Auswechselung gänzlich verschlissener Teile, wenn anderenfalls Totalverlust der zu konservierenden Substanz die Folge wäre, zieht die unausweichliche Konsequenz einer Kopie nach sich, einer „konservierenden Kopie", d. h. mit allen Verwitterungsspuren im Erscheinungsbild, wie es in die Gegenwart überkommen ist (Abb. 5). Die einzige Alternative zur Kopie ist hier der neugestalterische Ersatz. Dieser aber bricht den mit der Konservierung definierten Rahmen und öffnet die Pforte zur „gestaltenden Denkmalpflege".

In der denkmalpflegerischen Methodologie kommt der Begriff „Auswechselung" noch einmal vor, im Unterschied zur „konservierend kopierenden" als Bestandteil der Restaurierung: Die ausgewechselten Bau- und Formstücke erhalten, wenn kein anderswo auffindbares „Original"-Teil Ersatz bieten kann, als „restaurierende Kopie" diejenige Gestalt, die sie bei ihrem ursprünglichen Einbau gehabt hatten. Spätestens an dieser Stelle stellt sich die Frage, ob hiermit eine „Korrektur" von Geschichte, von Verfalls- oder Zerstörungsgeschichte vorliege. Orthodoxe Denkmalpfleger bejahen sie nach wie vor, missachtend, dass sich Geschichte gar nicht „korrigieren" läßt; korrigieren lassen sich in der Vergangenheit erfolgte bauliche Fehlgriffe und Ergebnisse mangelhafter oder unterbliebener Baupflege. In Fällen, wo diejenige Gestalt, die ein auszuwechselndes Stück bei seiner ursprünglichen Verwendung gehabt hat, nicht bekannt und durch allergründlichste Bau- und Archivforschung nicht bekannt zu machen ist und eine „konservierende Kopie" z. B. aus baustatischen Gründen außer Betracht steht, muß man zwangsläufig zu Analogien, Mutmaßungen, Hypothesen oder zu gänzlichen Neugestaltungen greifen – ein weiterer Schritt zur „gestaltenden Denkmalpflege". Erneut steht man im Widerspruch zur denkmalpflegerischen Orthodoxie. Fundamentalismus führt hier zur Resignation.

Eng verwandt mit der restaurierenden Auswechselung ist die restaurierende Ergänzung, d. h. der Ersatz verlorengegangener Teile. Bei dem mehrfach erfolgten partiellen Wiederaufbau des Pergamonaltars in Berlin z. B. (Abb. 6) handelt es sich bei den farblich und in den Konturen deutlich kontrastierenden Ergänzungsstücken um „restaurierende Kopie", die über jede denkmalpflegerische Infragestellung erhaben ist. Die Akzeptanz in diesem Beispiel kann bei der urbanistischen Denkmalpflege die Kopie einer Platzfront rechtfertigen; sie kann aber auch, da eine Stadt unter Denkmalschutz kein „Museum" im traditionellen Begriffsverständnis werden darf, derartige denkmalpflegerische Verfahrensweisen in Frage stellen. Und Infragestellungen sind dort angebracht, wo für Auswechselung und Ergänzung keine authentischen Quellen vorhanden sind oder, wenn sie doch aufgefunden werden, keine Berücksichtigung beim praktischen Umgang mit dem Denkmal finden können, weil – würde man sie zur Grundlage eines Restaurierungsprogramms machen – dadurch unzumutbare Einschränkungen oder gar Annulierung der aktuellen Funktion eines „lebenden" oder „wiederzubelebenden" Denkmals die Folgen wären. Genau an dieser Stelle, nämlich wo die „gestaltende Denkmalpflege" einsetzt oder einsetzen muss, hat der Begriff „Rekonstruktion" seinen Platz, und zwar als

Abb. 7
Hildesheim, für die Kopie des Knochenhaueramtshauses (Abb. 8) abgerissener Hotelbau von 1964

Abb. 8
Hildesheim Kopie des Knochenhaueramtshauses 1989

Teilmaßnahme der Restaurierung und zugleich als Grenzbezeichnung für eine amtlich-orthodoxe denkmalpflegerische Zuständigkeit. Denkmalpflegerische Rekonstruktion bedeutet Wiederherstellung eines verloren gegangenen baulichen Erscheinungsbildes, wofür es keine Vorlagen am Baubefund oder in Archiven gibt oder – falls doch – diese praktisch keine Akzeptanz finden können, z. B. weil sie dem Einbau eines Sanitärtraktes oder einer Schaufensterfront im Wege sind. Rekonstruktion als Synonym für denkmalpflegerische Kopie (Abb. 8) zu verwenden, sollte unstatthaft sein; es stiftet nur noch größere begriffliche Verwirrung, als sie ohnehin schon vorhanden ist.[6] Die Kopie hat – über ihren Anteil an der Konservierung („konservierende Kopie") und an der Restaurierung („restaurierende Kopie") hinaus – als eine mögliche eigenständige denkmalpflegerische Maßnahme zu gelten; sie ist als eine, freilich als eine der letzten beiden Möglichkeiten zu akzeptieren, Denkmalwerte – hier vermittelt vornehmlich über den Symbolwert, auch über den historischen Dokumentarwert, der sich (als einziger der Denkmalwerte) durch Wertträgertransformation (z. B. von Holz- auf Stahltragwerk, vom „Original" auf Photopapier) wie bei der beglaubigten Abschrift eines Dokumentes erhalten lässt – durch wiedergewonnene Anschaulichkeit des Wertträgers im Bewusstsein der Öffentlichkeit zu bewahren.[7]
Die andere der letzten beiden denkmalpflegerischen Möglichkeiten ist die Translozierung (Abb. 9). Sie ist denkmalpflegerisch dann gerechtfertigt, wenn anderweitige, absolut notwendige Flächenbeanspruchungen vorliegen, unbehebbare Baugrundschäden bestehen oder am ursprünglichen Standort elementare Voraussetzungen für einen wirksamen Schutz nicht geschaffen werden können, auch, wenn ein Denkmal ohnehin schon Standortveränderungen ausgesetzt war (z. B. viele Bockwindmühlen), und kommentarlos, wenn Mobilität (allerdings in einem geographisch begrenzbaren Kulturkreis) zum Charakteristikum eines Denkmals gehört (z. B. Lokomotiven). Nicht statthaft unter denkmalpflegerischem Aspekt ist die Translozierung, wenn, z. B. um museale oder nostalgische Inseln in oder bei Städten und Dörfern (Freilichtmuseen bzw. Vergnügungsparke) zu schaffen, Denkmallandschaften ohne dortige Not in ihrem Bestand reduziert werden. Für die museale Präsentation legitim und üblich ist es andererseits, einen Aussagenkomplex durch Modelle ohnehin, aber auch durch Modelle im Maßstab 1:1, auch von vorhandenen „Originalen", zu ergänzen. Damit ist das Thema „Kopie" erneut angesprochen.
An dieser Stelle ist es zweckmäßig, die bauliche Kopie in sich begrifflich zu scheiden, und zwar in eine denkmalpflegerische und in eine museale Kopie. Die erstere liegt vor, wenn das „Original" gänzlich oder soweit vernichtet ist, dass die verbliebenen Reste – sofern sie noch als wertvoll zu gelten haben – im Museumsdepot eingelagert werden. Um eine museale Kopie – auch wenn sie nicht in einem traditionellen Museum, sondern z. B. in einer nostalgischen Stadtecke ihren Standort erhält – handelt es sich, wenn das Original noch existiert.[8] Geht dieses schließlich auch verloren, dann gewinnt die museale Kopie die Qualität einer denkmalpflegerischen Kopie hinzu. Beide „Kopien" werden identisch. Dieser Möglichkeit eingedenk, muß auch die museale Kopie unter denkmalpflegerischer Verantwortung stattfinden, um der

Abb. 9
Berlin, transloziertes Ermelerhaus – von der Breiten Straße ans Märkische Ufer, 1969

„freien" Nachgestaltung eines Originals gar nicht erst Rechtfertigungen zu liefern. „Freie" – oder wie sie gern genannt werden – „schöpferische" Nachgestaltungen eines baukünstlerischen Originals gehören zum seriösen architektonischen Historismus oder zum unseriösen nostalgisch aufgezogenen Vergnügungsunternehmen. Mit denkmalpflegerischen Anliegen – auch wenn sich Derartiges mit denkmalpflegerischen Argumenten tarnt – hat das nichts zu tun. Mit „Konservierung", „Restaurierung", angemessenem und „verträglichem" gestalterischen Umgang („gestaltender Denkmalpflege"), (Total-) Kopie und Translozierung sind die Methoden der denkmalpflegerischen Praxis erschöpfend benannt. Teilkopie gehört entweder zur Konservierung oder zur Restaurierung und ist je nach inhaltlicher Zuordnung konservierende oder restaurierende Kopie. In Denkmalschutzgebieten allerdings kann sich die restaurierende Teilkopie zur baukörperlichen Totalkopie ausweiten. Was am singulären Denkmal die kopierende Auswechselung eines schadhaften oder den kopierenden Ersatz eines verloren gegangenen Details beinhaltet, das kann im urbanistischen Rahmen das Ausmaß einer kompletten Platz- oder Straßenfront einnehmen. Die durchgehend von der denkmalpflegerischen Fachwelt akzeptierte partielle Kopie und in Fachkreisen konträr diskutierte Totalkopie relativieren sich begrifflich vor dem Hintergrund des Denkmalensembles, des „Flächendenkmals". Zu diesem recht jungen denkmalpflegerischen Gegenstand findet allerdings derjenige schwerer oder gar keinen Zugang, der seine Maxime ausschließlich am „klassischen Monument" und damit zeitlich vor der Schwelle zum 20. Jahrhundert fixiert. Es geht um ein tatsächlich erweitertes Denkmalverständnis, um einen relativierten (nicht relativistischen) Denkmalbegriff. Die „Rekonstruktion" gehört zur Restaurierung und bezeichnet, weil hier Mutmaßungen über ein zu restaurierendes architektonisches Erscheinungsbild, auch „freie" Entwürfe Eingang finden können, den Grenzbereich amtlicher denkmalpflegerischer Zuständigkeit, nicht aber die fachliche denkmalpflegerische Verantwortung. Die Fachkompetenz darf in den Grenzen amtlicher Zuständigkeit kein unüberwindbares Hindernis sehen, der Fachdenkmalpfleger („Konservator") nicht in seiner amtlichen Befangenheit, der Inhaber eines Lehrstuhls für Denkmalpflege nicht in der Beschränkung auf bloße Verkündigung von Lehrweisheiten; eine denkmalpflegerisch beratende und planende Institution darf sich nicht marktwirtschaftlichen Willfährigkeiten ausliefern. Wenn das alles – Befangenheit, Beschränkung, Willfährigkeit – stattfindet, dann hat Bürgerinitiative ihre demokratische Berechtigung – eine denkmalpflegerische Opposition gegen Amt, akademische Kontemplation und Planungspraxis.

„Rückbau" – das verharmlosende Wort für partiellen oder gänzlichen Abriss – gehört unter denkmalpflegerischem Aspekt begrifflich zur Restaurierung, zur Wiederherstellung eines vorhanden gewesenen architektonischen oder städtebaulichen Erscheinungsbildes; „Rückbau" kann Korrektur oder Milderung gestalterischer Fehlgriffe in Umgebungsschutzbereichen von Denkmalen bedeuten. Mehr oder weniger freier „Nachbau" hat keine denkmalpflegerische Relevanz – mit der Einschränkung, dass, wenn er, mit denkmalpflegerischen Argumenten tarnend gerechtfertigt, erfolgt, eine Abwehr seitens der amtlichen und fachlichen Denkmalpflege stattfinden muss. Hier ist die oft gegen die Kopie geführte Polemik am Platze, nicht in Bezug auf die Kopie selbst.[9] Mit „Nachbauten" unter denkmalpflegerischem Vorwand wird das Anliegen der Denkmalpflege diskreditiert, Denkmalpflege als illegitime Schwester des architektonischen Historismus inszeniert.

Die prinzipielle Rechtfertigung der fünf denkmalpflegerischen Methoden darf den Eindruck nicht wecken und festigen, als seien sie beliebig anwendbar. Das ist nicht der Fall. Auch die generelle Favorisierung einer der Methoden zugunsten der anderen ist nicht statthaft. Eine Methode, deren Anwendung bei einem konkreten Fall notwendig wird, muss möglicherweise bei einem anderen strikt ausgeschlossen werden. Hier wirkt sich denkmalpflegerischer Fundamentalismus am meisten schädlich aus. Der Schluss, dass z. B. die denkmalpflegerische Befürwortung von „Rückbau" oder Kopie in einem konkreten Falle die generelle Bereitschaft impliziere, alle Denkmale „rückbauen" oder kopieren zu wollen, ist völlig ungerechtfertigt, wird aber oft gezogen. Orthodoxes Denken der einen Seite unterstellt einen ebensolchen Fundamentalismus der anderen.

Jedes Denkmal ist eine Individualität und muss individuell behandelt werden. Ausgangspunkt hat nicht eine Doktrin, sondern die überkommene Substanz, selbst in ihrer Trümmerhaftigkeit und als archäologischer Rest, deren detailliert historiologisch, axiologisch, mangel- und schadenskundlich analysierter Zustand zu sein. Aber auch dieser Grundsatz ist angesichts besonderer denkmalpflegerischer Fälle zu relativieren. Beim denkmalpflegerischen Ensembleschutz, in Denk-

Abb. 10 a
Dresden, Trümmerstätte der Frauenkirche

Abb. 10 b
Dresden, Wiederaufbau der Frauenkirche

malschutzgebieten kann sich der Schutzgedanke von der Substanz – wenn diese keinen Denkmalwert zugesprochen verdient – lösen und auf Freiräume, auf Straßen und Plätze, Wiesen und Weiden, beschränkt sein. Strukturschutz ist der hierfür zutreffende Begriff. Das Bauverbot in solchen von Bebauung freien Räumen und das Baugebot, wo die wertvolle Struktur durch Substanzverlust gestört ist, sind hier die denkmalpflegerischen Konsequenzen. Der Vollzug derartiger Baugebote kann auf „Rückbau" zielen; er kann auch dem Gedanken einer Kopie folgen, wie beides z. B. beim Marktplatz in Hildesheim zutraf (Abb. 7/8).

An zwei Voraussetzungen ist die technisch mögliche und denkmalpflegerisch gerechtfertigte Kopie unumgänglich gebunden: an die Existenz einer hinreichenden Dokumentation des „Originals" vor seiner Vernichtung und an eine überdurchschnittliche Wertfülle, die der verlorenen Substanz aus der Erinnerung an sie seitens einer breiten Öffentlichkeit beigemessen wird. Fehlt die erste Voraussetzung, dann entsteht unter dem Diktat der zweiten ein mehr oder weniger freier „Nachbau", der – wie gesagt – vom denkmalpflegerischen Standpunkt strikt abzulehnen ist, und zwar zugunsten einer der Nachbarbebauung bzw. der verlorenen Substanz strukturell – nicht formal – angeglichenen architektonischen Neugestaltung. Fehlt die zweite Voraussetzung, dann erübrigt sich die Kopie von vornherein. Wenn sich der Denkmalpfleger in der Behörde, im Lehramt oder in der Bau- und Planungspraxis als Vertreter eines öffentlichen Anliegens gegen den Gedanken einer Kopie sträubt, obwohl die beiden genannten Voraussetzungen gegeben sind, dann befördert er sich selbst ins Abseits der Öffentlichkeit, und das ist der praktischen Denkmalpflege niemals gut bekommen.

Nicht nur der Strukturschutz kann zur Kopie ermuntern, sondern auch der denkmalpflegerische Umgebungsschutz, ja selbst die bloße Erinnerung z. B. an einst stadtbildprägende, identitätsträchtige Monumente. Bei der Dresdener Frauenkirche (Abb. 10 a/b), deren Existenz ihr Trümmerberg in der Erinnerung stets lebendig hielt, hat sich ein unüberwindlich breites Votum für den „Wiederaufbau" (sogar mit einer neuen Wortschöpfung für den „archäologischen Wiederaufbau") und für die „Rekonstruktion" artikuliert.[10] Sie wird eine weitestgehende denkmalpflege-rische Kopie. Mit der Absicht, bei der stattgefundenen Enttrümmerung so viele Steine und Versatzstücke wie möglich zu bergen, zu identifizieren und wieder zu verbauen, wird – abgesehen von verbliebenen Fragmenten des Chorgemäuers und des nordwestlichen Risalits sowie der Kellerräume und Katakomben – eine Wiederherstellung durch partielle Anastylose suggeriert. Die Steine jedoch sind großenteils beschädigt, weitgehend ausgeglüht und dienen tatsächlich dem denkmalpflegerischen Zweck, der Kopie eine gediegene dokumentarische Basis zu geben.

Ähnlich stellt sich die z. Z. heftig umstrittene Situation in Berlins Mitte dar. Am 30. Juni 1993 wurde die Baumaske (Abb. 4 a/b) einer fiktiven partiellen Kopie des Berliner Stadtschlosses der Öffentlichkeit präsentiert, von den Initiatoren mit der Absicht veranlasst, für die Erwägung einer Gestaltverwirklichung neben anderen zu werben und der Diskussion darüber ein reales Anschauungsbild zu liefern.

Wenn sich in solchen Fällen tatsächlich eine Mehrheit für die Befürwortung kopierender Vorhaben findet, dann darf die behördliche und die fachliche Denkmalpflege sich ihrer Kompetenz nicht entziehen, sich nicht hinter dogmatischen Grundsätzen verbergen und gleichsam in einen Schmollwinkel zurückziehen. Bei hochempfindlichen Fällen, wie beim Berliner Schloss, mag eine gewisse Zurückhaltung angebracht sein; wenn aber die Entscheidung zugunsten einer Kopie gefallen sein wird, dann ist eine aktive Unterstützung des Denkmalpflegers Pflicht. Wer sonst als dieser ist dazu imstande, einem solchen Begehren wissenschaftliche Solidität und gestalterische Disziplin zu garantieren, Entgleisungen in bloße Kulissenarchitektur, in historische Attrappen, in „Nachbauten" vermeiden zu helfen?

Prof. Dr. phil. habil. Dr. Ing. Hermann Wirth, Weimar, geb. 1940 ist Inhaber des Lehrstuhls für Bauaufnahme und Denkmalpflege an der Bauhaus-Universität in Weimar. Er publizierte reichhaltige Werke zur Denkmalpflege, insbesondere „Werte und Bewertung baulich-räumlicher Strukturen. Axiologie der baulich-räumlichen Umwelt". Alfter 1994.

1 „Für einen Fachdenkmalpfleger steht primär ein Wiederaufbau außer Betracht ... Aber: Wenn sich eine öffentliche Mehrheit für den Wiederaufbau entscheidet, darf er dieses Votum nicht zu hintertreiben trachten, sondern muß sein Fachwissen einbringen, um gestalterische Entgleisungen (‚historische' Attrappe, Kulisse) verhindern und eine vertretbare ‚Nachschrift' eines historischen Dokumentes garantieren zu helfen. In diesem Sinne haben Sie in mir einen Partner, nicht aber beim Werben für den Wiederaufbau." (Auszug aus einem Brief des Autors an Wilhelm von Boddien vom 13. April 1993, kritische berichte. Zeitschrift für Kunst- und Kulturwissenschaften, H. 1 1994, S. 81).

2 Riegl, A., Der moderne Denkmalskultus. Sein Wesen, seine Entstehung, Wien 1903.

3 Dehio, G., Denkmalschutz und Denkmalpflege im neunzehnten Jahrhundert (Vortrag v. 1905), abgedruckt in: Dehio, G., Kunsthistorische Aufsätze, München/Berlin 1914, S. 264 ff. – Der Zusammenhang, aus dem dieses Zitat gerissen ist, hat folgenden Wortlaut: „Die Vertreter der Kunstwissenschaft sind heute darin einig, das Restaurieren grundsätzlich zu verwerfen. Es wird damit keineswegs gesagt, der Weisheit letzter Schluss sei, die Hände in den Schoß legen und der fortschreitenden Auflösung mit fatalistischer Ergebung zusehen. Unsere Lösung lautet: allerdings nicht restaurieren – wohl aber konservieren. Nach dieser Zweckunterscheidung ist jede einzelne Maßregel zu beurteilen. Man konserviere, solange es irgend geht und erst in *letzter* Not frage man sich, ob man restaurieren will."

4 Internationale Charta über die Konservierung und Restaurierung von Denkmalen und Denkmalschutzgebieten, Venedig, Mai 1964, Artikel 9.

5 „Es klingt ... verführerisch, wenn die Antwort auf die Frage, ob an ein Denkmal zu rühren oder nicht zu rühren sei, lautet: ‚Nein – dann lasst es lieber in Schönheit sterben' ... Bei einem Denkmal in einem lebendigen Bauorganismus, im Rahmen eines Ortes, einer Stadt, kommen ... Rücksichten in Frage, die dies ‚in Schönheit sterben' einfach zur Unmöglichkeit machen." (Clemen, P., Die deutsche Kunst und die Denkmalpflege, Berlin 1933, S. 42 u. 43).

6 Cord Meckseper, Das Leibnizhaus in Hannover, Hannover 1983, versucht eine sachliche, aber nicht stichhaltige Begründung für die begrifflichen Unklarheiten: „Es mag verwundern, dass der Betrachtung nicht eindeutige, klar trennende Definitionen für Begriffe wie Rekonstruktion, Restaurierung, Wiederherstellung, Wiederaufbau oder Kopie zugrunde gelegt wurden. Diese Begriffe sind aber selbst innerhalb der Denkmalpflege nicht einheitlich oder gar verbindlich festgelegt, können es auch nicht sein, da sie offene Begriffe sind und daher grundsätzlich breitgefächerte, einander überschneidende Bedeutungsfelder besitzen" (Meckseper, C., Architekturrekonstruktion in der Geschichte, in: Deutsche Kunst und Denkmalpflege, Jg. 1984, S. 20). Offenbar anderer Ansicht ist Manfred Fischer, wenn er in seinem Einführungsvortrag zur Jahrestagung der Vereinigung der Landesdenkmalpfleger Deutschlands, 7. bis 10. Juni 1993 in Heidelberg, darüber klagt, dass infolge der „Fülle subsidiärer Institutionen, Vereine und Gruppierungen" der Denkmalpflege – „so begrüßenswert dies ist" – „die Begrifflichkeit und Terminologie, damit also die klaren Inhalte verwischt und missverständlich interpretiert werden." Für den Redner selbst aber scheinen „Rekonstruierbarkeit" und „Kopierbarkeit", die er mit „bzw." verknüpft, keinen „klaren Inhalt" zu haben, vielleicht deshalb, weil er – wie alle orthodoxen Denkmalpfleger – sie strikt aus dem Feld denkmalpflegerischer Zuständigkeit und Verantwortung verweist (Denkmalschutz-Informationen, hrsg. v. Deutschen Nationalkomitee für Denkmalschutz, 17. Jg., Juni 2/1993, S. 74 u. 77–79).

7 Vgl. Wirth, H., Werte und Bewertung baulich-räumlicher Strukturen. Axiologie der baulich-räumlichen Umwelt, Alfter 1994, S. 89–112 (Denkmalwerte), S. 108–109 („Originalwert" und Kopie). – Die Polemik von Georg Mörsch gegen die „Zehn Thesen zum Wiederaufbau zerstörter Architektur" von Jörg Traeger, die zum wiederholten Male die denkmalpflegerische Kopie aus der denkmalpflegerischen Verantwortung vertreiben will, berührt die hiesige Argumentation nicht, da sie nicht axiologisch geführt wird (Die Thesen und die Entgegnungen in: Kunstchronik, 45. Jg., H. 12, 1992, S. 629–638).

8 Interessant ist die gedankliche Anregung von Jörg Traeger, innerhalb der denkmalpflegerischen Kopie begrifflich zwischen „Rekonstruktion" und „Kopie" zu differenzieren: „Die Kopie ist ortsunabhängig. Die Rekonstruktion setzt dagegen den originalen Ort voraus ..." (Kunstchronik, a. a. O., S. 632). Gemeint ist das, was unter den Begriffen „museale" und „denkmalpflegerische Kopie" besser zu fassen ist. – Außerhalb dieser Betrachtungen stehen architektonische „Wiederholungen" in einer und derselben Bauwerksgruppe, auch wenn Jahre oder Jahrzehnte zwischen dem Entstehen des „Originals" und der „Kopie" liegen z. B. beim Bertuchschen Palais in Weimar: 1780/82 Errichtung des nördlichen Baukörpers noch ganz im Sinne eines barocken Corps de logis und ohne Erweiterungsabsichten, 1800/1802 Anfügung des klassizistischen Mitteltraktes und an diesen die Nachbildung des ersteren im Süden; und im städtebaulichen Rahmen: 1568 Errichtung des Konservatorenpalastes, 1650 des Palazzo Nuovo als Wiederholung des ersteren bei Vollendung des Kapitolsplatzes in Rom.

9 Mörsch, G., Zu den 10 Thesen zum Wiederaufbau zerstörter Architektur, in: Kunstchronik, 45. Jg., H. 12, 1992, S. 634–638.

10 Die Dresdner Frauenkirche. Geschichte – Zerstörung – Rekonstruktion (Dresdner Hefte, 10. Jg., H. 32, 1992).

Stuhlemmer Architekten

Rekonstruktion durch Präzision

Maß-, Form- und Materialbestimmung von Gebäuden und Bauteilen

Originalgetreue Rekonstruktion unterliegt einem klar definierbaren Planungsablauf. In dessen Mittelpunkt steht das historische Bilddokument/ Foto, da es das direkte Abbild der verlorengegangenen Architektur darstellt. Da aus Fotografien in den seltensten Fällen jedoch Maße direkt ermittelt werden können, müssen diese durch interne und/oder externe Maßbezüge berechnet werden. Das Ziel ist, indirekte Maß- und Formbezüge aus Bilddokumenten so mit direkten Maßbezügen zu koppeln, dass diese konkrete und präzise Ergebnisse bilden. Es hat also eine Verknüpfung dieser Informationen zu erfolgen. Das Zusammenfügen dieser Einzelergebnisse bestimmt das Gesamtergebnis. Dabei ist die Wiederherstellung der Qualität des Originals bindende Vorgabe und Voraussetzung.
Welche Mittel stehen dem heutigen Planer zur Verfügung, das präzise Abbild dessen zu schaffen, was in der Vergangenheit geplant und gebaut, jedoch zerstört wurde?
Geplant wird nach wie vor in tradierten Prozessen: Vorstellungen werden zu Bildern, visualisiert durch Zeichnungen und Modelle, bevor gebaute Realität entsteht. Bei der Rekonstruktion jedoch erfolgt der Umkehrprozess. Das Produkt existierte bereits, die umfangreiche Planung war abgeschlossen, von jemandem, der in der Regel nicht mehr lebt und folglich keine Fragen beantworten kann. Es ist also heute die Aufgabe, sich in die Gedankenwelt des Urhebers zu versetzen und in seinem Sinn zu gestalten. Da der Anspruch eben nicht der sein kann, ein irgendwie geartetes Abbild nach persönlichem Geschmack zu schaffen, ist der Planungs- und Ausführungsprozess bei einer Rekonstruktion weitaus aufwendiger. Der Architekt als Rekonstrukteur kann nicht an der Stelle halt machen, an der ihm das Produkt subjektiv gelungen erscheint und seinen ästhetischen Ansprüchen genügt, sondern es gilt, das historische Ergebnis präzise nachzuformen, mit all seinen Besonderheiten und Abwandlungen. Und darin liegt die Schwierigkeit und Herausforderung. Gleich der Arbeit eines Restaurators, dessen grösste Qualität sich darin beweist, nur repariert, nicht aber gestaltet zu haben, sollte die Hand des Rekonstrukteurs nicht zu erkennen sein. Der Architekt muss also gegenüber dem historischen Vorbild zurücktreten und quasi an die Stelle des alten Baumeisters treten. Diese hohen Anforderungen können heute durch eine Vielzahl von Hilfsmitteln erfüllt werden. So sind diese in Reihung zu betrachten und auf den jeweiligen Fall nach Maßgabe der Befunde anzuwenden.
Von zentraler Bedeutung für die Planung sind Bilddokumente/Fotos, welche das Abbild des Originals darstellen. Erst über Zwischenschritte können aus Fotos verwertbare Angaben, Maß- und Formgenauigkeit betreffend, für die Planung gewonnen werden. Dies reicht von einfacher traditioneller Streckenmessung in den Fotos, über digitale Bildbearbeitung bis zur Fotogrammetrie. Diese nimmt in der Rekonstruktion eine besondere Stellung ein. Es ist also zunächst die Aufgabe, interne, teilweise versteckte Maßangaben zu ermitteln, um diese zur weiteren Bildbearbeitung nutzbar zu machen.
Es können bereits akzeptable Ergebnisse erzielt werden, indem ausschliesslich einfache Fotografien ausgewertet werden. Auf Grundlage dreier erhalten gebliebener Fotos konnte der Teepavillon im Schlosspark Biesdorf dem historischen Vorbild entsprechend wiederhergestellt werden. Maße für die Rekonstruktion wurden allein aus internen Maßbezügen, den Stammumfängen, den Konstruktionshölzern und nicht zuletzt aus der Anzahl und Grösse der Dachschindeln ermittelt; externe Maßangaben wie Bodenfunde waren nicht aussagekräftig. Da im Falle einer naturbelassenen Holzkonstruktion (ungeschältes Stammholz der Robinie und ungeschältes Astholz der Birke) ohnehin kein deckungsgleiches Abbild erstellt werden konnte, galt es, die Hauptmaße zu ermitteln und das statische Konzept auf den Wiederaufbau zu übertragen. Besonderheiten im Sinne der Konstruktion einzelner Verbindungen mussten auf die jeweils unterschiedlich gewachsenen Hölzer übertragen werden. Dieses Beispiel dokumentiert eine Wiederherstellung, die direkt, ohne externe Maßbezüge aus den Fotos selbst projektiert wurde.

1. Maßbezüge aus Fragmenten

Durch das Vorhandensein und Auswerten spezifischer interner und externer Maßbezüge kann im Vergleich zur Wiederherstellung die Rekonstruktion von komplexeren Vorhaben präzise geplant werden.
Jedes erhalten gebliebene Teilstück eines Bauwerks verleiht Einblick in die Herstellungstechnik und die Detailausführung der Entstehungszeit. Architekturfragmente sind frei von jeglicher Interpretation; Proportionen, Oberflächenstrukturen und Farben sind eindeutig bestimmt und charakteristisch für das jeweilige Objekt, seinen Baumeister und seine Entstehungszeit. Die Grundlagen für eine Rekon-

Berlin Biesdorf – Wiederherstellung im Schlosspark

Bauherr: Landesdenkmalamt Berlin, Referat Gartendenkmalpflege

Planung und Bauleitung: Stuhlemmer Architekten

Die Wiederherstellung des Teepavillons ist im Zusammenhang mit der gartendenkmalpflegerischen Wiederherstellung des Schlossparks zu sehen und soll die verwischten Spuren des ehemaligen Anwesens der Familie von Siemens (seit 1927 im städtischen Besitz) wieder sichtbar werden lassen und dem Landschaftsgarten die ehemaligen Qualitäten, geschaffen durch den Gartenarchitekten Albert Brodersen (1910–1925), Stadtgartendirektor von Berlin, zurückgeben. Im Zuge der Maßnahme wurden Wege freigelegt, Bäume und Baumgruppen gepflanzt sowie einzelne Gartenelemente restauriert und wiederhergestellt. Der Teepavillon, um 1900 errichtet und in den 40er Jahren zerstört, stellte durch seine aussergewöhnliche Konstruktion und Detaillierung sicherlich bereits damals eine romantisch verklärte Besonderheit dar. Er bildete den Mittelpunkt einer Raum- und Gartenabfolge, welche heute in den historischen Proportionen ebenfalls wieder entstanden ist und im Zusammenhang mit einem Lesegarten Maßstab gebender Bestandteil des städtischen Naherholungsgebiets ist.

Teepavillom im Schlosspark Biesdorf,
Berlin-Marzahn, ursprüngliche Fassung
– Foto aus den 30er Jahren
– komplett wiederhergestellter Bau 1998

struktion sind das maßliche Aufnehmen, Dokumentieren und Analysieren der noch vorhandenen Fragmente. So können Abmessungen an erhalten gebliebenen Details mit denen in den historischen Fotos in maßliche Übereinstimmung gebracht und daraus schlechter dokumentierte Maße und Formen der angrenzenden Bereiche in diesen ermittelt werden.
Anhand der Planung zur Rekonstruktion ausgewählter Teilbereiche (hier beschrieben: der repräsentative Treppenraum) des ehemaligen Wohn- und Bankhauses der Familie von Mendelssohn können diese maß- und formbestimmenden Faktoren dargestellt werden:
Von dem historischen Treppenraum existieren mehrere Raumfotos und Detailaufnahmen. Zu Beginn wurden die zuerst einzig sichtbar erhalten gebliebenen Originaloberflächen der Tritt- und Setzstufen als Maßstab für die maßliche Bestimmung der Details aus den Fotos herangezogen; Flächen- und Tiefenmaße konnten aus geometrischen Abhängigkeiten bestimmter Teilbereiche zueinander berechnet werden. Folgend konnten nach dem Rückbau der DDR-Umbauten einige historische Rohbauelemente wie Wandnischen, Wandvorlagen, Unterzüge und Deckenvorsprünge freigelegt werden, welche die maßliche Rekonstruktion weiter konkretisierten. Durch gemauerte Wandvorlagen, welche etwa 3 cm vortraten, konnten Stuckprofile, Lambrien und Pilaster sehr präzise in ihrer Grösse und Position bestimmt werden. Ein bemerkenswerter Fund schliesslich verifizierte die Rekonstruktionsplanung. Unter einer abgehängten Decke befand sich ein kleines, aber vollständig erhaltenes Deckenprofil. Dieses wird als historisches Fragment, angeschlagen und vergilbt, die Zerstörung und Rekonstruktion in dem wieder erstellten prachtvollen Treppenraum dokumentieren. Neben der reinen Planungsarbeit konnten durch Quellenforschung zwei wichtige Bestandteile des historischen Treppenraums ausfindig gemacht werden. Im Depot der Alten Nationalgalerie wurden zwei Marmorreliefs von Ernst Rietschel entdeckt, die als Abgüsse an ihrem ursprünglichen Bestimmungsort eingebaut werden. Diese Rekonstruktion erfolgte im wesentlichen zweigleisig mit externen Maßbezügen (direkter Maßbestimmung aus den Fragmenten) und der Auswertung der Fotodokumente. Maße wurden aus

Treppenaufgang im Erdgeschoß des Wohn- und Bankhauses Mendelssohn, Berlin-Mitte – Foto ca. 1940 – Rekonstruktionsplanung des Treppenraums, 3D-Simulation 1999/2000

Rekonstruktionsplanung Haus Mendelssohn, Jägerstraße 51, Berlin Mitte

Bauherr: Bauwert
Architekten Hochbau: Sadowski & Lebioda
Architekten Denkmalpflege: Stuhlemmer Architekten

Bedingt durch umfangreiche Umbaumaßnahmen zur DDR-Zeit, ist von dem ursprünglichen Wohn- und Bankhaus Mendelssohn wenig erhalten geblieben. Das Bild, das sich vor den derzeitigen Umbaumassnahmen zu erkennen gab, war demnach vor allem das Ergebnis der massiven baulichen Eingriffe während der 50er und 70er Jahre. Die erhalten gebliebenen, denkmalpflegerisch bedeutenden Bauteile waren nur fragmentarisch und zusammenhangslos im Gebäude aufspürbar. Die Instandsetzungs- und Entwurfskonzeption ist dahingehend ausgerichtet, dass sämtliche der erhalten gebliebenen als Denkmal relevanten Bauteile in die Planung einbezogen wurden und im Gebäude erhalten bzw. wiederhergestellt werden. Um die Bedeutung des Hauses jedoch im ganzen wieder kenntlich zu machen, werden im Zusammenhang mit der Umbauplanung einige, den barocken Kern des Gebäudes betreffenden Bauteile rekonstruiert. Dazu gehört die spätklassizistisch überformte zweigeschossige Strassenfassade und der bedeutsame, ebenfalls spätklassizistische Treppenraum.
Die Rekonstruktionsbereiche sind vergleichsweise gut dokumentiert, da von der Strassenfassade neben einigen Detailfotos ein Meydenbauer'sches Messbild zur fotogrammetrischen Auswertung herangezogen werden konnte und eine Vielzahl von Innenaufnahmen existiert.

Rekonstruktion der ehemaligen Kommandantur Berlin – Machbarkeitsstudie

Auftraggeber: Senatsverwaltung für Bauen, Wohnen und Verkehr, Senatsbaudirektion

Verfasser: Stuhlemmer Architekten

Der Bauingenieur und kurfürstliche Festungsbaumeister Johann Gregor Memhardt (1615 ? – 1678) errichtete 1653/54 gegenüber dem Platz des späteren Zeughauses ein Wohngebäude. Der Große Kurfürst hatte Memhardt, der auch für die erste Stadterweiterung, Friedrichswerder, verantwortlich war, das Grundstück als „Gnadenpräsent" übereignet. Später errichtete der Baumeister Friedrich Wilhelm Konrad Titel (1754–1840), ein Schüler K.P.C. v. Gontards, 1792/94 anstelle des baufällig gewordenen Memhardt-Hauses unter Verwendung einiger verbliebener Bauteile einen prächtigen Neubau. Sein endgültiges Aussehen erhielt das Bauwerk durch einen Umbau in den Jahren 1873/74. Er bestand im wesentlichen in der Aufstockung um ein Geschoß. Bis auf wenige Veränderungen blieb der Umbau des Memhardt-Titelschen Hauses in den siebziger Jahren bis zu seiner Zerstörung im Zweiten Weltkrieg bestehen. Die starke Beschädigung des Gebäudes erfolgte wohl erst 1945. Historische Bedeutung erlangte die Wehrmachtsstandort-Kommandantur als einer der Brennpunkte der Ereignisse des 20. Juli 1944. Generalleutnant Paul von Hase, Stadtkommandant seit 1940 und bereits an den Staatsstreichplänen von 1938 beteiligt, war an dem bewussten Tag für die Absperrung des Regierungsviertels verantwortlich. Er wurde unmittelbar nach dem Scheitern des Aufstands verhaftet und bereits am 8. August 1944 hingerichtet.

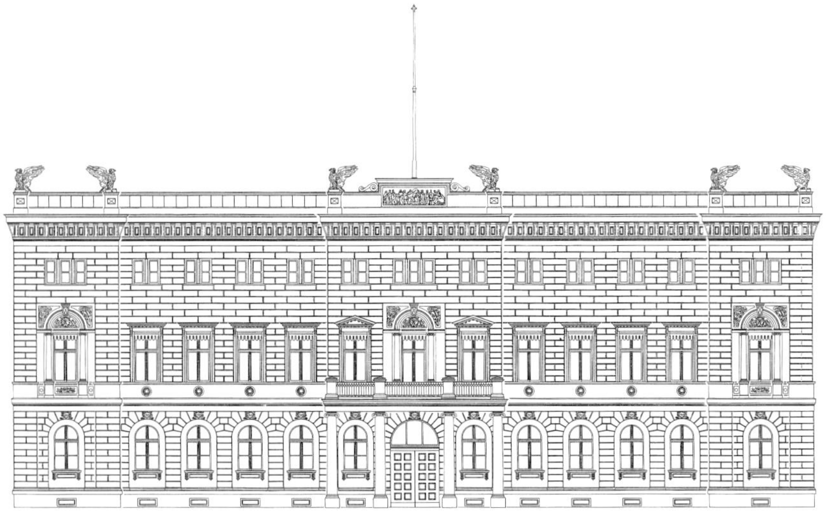

Kommandantur, Unter den Linden 1, Berlin-Mitte – Messbild von 1910 – Rekonstruktionsplanung der Fassaden, Ansicht Unter den Linden, 1996/97 – Mittelrisalit mit Säulenportal

den freigelegten unverändert erhalten gebliebenen Bereichen und den Profilierungen aus den Fotografien ermittelt und in Übereinstimmung gebracht.

2. Maßbezüge aus Bestandsaufmaßen

Fehlende Informationen können aus einer Dokumentation/Aufmaße der Oberflächenstrukturen vor deren Vernichtung selbst ermittelt werden. Solche Bestandsaufmaße dokumentieren den Originalzustand und wirken direkt maßbestimmend auf die Rekonstruktionsplanung.
Da von dem Gebäude der ehemaligen Kommandantur durch Kriegseinwirkung sämtliche Bauakten verloren gegangen sind, müssen die Rekonstruktionspläne aus den vorhandenen Bilddokumenten erstellt werden, die sich auf die letzte, vor der Zerstörung erhaltene Fassung beziehen. Grundlage für die Maßbestimmung wurde ein „Stückvermessungs-Handrißblatt" von 1880 (= Katasterplan) mit preußisch präzise dokumentierten Aussenmaßen im Maßstab 1 : 150. Hinzugezogen wurden des weiteren eine Bauzeichnung des Titel-Baus (Baumeister des in den Umbau integrierten Kernbaus) von 1797 und ferner noch die Bauzeichnungen des Kronprinzen- und Kronprinzessinnenpalais, die das Büro von Prof. R. Paulick 1962 bzw. 1968 nach Aufmaßplänen der beiden Ruinen angefertigt hatte. Im Zuge dieser Untersuchungen konnte schliesslich die Breite der Strassenfront mit ihren Risaliten, gliedernden Elementen und dem Säulenportal präzise bestimmt werden. Diese Maßangaben wurden Grundlage für die fotogrammetrische Bearbeitung eines Meydenbauer'schen Messbildes (Glasnegativ im Format 40 x 40 cm) aus dem Jahre 1910. Da in dieser Aufnahme keine direkte Maßangabe enthalten ist, musste zur weiteren Bildbearbeitung ein bekanntes Maß auf eine festgelegte Bildebene projiziert werden, um eine maßstabsgerechte Entzerrung vorzunehmen. Aus diesem Bearbeitungsschritt folgend sind weitere Streckenmaße zu bestimmen.
Weitaus schwieriger gestaltete sich die Ermittlung der Gebäudehöhe. Erst die Übertragung von Fluchtlinien der Kommandantur auf die Nachbargebäude und Aussenanlagen des Kronprinzen- und Kronprinzessinnenpalais, unter Berücksichtigung von deren Höhenkoten, ergab ein verwertbares Höhenmaß.
Das so gewonnene Ergebnis wurde durch interne Maßbezüge aus dem Meydenbauer'schen Meßbild auf dem Wege der Entzerrung bestätigt. Die auf dem Foto deutlich abgebildeten, im Gurtgesims des Baus enthaltenen Ährenkränze, in der Realität rund, auf dem Foto, perspektivisch, leicht oval erscheinend, zeigten bei der digitalen Entzerrung, in Pixel aufgelöst, wieder einen Kreis. Mit der so bearbeiteten Entzerrung des Messbildes wurde eine Grundlage für weitere fotogrammetrische Messungen zur Präzisierung der Höhenangabe sowie aller Detailmaße der Fassade gewonnen.
Die Maßbestimmung erfolgte somit aus dem Zusammenfügen externer und interner Maßbezüge. Der methodische Ansatz dieser Gegenkontrolle geht von der gestalterischen Gesetzmäßigkeit definierter Größenbeziehungen zwischen Linien, Flächen und Körpern aus. Perspektivische Verformungen des fotografierten Objekts können durch geometrische Abhängigkeiten aus Kreisen, Quadraten und Dreiecken sowie deren räumlichen Entsprechungen entzerrt werden.
Zur abschliessenden Präzisierung müssen jedoch mittels Grabungen die Maße der Fundamente und möglicherweise noch vorhandener Fragmente des Bauwerks geborgen, vermessen und zur Maßbestätigung nutzbar gemacht werden.

3. Maß- und Formbezüge aus Plänen der Entstehungszeit

Entwürfe und Zeichnungen aus der Entstehungszeit können erneut Ausführungsgrundlage werden. Hierbei sind Urheberschaft, Planqualität und Übereinstimmung mit dem Gebauten zu prüfen. 1988 musste der Endbahnhof „Krumme Lanke" von Alfred Grenander wegen Einsturzgefahr abgebrochen werden. Im Zuge der Rekonstruktionsplanung des U-Bahnhofs konnten zum einen das noch existierende Gebäude im Bestand aufgemessen werden, zum anderen zahlreiche historische Bilddokumente und umfangreiche Bauakten die noch vorlagen, sogar die originalen Ausführungspläne, zur Bearbeitung herangezogen werden. Die Pläne entstammen dem Büro des Architekten und sind mit seinem Namen gezeichnet. Aus diesen Plänen, die in ihrer Ausführungsqualität heutigen entsprechen (Verweis auf Positions- und Detailpläne), konnte die ursprüngliche Konzeption nachgewiesen werden. Spätere Ein- und Umbauten wurden so kenntlich. Bei der Rekonstruktion konnte demnach der ursprüngliche Entwurf präzise umgesetzt werden. In diesem Fall konnten also form- und maßbestimmende Angaben aus der historischen Ausführungsplanung für die Rekonstruktion nutzbar gemacht werden.

4. Maßbezüge aus Analogien

Zur Rekonstruktionsplanung können als weiterer methodischer Schritt Analogien aus gleichartigen Bauteilen oder Bauten herangezogen werden. Diese sind jedoch das schwächste Glied der Kette, da nur die „Handschrift" des Entwerfers analysiert und mit einem je nach Anwendungsbereich grossen Maß an Auslegung auf das zu rekonstruierende Objekt übertragen werden kann. Ist die Dokumentation des Werkverzeichnisses hingegen umfangreich und sind besondere Eigenarten erkennbar, können im Zusammenhang mit den vorgenannten Maßnahmen solche Informationen maß- und formbestimmend hinzugezogen werden.
Aus dem Werkverzeichnis des Architekten Hermann Blankenstein geht hervor, dass der Berliner Stadtbaurat zwischen den Jahren 1855 und 1878 über einhundert Bauten realisiert hat, darunter dreizehn Markthallen. Sowohl durch Kriegseinwirkung, aber auch durch spätere Umnutzungen gingen zahlreiche dieser Bauten verloren; einige von ihnen wurden umgestaltet oder sind nur noch mit ihren Kopfbauten vorhanden. Das Auswerten der noch existierenden Bauten hat ergeben, dass das Haupteingangsgebäude der 1886–88 erbauten „Markthalle VII", Dresdener Strasse 27, auffallend viele Ähnlichkeiten mit der „Markthalle IV" in der Dorotheenstrasse 84 von 1884–86 aufweist, die rekonstruiert werden sollte. Besonders augenfällig sind die Analogien bei den verwendeten Baumaterialien und dem architektonischen Vokabular. Die Ziegel sind in Form, Grösse, Materialität und Farbe identisch, Fugenbreite und -tiefe desgleichen; ähnlich verhält es sich mit den Sandsteinen. Folglich wurden zur Überprüfung und Unterstützung der Rekonstruktion der Dorotheenstrassenfassade mehrere Details aufgemessen, analysiert und in die Planung eingearbeitet. Dadurch konnten besondere Details der nachzubildenden Hermen im 1. Obergeschoss genauer dargestellt werden. Darüber hinaus wurde die Farbigkeit der einzelnen Materialien analysiert und nach Ermittlung eines für die Berliner Bauten überwiegend typischen Farbschemas in die Planung übernommen. Dieses war besonders wichtig bei der Wiederherstellung der zweifarbigen Terrakottenfelder. Um Profilierungsstärken nicht nur aus den vorhandenen Fotos zu ermitteln, sondern deren Richtigkeit an

Abbruch und Wiederaufbau des U-Bahnhofs Krumme Lanke, Argentinische Allee, Berlin Zehlendorf

Bauherr: Berliner Verkehrs Betriebe (BVG)

Planung und Bauleitung: Architekturbüro Stuhlemmer

Die 1929 von dem schwedischstämmigen Berliner Architekten Alfred Grenander im Stil der Neuen Sachlichkeit errichtete Bahnhofshalle des Endbahnhofs Krumme Lanke musste 1988 komplett abgebrochen werden. Die tragende Stahlbetonkonstruktion war nicht sanierungsfähig. Bauphysikalische Fehler führten dazu, dass die Eisenbewehrung im Beton stark korrodiert und das Gebäude einsturzgefährdet war. Bei der BVG und dem Landeskonservator wurde 1987 der Abbruch und der originalgetreue Wiederaufbau beschlossen. Der basilikaähnliche Bau mit niedrigen Seitenflügel, halbkreisförmiger Front und ausladendem Vordach sollte so wieder entstehen wie ihn Grenander selbst plante, als sich zum Grünen Bezirk hin öffnender Hallenbau und ohne die den offenen Blick beeinträchtigenden nachträglichen Einbauten.

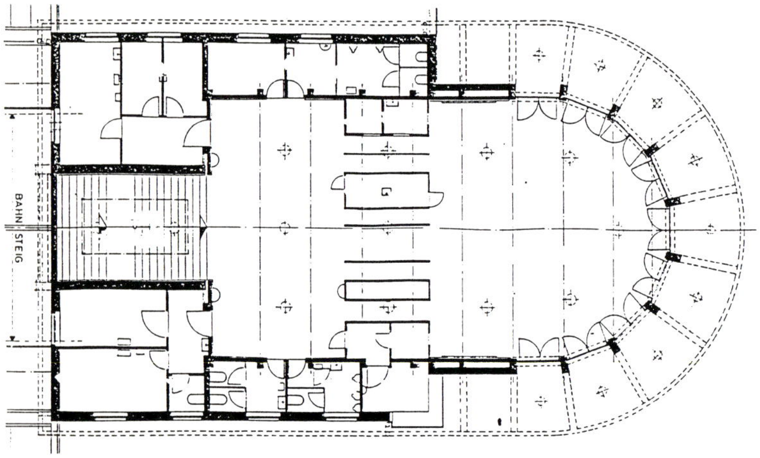

U-Bahnhof Krumme Lanke, Berlin-Zehlendorf, Originalgrundriss von Alfred Grenander aus dem Jahre 1929 – verfälschte Bahnhofshalle vor dem Abbruch 1988 – Der rekonstruierte Bau 1989

einem erhalten gebliebenen Objekt zu überprüfen und eine maßliche Bestimmung am Objekt vorzunehmen, wurden unter anderem die schlecht dokumentierten Tiefenmaße der sgraffitoartigen Terrakottenfelder zwischen den Zwillingsfenstern im 2. und 3. Obergeschoss mit denen an dem 1886/87 errichteten Schulbau Tempelhofer Ufer verglichen, ausgewertet und nach Prüfung übernommen. Dadurch konnten die aus den Schrägansichten ermittelten Tiefenmaße bestätigt werden. Durch das Vorhandensein dieser Vielzahl von Vergleichsbauten und der seriellen Fertigung der Fassadenelemente konnten entsprechende Analogien legitim herangezogen werden. Dadurch ergänzten in diesem besonderen Fall auch die externen Maßbezüge aus Analogien die Maß- und Formbestimmung in den Fotos.

5. Fazit im Hinblick auf die Rekonstruktion des Stadtschlosses

Die Frage nach einem generellen Schema für Rekonstruktionsplanungen ist zunächst also rein theoretisch. Vorab sind Zielsetzung und Intension der Maßnahme klar zu definieren. Denn das erzielte Ergebnis ist auch daran zu messen. Demzufolge muss der Grad der zu erfüllenden Präzision klar bestimmt werden. Wenn also die Rekonstruktion originalgetreu zu erfolgen hat, dann muss sie auf den vier oben benannten Grundlagen der Maß- und Formbestimmung begründet sein, auf der Analyse und Auswertung der:

- originalen Fragmente,
- historischen Bestandsaufmaße,
- historischen Pläne/Entwürfe,
- Analogien.

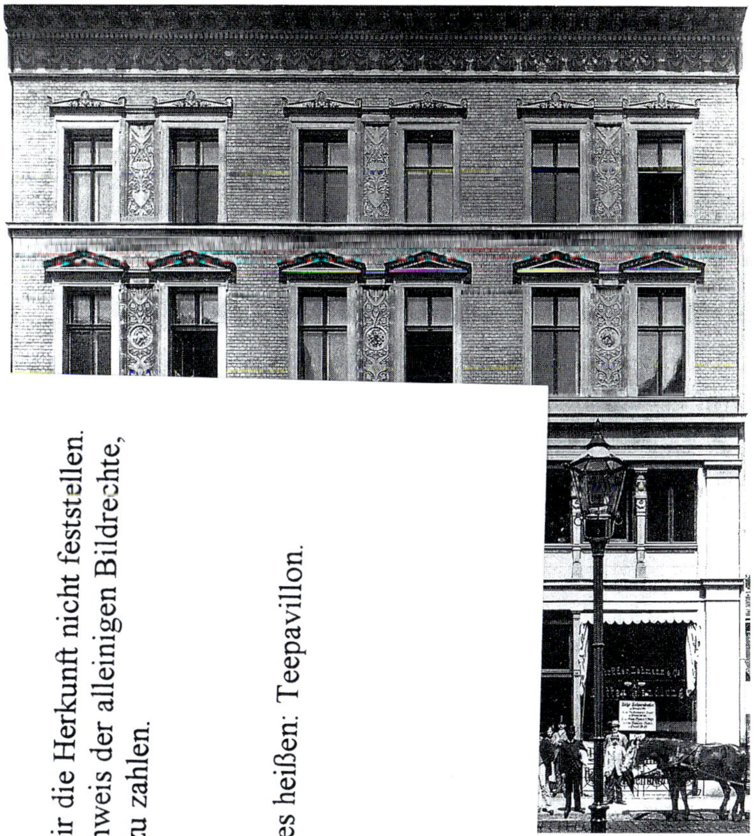

Ansicht um 1950

Bildnachweis

Bei einigen Bildern konnten wir die Herkunft nicht feststellen. Wir sind gerne bereit, bei Nachweis der alleinigen Bildrechte, die entsprechenden Honorare zu zahlen.

Druckfehlerteufel:
Auf Seite 26. Bild unten, muß es heißen: Teepavillon.
Sorry!

Rekonstruktion der Strassenfassade
Dorotheenstrasse 84 Berlin Mitte

Bauherr: Bundesrepublik Deutschland vertreten durch das Bundesamt für Bauwesen und Raumordnung
Architekten: KSP Engel und Zimmermann GmbH, Berlin
Gutachter: Stuhlemmer Architekten, Berlin

Der ab 1884 in der Dorotheenstrasse 84 errichtete Kopfbau der Markthalle IV reiht sich mit seinen typischen Gestaltungsmerkmalen: Ziegel, Sandstein und Terrakotten in die über 100 Bauten der Architekten Blankenstein und Lindemann ein. Diese reich gegliederte und gestaltete Fassade wurde in der Zeit von 1884 bis zum letzten Krieg kaum verändert. In den Jahren des 2. Weltkriegs wurde das Gebäude und damit auch die Fassade stark beschädigt und nach 1948 abgeschlagen, begradigt und mit einem einfachen Kieselkratzputz versehen. Nach Entfernung des losen Putzes 1998 wurde festgestellt, dass Teile der oberflächig abgeschlagenen Werksteine im Erdgeschoss und den Obergeschossen verblieben waren. Gleiches galt für Teile der Fenstergewände und -verdachungen im 2. und 3. Obergeschoss. Die rosaroten Verblender in den selben Geschossen, die als Putzträger missbraucht wurden, waren im angeschlagenen und aufgerauhten Zustand ebenfalls vorhanden. Es wurde beschlossen, diese für Berlin typische Fassade als Blickfang am Ende der Schadowstrasse zu rekonstruieren.

Stadtschloss, Teilansicht der Lustgartenfassade mit angeschnittenem Portal IV

Messbild 1916 (Ausschnitt)

Rekonstruktionplanung zweier Fensterachsen des Berliner Stadtschlosses

Auftraggeber: Förderverein Berliner Stadtschloss

Rekonstruktion: TU Berlin, Institut für Geodäsie und Photogrammetrie/Stuhlemmer Architekten

Die Grundlage der abgebildeten Rekonstruktionszeichnung war ein „Meydenbauer'sches Messbild“. In der TU Berlin, Fachgebiet Photogrammetrie und Kartographie, konnte dieses unter Berechnung externer Maßbezüge, gewonnen unter anderem aus historischen Katasterplänen, maßstäblich entzerrt werden. Die unterstützende Bearbeitung und Analyse weiterer Bilddokumente, Bestandsaufmaße und Fragmente führte somit zu einem sehr präzisem Ergebnis. Dieses konnte durch das Vorhandensein der Vielzahl von Befunden jeweils kontrolliert und verifiziert werden. Weiterhin war es möglich, durch das Auswerten der exzellenten Fotos Besonderheiten der differenziert ausgebildeten Fassadendetails, des figürlichen und bildnerischen Schmucks zu bestimmen und einer maß- und formgerechten Rekonstruktion zu Grunde zu legen.

Detailaufnahme 1897

Abbruchfoto um 1950

Unter der Voraussetzung einer gewissenhaften Planung kann also beim Vorhandensein sämtlicher Vorgaben ein nahezu hundertprozentiges Ergebnis erzielt werden. Der Umkehrschluss bedeutet jedoch nicht, dass bei einem Fehlen an Informationen das Ergebnis schlechter wäre, der Planungsaufwand vergrössert bzw. verlagert sich nur entsprechend. Anstelle des einen muss das andere treten, um den Mangel an Informationen auszugleichen. Die Verfahrensweise hat sich demnach der jeweiligen Sach- und Quellenlage anzupassen und ist von Fall zu Fall neu zu bestimmen. Durch die Planung sind die vier folgenden Bereiche zu bestimmen:

- Flächen (2 Dimensionen)
- Tiefen (3. Dimension)
- Materialien und Oberflächenstruktur
- Farbgestaltung
- darüber hinaus in besonderen Fällen die Funktion

Prinzipiell war bei den beschriebenen Rekonstruktionen und Rekonstruktionsplanungen das historische Bilddokument die Ausführungsgrundlage, denn die fotografische Wiedergabe zeigt den tatsächlich gebauten Zustand mit sämtlichen Besonderheiten und Abwandlungen, je nach Beschaffenheit der Vorlage, aussagekräftig genug für die Planung. Jedoch erst über den Schritt der Weiterentwicklung in Form digitaler Bildbearbeitung und Fotogrammetrie können bindende Ergebnisse erzielt werden. Maßermittlungen, Flächenmaße betreffend, sind aus maßstäblich entzerrten Fotografien relativ präzise zu gewinnen; Tiefenmaße hingegen sind zumeist nur über Hilfskonstruktionen zu berechnen. Die Weiterentwicklung der Fotogrammetrie und die Fortschritte in diesem Bereich an der TU Berlin, Institut für Geodäsie und Photogrammetrie, zeigen jedoch inzwischen durchaus verwertbare Ergebnisse. Um jedoch verlässliche Angaben zur Form- und Maßbestimmung aus den Fotos zu gewinnen, sind meistens zusätzliche Informationen notwendig. Dabei ist nach direkt oder indirekt formbildenden und maßbestimmenden Kategorien zu differenzieren. Architekturfragmente erfüllen dies direkt und wirken darüber hinaus bindend auf andere Kategorien. Aufmaße vor der Zerstörung dokumentieren zum Teil vorzüglich das einzelne Detail, mitunter ganze Planungsbereiche und wirken damit ebenfalls direkt bindend auf die Planung; Dokumente aus der Entstehungszeit, wie Entwurfs- und Ausführungspläne, können je nach deren Qualität ebenfalls direkt bestimmend wirken. Informationen, die aus Vergleichsobjekten oder Analogien gewonnen werden, können nach eingehender Prüfung auf Übereinstimmung desgleichen direkt in die Planung einfliessen oder nur begleitend, also indirekt, wirken.
Das Zusammenfügen dieser Verfahrensweisen, unter Berücksichtigung einer exzellenten Detailkenntnis, ist Garant für ein Ergebnis, welches den

Fassadenrekonstruktion auf Grundlage der Fotogrammetrie, CAD-Zeichnung, 1. und 2. Fensterachse westlich des Portals IV, Ansicht und Schnitt, Juni 2000

Vergleich mit dem Original nicht scheuen muss und damit auch nicht den Originalentwurf verfälscht.

Die Rekonstruktion der Stadtschlossfassade, im abgebildeten Beispiel, bedient sich der zuvor genannten Methodik zur Maß-, Form- und Materialbestimmung. Grundlage ist auch hier das historische Bilddokument/Foto. Zur Bearbeitung kann auf eine grosse Vielfalt von Fotografien wie u. a. 18 Messbildfotos-Aussenaufnahmen als Glasplattennegative im Format 40x40 cm, Aufnahmen der Schlossbaukommission um 1897 mit besonderer Wertlegung auf Detaildokumentation, Farbfotografien aus den 30er Jahren (auch von den Innenräumen), Fotos, entstanden nach den ersten Bombenangriffen, und schließlich Ruinenfotos vor und während der Sprengung zurückgegriffen werden. Jedes dieser Bilddokumente kann zu einer spezifischen Spurensuche ausgewertet werden. So können beispielsweise Aussenaufnahmen aus dem Messbildarchiv, die in ihrer Schärfe so präzise sind, dass bei entsprechender Vergrößerung selbst kleine Risse, Abscherbelungen und Materialstöße der Sandsteine in Millimetergrösse deutlich zu erkennen sind, den „Masterplan" der Fassadenrekonstruktion bestimmen. In den maßstäblich entzerrten Fassadenansichten (TU Berlin) können im grossen Maßstab Abwandlungen, die Gebäudeachsen und Geschosshöhen betreffend, als auch die feingliedrige Formvielfalt des bildnerischen Schmucks ermittelt werden. Auf diesem Weg ist auch die jeweils leicht unterschiedliche Ausarbeitung der zwar seriell erscheinenden, jedoch, handwerklich bedingt, unterschiedlich ausgeformten Fassadendetails auszuwerten und für eine Nachbildung zu Grunde zu legen. Zur maßstäblichen Entzerrung kann, wie bereits bei der Kommandantur, auf das präzise Aufmaß der „Neuvermessung der Haupt- und Residenzstadt Berlin – Stückvermessungshandriss zum Block Nr. 12, aus dem Jahr 1879) zurückgegriffen werden. In diesen äusserst detaillierten Plänen sind kleine Versprünge im Grundriss in bis zu 1/2-Zentimeterangaben dargestellt und eingemessen. Diese Auswertungen werden wiederum durch Detailaufnahmen konkretisiert. Fotos, erstellt durch die Schlossbaukommission 1897, dokumentieren durch ihre extremen Schrägansichten wiederum einzelne Fassadendetails wie Fenstergewände, Gesimse und Balustradenteile auch in ihren Tiefen. Schliesslich können die zahlreichen Fotos, die die Zerstörung und den Abriss dokumentieren, wertvolle Erkenntnisse zu den

Materialien liefern. An Hand von Einschusslöchern und deren Auswirkungen auf die Aussenhaut ist die Beschaffenheit der einzelnen Details abzulesen. Verputztes Ziegelmauerwerk ist eindeutig von den zersplitterten, abgebrochenen Werksteinen zu unterscheiden. Ferner ist es dadurch möglich, in die Tiefe der Wand zu blicken und somit Konstruktion und Verankerungen der einzelnen gliedernden Schmuckelemente zu erkennen. Farbfotografien werden die gewonnenen Erkenntnisse entsprechend ergänzen.

Zur präzisen Maß- und Formermittlung dieser fotografischen Abbildungen stehen wiederum eine Vielzahl von größenbestimmenden, externen Konstanten zur Verfügung: beginnend bei Originalfragmenten, wie dem zum Teil an Ort und Stelle verbliebenen Kellermauerwerk, versetzten Gebäudeteilen wie dem Portal IV im ehem. Staatsratgebäude und zahlreichen, verstreut existierenden Schlosstrümmern und figürlichem Schmuckwerk, bis hin zu Einrichtungsgegenständen.

Unter Hinzunahme detaillierter Aufmaße, entstanden zur reinen wissenschaftlichen Dokumentation seit Ende des 19. Jhr., oder Plänen, die im Zusammenhang mit Umbau- oder Reparaturmaßnahmen entstanden sind, bis hin zu solchen aus den Tagen der Devastation, können Teilbereiche lückenlos dokumentiert und folglich präzise nachgebildet werden. So ist einer der wesentlichen Bestandteile ein Fassadenaufmass (Ansicht und Schnitt) im Maßstab 1:10 einer noch nicht genau zu ermittelnden Fensterachse. Dieser ca. 3 m lange Plan, in Verbindung mit den entzerrten Messbildern und den entsprechenden Detailaufnahmen sind die Basis der abgebildeten Rekonstruktion

Direkt verwertbare Entwurfs- und Ausführungspläne sind nur von den späteren Um- und Ausbauten seit der Zeit Friedrich Wilhelms IV. vorhanden. So existieren unter anderem Pläne über die Gestaltung der Schlosskapelle von F. A. Stüler und A. D. Schadow, als auch die Erweiterungspläne des Weissen Saals von E. v. Ihne. Diese dokumentieren einerseits den damaligen Bestand, andererseits die geplanten konstruktiven Eingriffe so detailliert, dass Maßangaben in Ausführungsqualität enthalten sind. Analogien zu vergleichbaren Bauten und Bauteilen sind in Abhängigkeit zum Baumeister und seiner Zeit zu den wichtigsten Bauphasen erhalten: begonnen mit dem figürlichen Schmuck am Zeughaus von A. Schlüter bis zum Marstall v. Ihne.

Diese außerordentliche Fülle von Grundlagen kann die Basis für eine präzise Rekonstruktion des Stadtschlosses sein – man muss es nur wollen.

Stuhlemmer Architekten Dipl. Ing. Rupert Stuhlemmer, Berlin, geb. 1937, ist Architekt in Berlin. Seit 1995 Mitarbeit von York Stuhlemmer, geb. 1966, Architekt ebenda. Stuhlemmer führte zahlreiche Arbeiten der Wiederherstellung, Instandsetzung und Modernisierung von historischen Bauten und Bauensembles durch, vielfach in enger Zusammenarbeit mit den Denkmalschutzbehörden. Zu den Hauptwerken zählen die komplette Gestaltung des Mexikoplatzes in Berlin-Zehlendorf und die planerischn Vorarbeiten für die Wiedererrichtung der Kommandantur Unter den Linden 1.

Die brennende St. Michaeliskirche zu Hamburg am 3. Juli 1906. Nach dem Einsturz des Turmes brannte die Kirche vollständig aus.

Wolfgang Schäche

Für ein Recht auf Rekonstruktion Warum der Wiederaufbau eines Bauwerkes nichts mit Unmoral zu tun hat

Die Rekonstruktion nicht mehr existenter oder nur fragmentarisch realisierter Bauwerke begleitet die Architektur durch ihre Geschichte: vom Weiterbau des nur als Torso vom späten Mittelalter auf das 19. Jahrhundert überkommenen Kölner Doms über den 1902/03 nach dem Einsturz wiedererrichteten Campanile von San Marco in Venedig bis zur äußerlichen Wiederherstellung großer Teile der Münchner Innenstadt nach dem Zweiten Weltkrieg.

Diese Rekonstruktionen sind inzwischen selbst zu Denkmälern aufgestiegen und nie ernsthaft in Frage gestellt worden. Erst die letzten Jahrzehnte haben eine fast unüberbrückbare Kluft zwischen gesellschaftlichen Ansprüchen an die Gestaltung des öffentlichen Raumes und der fachinternen architekturtheoretischen Diskussion aufgerissen.

Experten lehnen den Nachbau ausgelöschter Gebäudeexistenzen meist ab. Sie argumentieren mit einem – von einer vermeintlich „reinen Lehre"–gekennzeichneten Ausschließlichkeitsanspruch, der von der Objektivierbarkeit der eigenen Beweisführung überzeugt scheint. Gegenpositionen werden als lästig empfunden und ignoriert oder als reaktionär denunziert. So warnte Renzo Piano einmal vor dem Wiederaufbau des Stadtschlosses in Berlin mit den Worten: „Die Vergangenheit zu kopieren wäre für mich Selbstmord."

Und die Vereinigung der Landesdenkmalpfleger in Deutschland formulierte zur Debatte um Gebäuderekonstruktionen in Ostdeutschland bereits Anfang der neunziger Jahre eine Stellungnahme: Man habe zwar Verständnis für den Wunsch, zerstörte Werke der Baukunst wiederzugewinnen, doch dieser Wunsch sei nicht erfüll-

Die St. Michaeliskirche nach ihrem Wiederaufbau, 70 Jahre später: patiniert und vom Original nicht zu unterscheiden. Inzwischen erhielt der Turm wieder einmal eine neue Kupferhaut. Kopie der Kopie?

„Der Michel hat für die Identität der Stadt eine Bedeutung, die kein anderes Bauwerk erreicht: Auch Menschen, die sich der christlichen Gemeinde längst entfremdet haben, engagieren sich für dieses wichtigste aller Hamburger Wahrzeichen." (Aus „St. Michaelis", Verlag Hamburger Abendblatt)

Die Piazza San Marco in Venedig wird beherrscht von dem Campanile. Auch dieser ist eine Kopie des alten Turmes, der 1906 einstürzte.

bar, weil die überlieferte materielle Gestalt als Geschichtszeugnis unwiederholbar ist wie die Geschichte selbst.

Und der inzwischen verstorbene Architekturhistoriker Hanno-Walther Kruft brachte 1993 in einem Aufsatz „Rekonstruktion als Restauration" die unter Experten verbreitete Abneigung gegen Wiederaufbauten auf einen Punkt. „Eine Rekonstruktion ist nicht primär ein urbanistisches, ästhetisches, technisches oder finanzielles Problem, sondern ein historisch-moralisches. Wenn ein Monument durch Zerstörung ausgelöscht ist, wird eine Rekonstruktion zur Geschichtsattrappe. Entscheidungen (zum Wiederaufbau) sind Ausdruck der Restauration und spiegeln einen orientierungslosen, historisch retrospektiven gesellschaftlichen Zustand... Die Sprengung (des Berliner Stadtschlosses) sollte als sichtbarer Akt das Ende des preußischen Militarismus signalisieren. Aus ähnlichen Gründen wurde das Potsdamer Stadtschloss abgerissen. Man kann diese Handlungen verwerflich und barbarisch finden und die Verluste beklagen, aber man darf sie nicht rückgängig machen wollen, auch wenn man es technisch könnte. Wenn man es doch tut, so dokumentiert man seine Entschlossenheit zur Geschichtsmanipulation und begibt sich auf die gleiche Ebene wie die Barbaren, deren Schandtaten man kompensieren will."

Bemerkenswert ist, dass die zur inhaltlichen Ableitung des moralischen Anspruches herangezogenen Argumente zwar in sich geschlossen und logisch sind, ihre Prämissen jedoch nicht mehr reflektiert werden. Gerade sie aber erweisen sich als fragwürdig.

Tuchhalle in Jeper/Belgien. Im Ersten Weltkrieg in der Flandernschlacht völlig zerstört und danach rekonstruiert. Stefan Zweig schrieb vor der Rekonstruktion: „Alles steht wieder da wie einst, schön erneuert, frischer vielleicht noch, nur – entsetzlich – die gigantische Stadthalle ist weg, dieser zyklopische Riesenbau, der Stolz Belgiens, um den einstens die ganze Stadt sich scharte wie Kücken um die Henne. Dort, wo diese Herrlichkeit heroisch wuchtete, Jahrhunderten trotzend, steht jetzt ein Nichts, ein paar rauchige Steinstümpfe, wie kariöse Zähne schwarz und zerfressen gegen den Himmel gebleckt. Das Herz der Stadt ist ausgerissen." Wie bewundernswert die Entscheidung der Stadt, das historische Bauwerk erneut aus den Trümmern entstehen zu lassen!

Münchener Residenz: Kaisersaal nach der Wiederherstellung 1985. Die hier besonders schwierige Rekonstruktionsarbeit des seit 1799 nicht mehr vorhandenen Saales konnte sich nur auf Beschreibungen stützen.

Münchener Residenz 1945. Die Ruine des Nationaltheaters. Säulen des Portikus

Schloss Charlottenburg, Berlin. Goldene Galerie 1945

Da ist zum einen der Geschichtsbegriff: Den meisten Gegnern (aber auch Befürwortern) von Rekonstruktionen liegt die abenteuerliche Vorstellung von Geschichte zu Grunde, sie per se mit Vergangenheit gleichzusetzen. Die Hinterlassenschaften vergangener Zeiten werden vor diesem Hintergrund zu Zeugen, Dokumente, Quellen geschichtlicher Vorgänge erklärt, die allein über ihre physische Existenz erfahrbar werden. Die Originalität eines Bauwerkes gewährleistet bereits „Geschichtlichkeit“ und damit „Wahrheit“. Ein solcher Geschichtsbegriff aber entzieht sich jedem Gegenwartsbezug und führt in eine argumentatorische Sackgasse.
Denn Geschichte für sich genommen ist sinnlos. Nur aus der Konfrontation dessen, was wir unter Geschichte begreifen, mit der Gegenwart, so der deutsche Historiker Johannes Fried, lernt der Mensch: „Denn Vergangenheit ist vergangen, Geschichte aber lebt. Sie ist als Gedächtnis immer Gegenwart, kann nichts anderes sein.“ Vor dieser Einsicht relativiert sich dann auch die Vorstellung von einem (authentischen) Bauwerk als historischer Quelle der Vergangenheit: „Quelle,“ schreibt Johannes Fried, „ ist ohnehin eine in die Irre führende Metapher. Sie assoziiert sprudelndes Leben, Unmittelbarkeit, lautere Wahrheit. Die Gegenstände, die mit diesem Namen belegt werden, haben aber von sich aus kein Leben... Hunderte von Historikern haben sich mit ihnen befasst, jedes überlieferte Detail umgedreht und ausgepresst. So traktiert, müssen die ‚Quellen‘ längst erschöpft sein. Warum sind sie es nicht? Die Antwort ist einfach: Weil Historiker sie immer wieder künstlich beleben oder genauer: weil es keine Quellen, sondern Artefakte sind, tote ‚Dinge‘, die erst Wert gewinnen, wenn ihnen subjektive Aufmerksamkeit geschenkt wird.“ Das auf diese Weise Konstruierte aber muss mit der nicht mehr real nachvollziehbaren Vergangenheit nicht deckungsgleich sein.
Da ist zum anderen der Authentizitätsbegriff. Die über Jahrhunderte aggressiv aufgeladene christliche Religionsvorstellung von der Einmaligkeit des irdischen Lebens und der Vergänglichkeit des Physischen wird unmittelbar auf die Architektur übertragen. So wie der Tod am Ende des Lebens steht und unwiderruflich erscheint, gilt die physische Auslöschung eines Gebäudes als irreversibel.
Eine Wiedergeburt erweist sich deshalb für Gebäude wie für Menschen als unvorstellbare Infragestellung der göttlichen Ordnung. Damit

Schloss Charlottenburg, Berlin. Goldene Galerie 1998

Schloss Charlottenburg, Berlin. Goldene Galerie, Details 1998

wird jeder Wiederaufbau eines einmal ausgelöschten Gebäudes zur Glaubensfrage und jeder rationellen Argumentation entzogen. Nur über das Authentische, die konkrete stoffliche Bindung also, wird in dieser Logik Vergangenheit durch Geschichte erlebbar. Die Erinnerung über reproduzierte Abbilder, selbst die der bloßen ästhetisch-physischen Vergegenständlichung, ist für dieses Denken Sünde.

Und da ist drittens die Abbildtheorie. Immer noch wird die für vorbürgerliche Epochen durchaus zutreffende Spiegelung gesellschaftlicher Realität in baulichen Zusammenhängen als Anspruch an die heutige Architektur gestellt. Sie soll sich, wie historisch begriffene Architektur, kraft ihrer Gestalt untrennbar mit speziellen Zeitabschnitten verbinden lassen.

Daraus folgt die Forderung, dass gegenwärtiges Bauen sich ausschließlich als Ausdruck der Zeit zu erkennen geben muss. Da aber das pluralistische Prinzip demokratischen Selbstverständnisses die auf gesellschaftlichem Konsens beruhenden Konventionen, die Architektur zum Abbild der Gesellschaft machten, abgelöst hat, kann das Bauen schon längst nicht mehr über seine Erscheinungsformen substanzielle Aussagen über die herrschende Ordnung machen. Architektur ist in ihrem Bedeutungscharakter beliebig geworden und nur noch individuell in ihrer Mitteilung wirksam. Damit aber greift die Forderung nach zeitgemäßer Architektur ins Leere, ebenso wie die Verdächtigung von Rekonstruktionen als Beschwörung vergangener Gesellschaftsformen.

So gibt es kein rationales Argument, welches den Nachbau physisch nicht mehr existenter Bauwerke per se ausschließt. Die Entscheidung ist allein der sorgfältigen Abwägung aller mit dem Gebäude verbundenen Bedeutungsebenen sowie der Einbeziehung des ökonomischen, technischen, ästhetischen sowie des Zweckmäßigkeits- und Nutzungsaspektes verpflichtet, nicht aber fragwürdigen Geschichts- und Architekturtheorien.

Jede Reproduktion erweist sich hierbei als eine komplexe kulturpolitische Aufgabenstellung, die sich nicht auf die denkmalpflegerische Perspektive reduzieren lässt. Es kann nicht darum gehen, etwas zu pflegen, was physisch nicht mehr existent ist.

Eine Gesellschaft hat vielmehr das Recht bei dem erklärten Versuch, sich auf die Zukunft zu entwerfen, in Abwägung aller relevanten Argumentationsebenen selbstverantwortlich darüber zu befinden, welche Dimension sie der „Geschichte“ und der Erinnerung einräumen will. Und das schließt die bauliche Vergegenständlichung zerstörter Geschichte selbstverständlich mit ein.

Prof. Dr. Ing. Wolfgang Schäche, Berlin, geb. 1948, ist Inhaber des Lehrstuhles für Baugeschichte an der TFH Berlin. Er publizierte zahlreiche Schriften zur Architektur- und Stadtbaugeschichte sowie Architekturtheorie und Denkmalpflege im 19. und 20. Jahrhundert.

Gesine Weinmiller

Mythos und Bedeutungsalter

Jedes vom Menschen geschaffene Bauwerk ist Hülle und Bühne des Lebens, das sich in seinen Mauern abspielt, und Spiegel der Zeit, die während seines Bestehens vergeht. Der Mythos eines Gebäudes entsteht durch ein Zusammenspiel des Bauwerkes, des darin stattfindenden Lebens im Laufe der Zeit und der Legenden, die sich meist erst im Rückblick um das Gebäude ranken. Verschiedene, untrennbar miteinander verwobene Ebenen prägen das Erscheinungsbild eines Gebäudes:

Einmal die Mauern, als reine Materie, die gemeinsam aus der Unendlichkeit des Weltalls einen Ausschnitt herausschneiden.

Die Mauern sind, ob erwünscht oder nicht, durch ihre Ausformung und Gestalt Träger von Bedeutungen und Inhalten, die sich hinter den Mauern verbergen. Auch spiegeln die Mauern die Spuren der Zeit, ihr Alter, in einem ständigen Wandel von Abnutzung, Erneuerung und Veränderung wider. Allein die Wahl der Materialien und deren Veränderungen im Laufe der Zeit unterstützen Ausdruck und Wirkung einer Nachricht, die das Haus sendet. Im Falle eines gut geplanten Bauwerkes sind diese Daseinsveränderungen durch Witterung und den Gebrauch des Hauses durch den Architekten mit bedacht und spielen in der Wahrnehmung des Hauses eine gewichtige Rolle.

Wird ein Gebäude bald nach seiner Zerstörung nach den alten Plänen und mit den ursprünglichen Materialien wiederaufgebaut, weicht das wahre Alter des Gebäudes, nämlich das seit dem Wiederaufbau, seinem Bedeutungsalter. Schon nach kurzer Zeit ist die Lücke des Verschwindens durch die Erinnerung an das Ursprüngliche geschlossen. Das Charlottenburger Schloss erscheint allen Besuchern als barockes Schloss, obwohl es nach dem Krieg wieder komplett aufgebaut wurde, de facto also aus den 50er Jahren stammt. Zwischen dem Bedeutungsalter und dem wahren Alter liegen also 300 Jahre.

Metamorphose des Hamburger Bahnhofs: Vom Verkehrsknoten zur Kunsthalle.

Als zweites der Inhalt eines Gebäudes.

Der Inhalt, besser: die Nutzung des zu planenden Hauses, ist die Handlungsanweisung für den entwerfenden Architekten. Aus der Nutzung heraus definiert sich auch zum großen Teil die Bedeutung eines Gebäudes für die Stadt. Selbst das städtebaulich und architektonisch herausragende Gebäude ist ohne zu nutzenden Inhalt ein Torso, der wie faules Fleisch aus einem sonst intakten Organismus herausgeschnitten werden muß. Nur anhand einer adäquaten Nutzung zieht dann auch das Leben in ein Gebäude, das Grundlage für die Entstehung der Mythen ist. Als Architekt möchte man am liebsten anhand eines Inhaltes eine Gestalt entwickeln, und während des Entwurfsprozesses geht man davon aus, dass sich an diesem Inhalt nie etwas ändern wird. Allerdings kann dieser im Laufe der Zeit fundamentalem Wandel unterworfen sein, und die gelebten, völlig unterschiedlichen Geschichten, die sich mit dem Gebäude verbinden, addieren sich zueinander. Die Inhalte können in ein und

Palast der Republik – Einöde Marx-Engels-Platz

dem selben Gebäude über die Jahre hinweg variieren, ohne dass ein Qualitätsverlust der Bedeutungen eines Gebäudes im Gefüge der Stadt zu verzeichnen wäre. Ein gutes Beispiel für eine solche Zustandsveränderung eines Hauses ist der Hamburger Bahnhof, zur Zeit seiner Erbauung Inbegriff der neuen Mobilität und der Modernität, heute nach dem Umbau durch Joseph Paul Kleihues der Tempel der Kunst, in dessen Halle niemand mehr die abfahrenden Züge vor seinem inneren Auge sieht. Beide Zustände werden als gelungen bezeichnet, und das Gebäude hat neben zwei Bedeutungsaltern auch einen Bedeutungswandel vollzogen.

Zum dritten der Unendlichkeitsausschnitt, das „zwischen den Mauern", in dem das Leben der Menschen stattfindet und das den Lauf der Zeit als Aktionen zwischen den Mauern untrennbar mit den Mauern verbindet.

Diese Ebene ist der eigentliche Grund zur Verknüpfung von Mauern mit einem Mythos. Das Erleben in einem Gebäude und die daraus in weit späterer Zeit entstehende Legendenbildung stehen nur noch im indirekten Bezug zueinander. Der Wahrheitsgehalt schwindet mit zunehmenden Abstand zur ursprünglichen Geschichte. Es hat zahlreiche Fälle gegeben, in denen Gebäude aus dem Stadtgefüge entfernt wurden. Sie sind zwar faktisch nicht mehr vorhanden, in den Köpfen der Menschen, die das Gebäude noch erlebt haben und in den Legenden, die sich um dieses Gebäude ranken, existieren sie noch. Der Mythos eines Gebäudes verschwindet nicht mit der Zerstörung der Mauern. Jedoch sind auch nach einem sofortigen Wiederaufbau die vorher beschriebenen Ebenen der Authentizität und der natürlichen Alterung nicht wiederherzustellen. Ein gutes Beispiel diesbezüglich ist der Römer in Frankfurt, dessen Wiederaufbau nach den Orginalplänen jedoch mit modernen Materialien erstellt wurde, was eher einer Karikatur denn einer Rekonstruktion gleicht.

Wird dann mit der Zerstörung eines Gebäudes auch seine Nutzung nicht mehr benötigt, ist das neue Gebäude seiner natürlichen Wurzeln beraubt und bedarf einer Neudefinition auf allen Ebenen, lediglich der Mythos und das Bedeutungsalter bleiben bestehen.

Die Motive für die Wiedererrichtung des Schlosses sind sowohl im städtebaulichen Bereich, als auch im Feld der Mythen und dem Verlangen nach der „guten alten Zeit" zu suchen.

Der Marx-Engels-Platz, heute ein aus den Fugen geratener Stadtraum, der auch allen angrenzenden Gebäuden wie dem Alten Museum, der Friedrichwerderschen Kirche und dem Auswärtigen Amt keinen Halt bietet, muss, bevor er wieder mit vollem Recht Schlossplatz genannt werden kann, eine grundlegende Veränderung erfahren. Der Mythos, der sich um diesen Bereich der Stadt rankt, hängt im hohen Maße an dem abgerissenen Schloss.

Allerdings ist es nicht möglich, wie schon diskutiert, eine Schlosshülle, wie ein Potemkinsches Dorf mit Kommerzinhalt zu erstellen, und zu glauben, dadurch nahtlos an die Zeit vor dem Krieg anzuknüpfen. Ein Investor, der diese riesige Baumasse errichten möchte, muss natürlich Ausnutzung und Rentabilität an vorderster Stelle im Auge behalten. Es besteht die Gefahr, dass im Laufe des Bauprozesses aus dem hehren Ziel, das Schloss orginalgetreu wiederaufzubauen, mit jeder weitergeführten Kalkulation die Steinmetzarbeiten durch aufgeschäumte Stuckprofile ersetzt werden, die Raumhöhen und Raumproportionen einem heutigen Maß des Erträglichen angeglichen werden, das nichts mit dem Raumerlebnis des alten Schlosses zu tun hat, und am Ende eine ganz gewöhnliche, verunglückte, neobarocke Pappschachtel entsteht, in deren Sockelgeschoss wegen der besseren Ausnutzung doch noch der Postershop untergebracht wird.

Der Bedeutungsmythos wird nicht die Kraft haben über die dauerelastischen Fugen, die schlecht alternde Thermohaut und die DIN-gerechten Alu-Fensterbleche hinwegzutäuschen. Bei solch einem Haus fängt das Bedeutungsalter bei Null an.

Das Hauptmotiv, den Wiederaufbau, in welcher Form auch immer, voranzutreiben, muss in dem Bedarf an Räumen für eine Nutzung von zentraler Bedeutung begründet sein. Die wohltuende Wirkung eines solchen Gebäudes für den Städtebau und die Erinnerung der Menschen an den Mythos des Schlosses ist als Kür nach der Pflicht anzusehen.

Gesine Weinmiller, Berlin, geb. 1963, ist Architektin. Sie gewann im Wettbewerb zum Umbau des Reichstages in Berlin den 2. Preis, ebenso zeichnete sie sich mit einem Realisierungsvorschlag im Wettbewerb für das Denkmal für die ermordeten Juden Europas in Berlin aus. Sie ist die Architektin des Neubaus des Bundesarbeitsgerichtes in Erfurt und des Umbaues der Amtssitze des Bundespräsidenten und des Bundeskanzlers in Berlin.

Schlosssimulation auf dem Marx-Engels-Platz 1993

Fama über Portal IV, seit 1963 eingebaut im Staatsratsgebäude der DDR

Wilhelm von Boddien

Sachfragen: Die Quellenlage zum Wiederaufbau des Schlosses

Spolien

Das Berliner Schloss wurde bei seiner Sprengung in kleinste Teile zerstört. Der Sprengschutt wurde auf wiederverwendungsfähige Materialien wie Buntmetalle, Eisen und Ziegelsteine durchsucht und so teilweise verwertet. Das Gros der Schlosstrümmer wurde mit der Trümmerlorenbahn, kleinen Lkw-Zügen und per Schiffskahn auf die zwei großen Trümmerdeponien des Berliner Ostens verbracht, den Trümmerberg östlich des Tierparks Friedrichsfelde und den in der Berliner Staatsforst, der über die Schiffslände am Seddinsee südlich des Müggelsees beschickt wurde.

Beide Deponien waren Großanlagen mit einer Tagesaufnahme von bis zu 2000 Tonnen Schutt und wurden seit Ende der vierziger Jahre bis weit in die fünfziger Jahre mit Millionen Tonnen an Trümmerschutt gefüllt. Das Schloss selbst brachte es auf ein Volumen von ca. 100.000 Tonnen, vornehmlich Ziegelschutt. Der wertvolle Teil des Schutts, nämlich der bearbeitete Sandstein machte nur etwa 10 % des Volumens aus. Wegen der geringen Tragfähigkeit der Lorenbahn und der Lkws und um den Schutt schüttfähig zu erhalten, wurden große Gesteinsbrocken auf Schubkarrenformat weiter zerschlagen. So ist in den beiden Großdeponien kaum wiederverwendungsfähiges Material zu finden. Es lagert zudem verborgen unter Millionen Tonnen von Mauerresten der Stadt an unbekannter Stelle in den Deponien, sodass eine Suche nach Spolien hier der sprichwörtlichen Suche nach der Nadel im Heuhaufen gleichkäme.

Eine dritte Deponie von Schlossüberresten befindet sich auf dem Flakbunkerberg im Friedrichshain. Hierher wurden im Herbst 1950 während der Sprengung des Schlossplatzflügels ungefähr 20.000 Tonnen mit Lorenbahn und Lkws als Deckschicht des Schuttkegels vor dem Auftragen der Mutterbodenschicht für die Begrünung des Berges eingebracht. Der Schlossschutt liegt also unmittelbar unter der Oberfläche und könnte mit archäologischen Suchgrabungen leicht ermittelt werden. Allerdings wurde ein großer Teil des Sandsteins zu Bossen verarbeitet, aus denen man die Treppenanlagen und Stützmauern entlang der Wege auf den Berg baute. Trotzdem dürfte die Suche speziell im unteren Bereich des Berges noch lohnen, sind doch die schweren Steine beim Abkippen in diesen Bereich gerollt. Jeder so geborgene Stein kann zu einer Mustervorlage für die entsprechenden, in einer Bauhütte herzustellenden neuen Hausteine der Fassaden werden.

Während der Sprengarbeiten wurde ein sogenanntes „Wissenschaftliches Aktiv“ eingesetzt, das wertvollste Bauteile ausbauen und so vor der Zerstörung bewahren sollte. Seiner Arbeit verdanken wir die größte Spolie des Schlosses, das Portal IV der Lustgartenfront, das heute als „Liebknechtportal“ im Staatsratsgebäude eingebaut ist. In ihm sind alle wichtigen Gesimsformen und andere Profile der schlüterschen Fassade enthalten, sodass es eine wichtige Vorlage für zu rekonstruierende Teile ist.

Der skulpturale Schmuck des Schlosses wie die Hermenpilaster der Lustgartenfront oder die großen Plastiken der Götter und Halbgötter der

Gesims unter dem Paradegeschoss, Portal IV, Staatsratsgebäude der DDR

Herme „Herbst", Portal IV, eingebaut im Staatsratsgebäude der DDR

griechischen Mythologie des Schlüterhofes konnten geborgen werden, ebenso wie einige Widderköpfe und Adlerfragmente des Mezzanins und weitere Musterteile der Fassaden, sodass diese eine ausreichende Basis für die Nachschöpfung des figürlichen Programms der Fassaden sein werden. Diese ausgebauten Teile wurden zunächst sorgfältig in einem Schuppen auf dem Lagerplatz des VEB Tiefbau in Berlin-Heinersdorf gelagert, die Skulpturen kamen unter die Regie des Bodemuseums, das heute den umfassendsten Teil in seinen Depots untergebracht hat.
Nach dem Einbau der Spolien des Portals IV in das Staatratsgebäude wurde ein Teil der figürlich bearbeiteten Sandsteine in den Gutspark nach Berlin-Mahlsdorf gebracht, wo sich ihre Spur erst 1986, bei einer Umgestaltung des Parks, verlor. Die Umgestaltung soll lt. dem Zeugnis von Lothar Berfelde, später Charlotte von Mahlsdorf, der in dem Gutshaus sein Gründerzeitmuseum betrieb, unter der Regie des damaligen Gartendenkmalpflegers von Berlin, Dr. Detlef Karg, erfolgt sein. Dieser wirkt heute als Landesdenkmalpfleger in Brandenburg und könnte vielleicht aus den ihm bekannten Archiven weitere Auskunft über den Verbleib geben.
Die Menge der vor allem schweren Teile wurden als Füllmaterial in die Senke des Geländes geschoben und befinden sich heute vermutlich unter einer Zementmischanlage. Diese erhielt bei einem weiteren Ausbau 1992 neue Fundamente. Hierzu wurde der Schutt aus dem Untergrund ausgebaggert und ein Kapitellfragment des Schlosses nach oben geholt. Auch hier würden sich Suchgrabungen lohnen, da die Teile in keiner großen Tiefe liegen.
Es wäre allerdings eine Illusion, zu glauben, dass wie bei einem Puzzle das Schloss aus seinen in den verschiedensten Lagern abgekippten Steinen wiederaufgebaut werden könnte. Der Aufwand für die Suche wäre unbezahlbar und der Zertrümmerungsgrad der Steine ist so stark, dass in den meisten Fällen eine Identifikation ihres ursprünglichen Platzes in der Fassade nicht mehr möglich ist. Aber das gefundene Material ist eine hervorragende Grundlage für die authentische Nachschöpfung der Fassaden.

Pläne und Photographien

Das Berliner Schloss ist eines der am besten photographisch dokumentierten Gebäude überhaupt. In den verschiedenen Archiven der Stadt,

Herme „Winter", Portal IV, eingebaut im Staatsratsgebäude der DDR

vor allem aber in den Beständen der Schlossmonographie im Schloss Charlottenburg der Stiftung Preußische Schlösser und Gärten Berlin-Brandenburg und im jetzt nach Wünstorf umgezogenen Messbildarchiv, das der Denkmalpflege des Landes Brandenburg zugeordnet wurde, befinden sich Tausende von Ganz- und Detailphotos der Schlossfassaden und der wichtigsten Innenräume. Das Planarchiv der Stiftung verfügt zudem über eine umfangreiche Plansammlung aus den verschiedenen Restaurierungsphasen des Schlosses.

Aus der Zeit Schlüters und Eosanders existieren keine originalen Architekturpläne. Diese sind, sicheren Quellen zufolge, schon damals abhan-den gekommen, möglicherweise nahm Schlüter seine Pläne mit nach St. Petersburg, seiner letzten Wirkungsstätte. Andere meinen, daß Eosander aus Eitelkeit alle Pläne Schlüters

Antinous, Hauptrisalit Schlüterhof, jetzt Eingangshalle Bodemuseum

Justitia, Lünette Erdgeschoss Portal V, jetzt Bodemuseum

Weibliche Figur, Südrisalit Schlüterhof, jetzt Depot Bodemuseum

vernichten ließ. Auch kann er seine und Schlüters Pläne nach seiner unehrenhaften Entlassung durch Friedrich Wilhelm I. mitgenommen haben, alle sind seitdem verschollen.
Bis auf Aufmaße des Gesamtbaues aus der Zeit der Sprengung im Jahre 1950, die reichlich Ungenauigkeiten aufweisen, existieren nur Detailpläne einzelner Fassaden- und Portalbereiche. Hunderte solcher Pläne müssen für eine Rekonstruktion des Baues ausgewertet und in einen Gesamtplan überführt werden.
Dabei helfen die großenteils hervorragend perspektivisch aufgenommenen Photos praktisch aller Architekturdetails der Fassaden. Auch die Gesamtaufnahmen des Baues sind von einer solchen Qualität, daß über computergestützte Detailvergrößerungen praktisch jede Einzelheit originalgetreu ermittelt werden kann. Verbunden mit den zahlreichen Spolien, aus denen man so auch die Größe nicht mehr in Stein vorhandener Teile ermitteln kann, ist schon aus diesem Material eine authentische Rekonstruktion aller Schlossfassaden möglich, auch der Ostseite mit den Renaissancebauten.

Photogrammetrie

Die Photogrammetrie geht auf die Messbildtechnik Meydenbauers zurück, der schon Ende des 19. Jahrhunderts von bestimmten geometrischen Punkten aus Gebäude photographierte und unter Angabe der geometrischen Abstände und Win-kel eine Neuentwicklung verlorener Architekturpläne aus den von verschiedenen Standorten aufgenommenen Bilder ermöglichte. Das Berliner Schloss war für ihn eines der wichtigsten Objekte. So existieren noch heute im Messbildarchiv eine große Anzahl von Außen- und Innenaufnahmen des Schlosses, die wegen ihrer Genauigkeit nun ebenfalls zur Herstellung der Gesamtbaupläne der Fassaden herangezogen werden können. Die Technische Universität Berlin erhielt in diesem Jahr von dem Förderverein Berliner Stadtschloss einen ersten Forschungsauftrag und wird am Beispiel einer Schlüterschen Fensterachse eine Bauzeichnung aus den vorliegenden Messbildern und Detailplänen entwickeln, als Beweis für die genaue Rekonstruierbarkeit des letzten Bauzustandes des Schlosses.

Fazit

Die Dokumentation des Berliner Schlosses ist so umfangreich, dass mit Hilfe moderner, interpretierender Computertechnik eine archäologisch genaue Rekonstruktion des Schlossäußeren und der meisten historischen Innenräume möglich ist. Das Gerede, dass eine Rekonstruktion des Schlosses einem Disneyland gleich käme, kann damit leicht ad absurdum geführt werden.

Wilhelm v. Boddien, Hamburg, geb. 1942, ist Kaufmann und Unternehmer. In Berlin ist er Vorsitzender des Fördervereins Berliner Stadtschloss und Initiator der Ausstellung „Das Schloss?“ mit der Simulation des Berliner Schlosses im Maßstab 1:1 in den Jahren 1993 und 1994.

Adler, Mezzaningeschoss Schlüterfassade, jetzt Depot Bodemuseum

Genius, Portalbekrönung großer Schlosshof, jetzt Seiteneingang Zeughaus Nord

Großes Kompositkapitell Portal 3 (Eosanderportal), jetzt an der Ruine der Klosterkirche, Berlin Mitte

Oberteil Großes Kompositkapitell Portal 3 (Eosanderportal), jetzt am Märkischen Museum, Berlin Mitte

Original und Kopie: Kapitell, Paradegeschoss Schlüterhof, gefunden in Heinersdorf, kopiert in der Schlossausstellung

Herme, Schlütertreppe, Gipsabguss, Bodemuseum

Herme, Schlütertreppe, Gipsabguss, Bodemuseum

Stuckdecke Treppenlauf Schlütertreppe, Original, Gipsabguss, Bodemuseum

Luftaufnahme, historisches Stadtzentrum, 1920

Jörg Haspel

Zwischen Hohenzollernschloss und Palast der Republik – Konservatorische Anmerkungen zur Behandlung eines Denkmalortes

„Wer Baudenkmale nachmacht oder nachgemachte oder verfälschte sich verschafft und in Umlauf bringt, wird mit Gefängnis nicht unter zwei Jahren bestraft!" Mit dieser Bildunterschrift sorgt seit geraumer Zeit eine vergrößerte Aufnahme des Berliner Stadtschlosses für Heiterkeit vor dem Schwarzen Brett des Berliner Denkmalamtes. Die ironisch-selbstironische Text-Bild-Kombination bringt zum Ausdruck, was die Konservatoren angesichts der anhaltenden Schlossdebatte umtreibt: die Produkte aus der Werkstatt der Denkmalfälscher könnten die Denkmalwelt erschüttern, indem sie die konservatorische Zuneigung zum Originalzeugnis oder besser zum authentischen Geschichtszeugnis in Frage stellen. Ein Gespenst, so möchte man meinen, geht um in der Denkmalpflege, das Gespenst einer Denkmalinflation und Entwertung durch Rekonstruktionsprojekte allenthalben im Lande.

Prinzipielle konservatorische Vorbehalte gegen Rekonstruktionen, die in der Substanz nicht historisches Zeugnis ablegen, sondern als Gegenwartserzeugnis heutige Geschichtsbilder vermitteln, sind bekannt. Die „Charta von Venedig" (1964), gewissermaßen das international anerkannte Regelwerk der Nachkriegsdenkmalpflege, sieht selbst die „Restaurierung" von Denkmalen nur in Ausnahmefällen mit dem Ziel vor, „die historischen und ästhetischen Werte des Denkmals zu bewahren und zu erschließen", und knüpft Wiederherstellungs- oder Ergänzungsmaßnahmen an die Voraussetzung, dass dies „aus ästhetischen oder technischen Gründen notwendig ist".

Die nach der deutschen Vereinigung verabschiedete Potsdamer Erklärung (1991) der Landesdenkmalpfleger der Bundesrepublik Deutschland nimmt auf solche internationalen Grundsätze Bezug, wenn sie einer „Rekonstruktion von Baudenkmalen" mit den Worten entgegentritt: „Die überlieferte materielle Gestalt ist als Geschichtszeugnis unwiederholbar wie die Geschichte selbst. Die Errichtung von Nachbildungen verlorener Baudenkmale kann also nur Bedeutung haben als Handeln der Gegenwart. Denkmale, welche große Leistungen der Vergangenheit im vollen Sinn vergegenwärtigen und die Erinnerung an den Prozess der Geschichte mit seinen Höhen und Tiefen wachhalten, können solche Nachbildungen nicht sein. Denkmalpfleger sind einzig den nicht reproduzierbaren Geschichtszeugnissen verpflichtet und haben zu warnen, wenn die Möglichkeit der Erinnerung im öffentlichen Raum aufgehoben zu werden droht." Eine unmittelbar auf Berlin bezogene Auslegung des denkmalpflegerischen „Rekonstruktionsverbots" liefert die 1993 verabschiedete Entschließung des Deutschen Nationalkomitees für Denkmalschutz (DNK) zum „Ausbau Berlins zur deutschen Hauptstadt", wo es in dem Empfehlungskatalog heißt: „keine Rekonstruktionen,

Schloss von den Linden aus gesehen, 1901

Panorama Dom und Schloss 1905

Platz vor der neuen Wache, 1930

die zu Lasten der Rettung vorhandener historischer Bausubstanz gehen" und dieses „Verbot" mit dem Gebot verknüpft wird, auch an unliebsame „Bauten der Zeit des NS-Regimes und der SED-Herrschaft... die Maßstäbe der Denkmalwürdigkeit" anzulegen. Diese Entschließung konzentriert sich gleichsam auf den Kernbereich der konservatorischen Verantwortung, nämlich auf den Erhaltungsauftrag der Denkmalpflege, ohne ein denkmalpflegerisches Gestaltungsvotum für eine zeitgemäße Architektur gegenwärtiger Bauaufgaben zu formulieren. Konkret: der Forderungskatalog schließt Rekonstruktionspläne als Neubauaufgaben nicht kategorisch aus, sondern nur für all diejenigen Fälle, die mittelbar oder unmittelbar das konservatorische Erhaltungsgebot berühren. Sie stellt eine umfassende Ermittlung und Abwägung denkmalpflegerischer Belange vor eine Grundsatzregelung. Es handelt sich um eine Art „bedingtes Rekonstruktionsverbot" für Baumaßnahmen, die „zu Lasten der Rettung vorhandener historischer Bausubstanz gehen".

Die zitierte Passage schließt zunächst Rekonstruktionen anstelle später entstandener Denkmale oder Denkmalzusammenhänge aus, nimmt also jüngere Denkmalsubstanz und Denkmalstrukturen gegen rückwärts gewandte Neubauvorhaben oder das Versprechen eines höheren Alters- oder Originalitätswerts von „Rückbaumaßnahmen" ebenso in Schutz wie gegen ihre Ablösung durch mehr zukunftsverheißende Projekte. Sie formuliert gegen Rekonstruktionsvorhaben aber auch dort ein Erhaltungsinteresse „vorhandener historischer Bausubstanz", wo neue städtebauliche und architektonische Tatsachen anstelle verloren gegangener Bau- und Kunstdenkmale getreten sind und eine bereits historische Bauschicht in der Gesamtentwicklung der Stadt durch Rekonstruktionspläne zur Disposition gestellt oder eliminiert werden müssten.

Nicht zuletzt möchte man in der Entschließung eine Wendung gegen einen drohenden Wertewandel sehen, nämlich gegen eine zunehmende Tendenz öffentlich geforderter und öffentlich geförderter Rekonstruktionsvorhaben bei gleichzeitig abnehmenden öffentlichen Mitteln für Aufgaben der Stadterhaltung und Denkmalpflege. Es ist die Sorge, dass spektakuläre Rekonstruktionsvorhaben die öffentliche Zuwendung finden könnten, derer gefährdete Bau- und Kunstdenkmale der Hauptstadt dringend bedürften. Das intellektuelle und materielle Engagement der Gesellschaft für Nachbauten darf nicht zu Lasten der Rettung von Denkmalsubstanz gehen. Dass solche Befürchtungen nicht unbegründet sind, machen politische Initiativen deutlich, die Steuerabschreibungsmöglichkeiten für den Neubau historischer Fassaden fordern, während zur gleichen Zeit die steuerliche Denkmalförderung als Subventionsabbau gekürzt werden soll. Und es berührt ja schon merkwürdig, dass die Schlossbaufreunde mehrstellige Summen für einen Kulissenzauber aufzutreiben vermochten, erforderliche Mittel in vergleichbarer Höhe für archäologische Sondierungen des Schlossareals bis heute jedoch nicht zur Verfügung gestellt wurden.

Eine konservatorische Frage oder eine „urbanistische Frage"?

Die differenzierte Haltung der Hauptstadtentschließung des DNK ist lästig und nützlich

Lustgarten, Dom und Schloss 1945

VVN-Kundgebung im Lustgarten 1948. Selbst als Ruine bildete das Schloss eine monumentale Platzwand für den Lustgarten.

zugleich. Anstelle einer konservatorischen Generallinie tritt die Einzelfallprüfung und -begründung. Nicht die aus Parallelvorgängen gezogenen Analogieschlüsse – das Vor- oder Gegenbild des Warschauer Schlosses, des Frankfurter Goethehauses, des Barcelona-Pavillons von Mies van der Rohe oder der Campanile auf dem Markusplatz – sind gefragt, sondern die konkrete Bestandsaufnahme und Bewertung dessen, was durch eine Totalrekonstruktion verloren gehen könnte.

Die als kunsthistorische Wiedergutmachung oder stadtbaukünstlerische Reparatur postulierte Schlossrekonstruktion läuft zunächst Gefahr, ein gesellschaftliches Missverständnis zu befördern, nämlich die Vorstellung von einer Rückgewinnung des zerstörten Kunst- und Geschichtszeugnisses. Die mögliche, wenn nicht sogar erwünschte Verwechslung zwischen dem unwiederbringlich verlorenen Geschichtsdenkmal und dem nach seinem Vorbild geformten Gegenwartsdenkmal stellt generell die Glaubwürdigkeit des konservatorischen Anliegens von der Unersetzlichkeit des Bau- oder Kunstwerks durch ihre Reproduzierbarkeit in Frage. Ebenfalls in Frage gestellt ist damit aber auch der gesellschaftliche Auftrag der modernen Denkmalpflege. Dies gilt namentlich für das Stadtschloss selbst, dessen singulären Rang die Befürworter des Wiederaufbaus durch ein Duplikat recht drastisch entwerten wollen. Die künstlerische Handschrift der am historischen Bau beteiligten Architekten, Bildhauer und Maler, die Vielschichtigkeit des in Jahrhunderten „gewachsenen" Baudenkmals oder die Korrespondenz zwischen Grundrissgefüge und Aufrissen müssten allen Rekonstruktionskünsten zum Trotz ohnehin auf der Strecke bleiben. Kein Museumsdirektor aber würde glauben, seinen Bestand durch Kopien der unter einer Diktatur zerstörten Kunstwerke ergänzen oder gar bereichern zu können und dafür womöglich noch die wertvollste Ausstellungsfläche in Anspruch nehmen. Weshalb der wichtigste Stadtraum in der Mitte Berlins Nachbildungen verlorener Bau- und Kunstdenkmale – im Gespräch sind ja nicht nur die Schlosskopie, sondern auch Nachbauten der Bauakademie oder des Kommandantenhauses – vorbehalten werden sollte, ist vor diesem Hintergrund nur schwer verständlich.

Man könnte nun einwenden, und sinngemäß haben manche Diskussionsbeiträge so ja auch schon argumentiert, dass es sich beim Schlossneubau nicht um das Surrogat eines einzigartigen Kunst- und Geschichtszeugnisses handele, sondern eher um eine überfällige Restaurie-

Das Außenministerium der Deutschen Demokratischen Republik am Kupfergraben

Domspiegelung im Palast der Republik

rungsmaßnahme an dem durch den Schlossabbruch entstellten Stadtbild. Die Schlossrekonstruktion und die von ihr möglicherweise ausgelösten Denkmalrekonstruktionen im Umfeld wären demzufolge eine Art ergänzender Wiederherstellung des städtebaulichen Denkmals Unter den Linden–Museumsinsel. Also nicht Geschichtskorrektur, sondern Stadtreparatur im Denkmalzusammenhang wäre das Thema: eine notwendige Wiederfreilegung oder Schließung der historischen Raumfolge und des historischen Stadtbildes, um das unleserlich gewordene Bedeutungsgefüge des Denkmals für uns alle wieder anschaulich zu machen.

Diese großräumliche Betrachtungsweise, der die Nachbildung des Schlosses keine konservatorische, sondern eine „urbanistische Frage" (Wolf Jobst Siedler) ist, um der Hauptstadt ihre historische Mitte und der Achse Unter den Linden ihren ehemaligen Zielpunkt wiederzugeben, verkürzt freilich die historische Topographie der barocken Residenzstadt auf die westlichen Vorstädte und Stadterweiterungsgebiete. Den stadtgeschichtlichen und denkmaltopographischen Ausgangspunkt bildet dagegen der mittelalterliche Kern, die Doppelstadt Berlin-Cölln, die gewissermaßen im Rücken des Schlossareals lag und an die ja noch veritable mittelalterliche Baudenkmale erinnern, deren rekonstruktive Einbeziehung in vernichtete Stadträume nicht erwogen wird. Der gründerzeitliche Durchbruch der Kaiser-Wilhelm-Straße, dem der Apothekerflügel des Stadtschlosses zum Opfer fiel, und Sanierungspläne der Zwischenkriegszeit, die den Abriss weiterer Teile des Schlosses zugunsten einer verbesserten Ost-West-Verbindung vorsahen, belegen, wie früh das Schloss selbst als mentale und materielle Barriere in der City-Planung begriffen und auch angegriffen wurde.

Wie stark die Berliner Nachkriegsmoderne noch von solchen Vorstellungen geprägt war, und zwar beiderseits der Sektorengrenzen, zeigt nicht zuletzt Scharouns Alternativentwurf für den Schlossabriss von 1950: eine Art „kleineres Übel", das den Schlossabbruch bis auf das Fragment des Schlüterhofes vorschlug, eingebaut von Ehrentribünen und umgeben von weiträumigen Freiflächen bzw. Verkehrsflächen. Auch sahen die 1957/58 in West und Ost getrennt und konkurrierend ausge-schriebenen Hauptstadtwettbewerbe keinen Wiederaufbau des Schlosses vor – eine gesamtdeutsche Gemeinsamkeit, die angesichts der zeitgenössischen Polemik gegen den Schlossabriss und der heutigen Kontroverse um den Schlossneubau hier in Erinnerung gerufen werden muss.

In gewisser Weise hätte demnach der sozialistische Städtebau nur Entwurfskonzepte verfolgt, deren städtbauliche Leitvorstellungen in die Zeit vor 1945 zurückreichen und nach 1945 im Westen ebenfalls nicht ohne positive Resonanz geblieben waren. Ein undifferenzierter Rückbau dieser Planungsergebnisse käme immer auch einer Teilrevision deutsch-deutscher Nachkriegsgeschichte gleich. Eine als zwangsläufige Fortsetzung des Wiederaufbaus Unter den Linden begriffene Schlossrekonstruktion stellt die seit 1950 verfolgte Einbeziehung der Spreeinsel in das historische Kerngebiet der Hauptstadt und damit gewissermaßen die Doppelorientierung des nach West und Ost geöffneten Schlossareals in Frage. Schlossplatz und Museumsinsel bilden heute nicht mehr nur einen End- und Höhepunkt der historischen Achse Unter den Linden, sondern zugleich einen Zielpunkt des umgestalteten Zentrums zwischen Spreeinsel

Ruinen des Königsschlosses in Warschau 1945. Das Schloss wurde im November oder Dezember 1944 durch ein deutsches Sprengkommando gesprengt. Laut Hitlers Befehl sollte von Warschau nur ein Punkt auf der Landkarte übrig bleiben.

Warschau. Das Königsschloss Rekonstruktion

und Alexanderplatz und der hier einmündenden östlichen Achse der Karl-Marx-Allee. Schloss- und Museumsinsel setzen inzwischen die östlichen und die westlichen Quartiere des Zentrums miteinander in eine stadträumliche Verbindung.

Die Nachkriegstopographie

Den Auftakt für die Umorientierung des Schlossareals bildete 1950/51 die Sprengung der teilweise bereits wieder instand gesetzten und – beispielsweise vom Denkmalamt – genutzten Ruine des Stadtschlosses: ein bis heute kaum verständlicher und durch nichts zu rechtfertigender Denkmalfrevel, eine damnatio memoriae von epochaler Bedeutung. Ebenfalls abgeräumt bis auf den Sockelunterbau wurde das kriegsbeschädigte Kaiser-Wilhelm-Nationaldenkmal auf der Schlossfreiheit am Spreekanal. Die geräumten Freiflächen erhielten unter Miteinbeziehung des südlich angrenzenden Schlossplatzes und des nördlich anschließenden Lustgartens vor dem Alten Museum 1951 den Namen „Marx-Engels-Platz". Statt eines alles überragenden zentralen Partei- und Regierungsgebäudes kam es zum Bau einer platzbegleitenden Ehrentribüne, auf der am 1. Mai 1951 die erste Großdemonstration abgenommen wurde. Als „Roter Platz" von Berlin übertraf die für 800.000 Personen ausgelegte Freifläche selbst das Moskauer Vorbild. Die ideologische Begründung für die Einebnung zielte nicht alleine auf die Eliminierung eines „Symbols jahrhundertelanger Hohenzollernknechtschaft", sondern verstand sich auch als siegreiche Fortsetzung der Klassenkampftraditionen an diesem Ort. Bot der geräumte Schlossstandort doch die Gelegenheit zu einer gewaltigen Erweiterung des Lustgartens, der als zentraler Kundgebungsplatz der Revolutionsereignisse von 1918/19, als Demonstrationsort der kommunistischen Arbeiterbewegung vor 1933 und als eine Stätte von Verfolgung und Widerstand in der NS-Zeit über legitime Anknüpfungspunkte zur Pflege und Weiterentwicklung eines proletarischen Erbes zu verfügen schien. An einer der ersten Nachkriegskundgebungen im Lustgarten hatten 1948 rund 400.000 Berliner zu Ehren der Opfer des Faschismus teilgenommen. Der 1981 an der Domseite des Lustgartens aufgestellte Gedenkstein für die Widerstandsgruppe Herbert Baum, deren größtenteils jüdische Mitglieder 1942 einen Brandanschlag auf die NS-Ausstellung „Das Sowjet-Paradies" im Lustgarten ausgeübt hatten und in Plötzensee hingerichtet worden waren, erinnert an diese Vorgeschichte.

Das eindimensional auf die Geschichte der deutschen Arbeiterbewegung bezogene oder eben beschränkte Traditionsverständnis prägte auch die in den 1960er und 1970er Jahren erfolgte Neufassung der Platzwände maßgeblich mit. Die nach dem Tode von Wilhelm Pieck, dem „Präsidenten der DDR", erfolgte Bildung des

Alter Abgeordnetensaal auf einem Dokumentarphoto aus dem Jahre 1940 oder 1941, in der Zeit der deutschen Besatzung.
Ein leerer, ausgeplünderter Saal. An den gotischen Mauern sind von Pionieren der Wehrmacht im Winter 1939–1940 getriebene Bohrlöcher zu sehen, die auf Sprengsätze warten. Es gab über zehntausend solcher Bohrlöcher im Schloss.

Rekonstruierter Alter Abgeordnetensaal (Saal mit drei Pfeilern) im Erdgeschoss der wiederaufgebauten gotischen Curia Maior. Dort tagte der masowische Sejm. Nachdem Masowien Kronpolen inkorporiert worden war, beriet dort der Sejm der Res Publica Polonorum. Der Senat tagte in der ersten Etage.

Originalgetreu rekonstruiertes Konferenzkabinett (auch Kabinett der europäischen Monarchen oder Goldenes Kabinett genannt).

Der Alte Audienzsaal, Ansicht vom Schlafgemach des Königs aus in Richtung Canaletto-Saal. Heute sieht er genauso wie Ende des 18. Jahrhunderts aus. Die geborgenen Supraporten von M. Bacciarelli, welche die königlichen Tugenden darstellen, sind an ihren alten Platz zurückgekehrt. Die Wände schmücken Dutzende von authentischen Verzierungen, auch der Plafond, welcher dem „Genius Polens" gewidmet ist, ist rekonstruiert worden.
Rekonstruiert wurde auch der kunstvoll getäfelte Fußboden mit einer Wirbelrosette als Entsprechung des Plafonds.

Staatsrats der DDR, der als Kollektiv die Aufgaben des höchstens Staatsorgans der DDR fortführte, knüpfte begrifflich an Vorstellungen einer sozialistischen Rätedemokratie an, wie sie in der Rätebewegung der Novemberrevolution unter anderem von diesem Ort ihren Ausgang genommen hatte. Der – zunächst für ein Institut des Marxismus Leninismus vorgesehene – Einbau des sog. Liebknecht-Portals vom Stadtschloss in das 1962–64 fertiggestellte Staatsratsgebäude (Kollektiv Roland Korn und Hans Erich Bogatzky) an der Südflanke des Platzes brachte die Schlossspolie als Revolutionsrelikt wieder in seinen angestammten stadttopographischen Kontext. Der Portalrisalit IV (1706/13) des Stadtschlosses, von dessen Balkon Karl Liebknecht am 9. November 1918 die „sozialistische Republik" ausgerufen hatte, nimmt über den Platz hinweg die historische Ausrichtung auf den Lustgarten auf und gibt zugleich den Maßstab für den Staatsratsneubau vor. Mit seinen „Herbst" und „Winter" darstellenden Atlantenhermen (Balthasar Permoser) erweist sich der Schlossrisalit als Teil des barocken Jahreszeitenprogramms der Lustgartenfront am Stadtschloss. Mit seiner Aneignung als Rednertribüne der Revolution 1918/19 verweist er auf die unter Friedrich Wilhelm IV. eingeleitete Adaption des Lustgartens zwischen Schloss und Altem Museum zum später politisch umkämpften Forum. Die in der Grunddisposition bis vor kurzem beibehaltene Regulierung des Lustgartens in den 30er Jahren zum NS-Aufmarschplatz galt auch der seit 1918 erfolgten proletarischen Indienstnahme des preußischen Staatsforums. Ob die vorgeschlagene Ausgrenzung des Lustgartens als Museumsvorhof aus dem öffentlichen Stadtraum, ein Abriss des Staatsratsgebäudes und ein Wiedereinbau des „Liebknecht-Portals" in eine Schlossrekonstruktion das angedeutete vielschichtige Bedeutungsgefüge dieses Denkmalortes vermitteln könnten oder auch nur wollten, erscheint zumindest ungewiss. Ganz zu schweigen von der konservatorischen Frage im engeren Sinn, wie die barocke Originalsubstanz des von Eosander von Göthe in Anlehnung an das Lustgartenportal V (1698–1706) von Andreas Schlüter entworfenen Schlossrisalits die Translozierung ohne weitere Verluste überstehen könnte.
Dem 1964–67 erbauten Ministerium der DDR

Der rekonstruierte Senatorensaal, einer der prachtvollsten im Schloss. Im Senatorensaal wurde die Verfassung des 3. Mai beschlossen. Es war das erste europäische und – nach der Verfassung der USA – das zweite aufgeklärte Grundgesetz der Welt. Im Senatorensaal wurde Papst Johannes Paul II. während seiner Wallfahrten ins Vaterland feierlich empfangen.

für Auswärtige Angelegenheiten (Kollektiv J. Kaiser, H. Aust u. a.), das die Westseite des Platzes als Bürohausscheibe hart abriegelt und dem außer der Bauakademie auch das Kommandantenhaus und das später rekonstruierte Kronprinzenpalais Unter den Linden zum Opfer fielen, folgte Mitte der 70er Jahre der Neubau des Palastes der Republik (1973–76, Kollektiv Heinz Graffunder u. a.) als östliche Platzwand. Den Verzicht auf eine Hochhausdominante, wie sie als sozialistische Stadtkrone anstelle des Stadtschlosses lange favorisiert worden war, hatte der internationale „Ideenwettbewerb zur sozialistischen Umgestaltung des Zentrums der Hauptstadt der DDR" (1958) vorbereitet, der auch Vorschläge für abstrakte vertikale Stadtzeichen in der Mitte und außer Konkurrenz die Variante eines als „Turm der Signale" vorgestellten Fernsehturms im Stadtzentrum geliefert hatte. Der am klug gewählten Standort Alexanderplatz realisierte Fernsehturm (1965–69, *H. Henselmann*) löste gewissermaßen das langjährige Projekt eines zentralen Partei- und Staatshochhauses ab und ermöglichte dank seiner Fernwirkung eine stadträumliche Verschränkung von Marx-Engels-Platz und Alexanderplatz sowie den darauf zuführenden Magistralen Unter den Linden und Karl-Marx-Allee. Die Transparenz der bronzierten Spiegelglasfronten des Palastes und die vorgelagerten Tribünen- bzw. Terrassenebenen eröffnen die angesprochene Doppelperspektive: den Schlossausblick in die Traditionsachse Unter den Linden und die Aussicht über das Marx-Engels-Forum (1986) auf das sozialistische Stadtzentrum mit dem alles überstrahlenden „Turm der Signale".

Verglichen mit den hochfliegenden Propagandaprojekten der ersten beiden Nachkriegsjahrzehnte für den Schlossstandort möchte man im Palast der Republik Zeichen einer architekturpolitischen Normalisierung erkennen. Da ist zum einem die maßvolle Einordnung, ja Unterordnung in die Höhenentwicklung der umgebenden historischen Stadtquartiere. Dass diese Zurückhaltung nicht allein den zwischenzeitlich entstandenen Neubauten der sozialistischen Umgestaltung des Zentrums ihre Geltung belassen, sondern auch den umgebenden Bau- und Kunstdenkmalen ihren Wirkungsraum sichern sollte, ist im Höhenverhältnis zwischen Palast (Gebäudehöhe 25/32 m) und dem benachbarten Berliner Dom (Kuppelhöhe über 70 m) besonders evident.

Die großflächig vorgehängte Glasfassade an den Hauptfronten des Palastes der Republik, die auch auf die architekturgeschichtliche und denkmalpflegerische Rehabilitation der Bauhaus-Moderne in jenen Jahren verweist (Restaurierung des Bauhauses Dessau 1976), und die weiße Marmorplattenverkleidung verleihen dem Stahlskelettbau das Gepräge einer repräsentativen Festhaus-Architektur. Die Spiegeleffekte der Bronzeglasflächen reflektieren absichtsvoll Facetten der Nachbarbebauung und verfolgen damit einen im Westen ebenfalls erprobten Entwurfsansatz der 70er Jahre für Neubauaufgaben in der Denkmalumgebung. Das von den DDR-Medien verbreitete sozialistische Stadtbild kennt das Spiegelbild des Fernsehturms der Spreefront ebenso wie einen Fassadenabglanz des benachbarten Berliner Doms oder des Neuen Marstalls. Der in der Eingangsebene umlaufend eingezogene Unterbau des Palastes bildet gewissermaßen als Negativform Sockelstrukturen der umgebenden Altbauten ab, während die rythmische Untergliederung der getönten Glasflächen durch eloxierte Aluminiumprofile die Fassdenproportionen der historischen Nachbarbebauung in ein abstraktes orthogonales Fassadenraster übersetzt. Die hell abgesetzten, rahmenden Marmorflächen haben seit der Wiederaufstellung der Marmorskulpturen auf den Postamenten der Schlossbrücke (1983/84) eine materialverwandte Zusatzmotivation erfahren.

Der asymmetrisch gegliederte Baukörper bildet die Unterteilung des Gebäudes in drei Hauptnutzungsbereiche nach außen ab. Der weiträumige, mehrgeschossige Foyerbereich schiebt sich zwischen den Parlamentstrakt im Norden (mit dem Plenarsaal der ehemaligen Volkskammer und Sitzungsräumen der Fraktionen) und den Kulturhaustrakt im Süden (mit dem 5.000 Besucher fassenden Großen Saal sowie vielfältigen kulturellen und kulinarischen Einrichtungen). Dieser bautypologischen Kombination von Parlamentstradition und Volkshauskonzeption verdankt das Gebäude eine standortunabhängige Sonderstellung in der deutschen Architekturgeschichte.

Lage und Zugang des Volkskammersaals im Nordtrakt des Palastes bzw. die Orientierung des Parlamentssitzes zur Lustgartenseite (Karl-Liebknecht-Straße) nehmen für das oberste Machtorgan der DDR-Verfassung bekannte Interpretationslinien einer proletarischen Ortstradition in Anspruch. Dass die Inbesitznahme und Anverwandlung dieses historischen Ortes durch die DDR-Volkskammer die Widersprüche der politischen Topographie des vormaligen preußischen Staatsforums nicht negieren konnte, dafür sorgte der 1975 aufgenommene – und überwiegend aus dem Westen finanzierte – Wiederaufbau des Berliner Doms, der ehemaligen Hof- und Grabkirche der Hohenzollern. Unter völlig veränderten gesellschaftlichen Vorzeichen ging die historische Verbindung von Thron und Altar in das nachbarschaftliche Spannungsverhältnis zwischen dem kaiserzeitlichen Berliner Dom und dem sozialistischen Palast der Republik ein.

Erhaltung und Gestaltung des Denkmalortes

1990 stimmte das erste freigewählte Parlament der DDR im Volkskammertrakt des Palastes der Republik und im Schatten des Berliner Doms der Währungsunion und dem deutschen Einigungsvertrag zu. Von dem Denkmalort der Berliner Schlossinsel nahmen selbstverständlich auch ungleich wichtigere und vielfältigere politische Entwicklungen der deutschen Geschichte ihren Ausgang. Aber der aktuelle Anspruch der Hauptstadt, Deutschlands „Werkstatt der Einheit“ zu sein, gehört ebenso dazu. Die Nachkriegsgeschichte des deutschen Parlamentarismus beginnt jedenfalls nicht erst mit dem Bundestagsneubau von Behnisch in Bonn oder dem Reichstagsumbau von Foster in Berlin. Der Abbruch des Palastes der Republik zugunsten einer Schlossrekonstruktion ließe sich zwar mit dem Abriss des historischen Plenarsaals des Deutschen Bundestages in Bonn (1987) oder mit der anstehenden Entkernung der Baumgarten-Fassung im Reichstagsgebäude vergleichen. Aber eine so verstandene Gleichbehandlung kann ja den verlorenen Dokumentationswert für die deutsch-deutsche Nachkriegsgeschichte nicht ausgleichen. Auch wer politisch-moralische Beurteilungsmaßstäbe angelegt und die parlamentarische Großtat von 1990 gegenüber den zahllosen politischen Untaten an diesem Denkmalort nicht überbewertet wissen will, wird anerkennen müssen, dass es kaum mehr einen authentischen Ort gibt, an dem weiterreichende Parlamentsbeschlüsse für eine positive Lösung der deutschen Frage getroffen wurden.

Inwieweit eine Schlossrekonstruktion einen produktiven Zukunftsbeitrag zur Auseinandersetzung mit der am Schlossstandort heute vergegenwärtigten deutsch-deutschen Nachkriegsgeschichte leisten könnte oder sollte, erscheint bisher offen. Dass ein unüberlegter Schlossnachbau möglicherweise zu Lasten vorhandener Bausubstanz und des bestehenden stadträumlichen Bedeutungsgefüges auf der Spreeinsel gehen könnte, erscheint allerdings ziemlich sicher. Gerade wer den Denkmalort des Schlosses durch eine sinnfällige Rekonstruktion der Schlossfassade markieren will, müsste den Verlust des Denkmals durch den an seine Stelle getretenen Nachkriegsbestand thematisieren, wenn nicht sogar respektieren.

Dipl. Ing. Dr. phil. Jörg Haspel, Berlin, geb. 1953, ist Landeskonservator und Leiter des Landesdenkmalamtes Berlin. Seit 1999 ist er Vorsitzender der Landesdenkmalpfleger in der Bundesrepublik Deutschland.

Breite Straße
vor dem Kriege

Breite Straße 1992

Hans Stimmann

Reurbanisierung der historischen Staatsmitte

Das Schlossproblem hat sich bislang trotz vieler Anstrengungen, insbesondere der Befürworter einer Rekonstruktion des Stadtschlosses, einer schier unübersehbaren Menge verschiedener Vorschläge und Konzepte von Architekten, Politikern, Verbänden, Tageszeitungen usw. trotz eines 1994 vom Bund und Land gemeinsam durchgeführten städtebaulichen Wettbewerbs, der diesen Bereich einbezieht sowie eines im Jahr 1989 vom Senat durchgeführten Interessenbekundungsverfahrens als scheinbar unlösbar erwiesen. Neben der ungeklärten Nutzung und den damit direkt zusammenhängenden Finanzierungsfragen liegt der entscheidende Grund für die Misere darin, dass der gewünschte Wiederaufbau des Schlosses, respektive dessen vehemente Ablehnung und die Erhaltung des Palastes der Republik oder ein kompletter moderner Neubau allein für das Problem der Behebung der schmerzlichen funktionalen und architektonischen Leere im Zentrum Berlins stehen. Das bloße Beharren auf der einen oder anderen Forderung führt seit Jahren erkennbar nicht weiter. Und nicht nur das: die unfruchtbaren Alternativen von Palasterhaltung, Rekonstruktion des Schlosses bzw. Schlossneubau spaltet die Gesellschaft in sich befehdende Fraktionen. Genau dies gilt es zu vermeiden. Das Gegenteil ist dem Ort angemessen: es gilt ein Ziel zu beschreiben und eine Vorgehensweise zu entwickeln, die sämtliche Entscheidungen im historischen Staatsort innenpolitisch und parteipolitisch neutralisiert. In einer bürgerlichen Gesellschaft gibt es keine christdemokratische, sozialdemokratische, freidemokratische, sozialistische, respektive bündnisgrüne Stadt- bzw. Staatsmitte. Und wo dies wie in Berlin oder in anderen DDR-Städten (z. B. Chemnitz) versucht wurde, ist die SED gescheitert. Die Mitte der Stadt ist in europäischen Städten immer die Bühne für das Wechselspiel der demokratischen Kräfte von Stadtparlament und Regierungen, gleichzeitig Ort für die Selbstdarstellung der Gesellschaft und ihrer historischen Erfahrungen. Mit dem Wiedereintritt Berlins in die Gemeinschaft der traditionsreichen europäischen Metropolen sollte dies auch für Berlin gelten. Daher wird ein Weg vorgeschlagen, der aus dem bisherigen Dilemma herausführt, die Möglichkeit eröffnet, die zerstrittenen Parteien zusammenzuführen und Kräfte für die Reurbanisierung der Stadtmitte bündelt.

Der erste Schritt besteht darin, die fatale Zuspitzung auf die Frage Schloss oder Palast dadurch zu relativieren, dass der Palast/Schlossbereich als integraler Teil einer räumlich erweiterten und inhaltlich komplexeren Aufgabenstellung für ein größeres Areal mit gesamtstaatlicher Orientierung verstanden wird. Es wird vorgeschlagen, sich zur zukünftigen Nutzung des gesamten historischen Staatsortes östlich von der Museumsinsel, also mit dem aus dem königlichen Hof erwachsenen Ort des Staates im historischen Zentrum als Planungsaufgabe zu beschäftigen. Dazu gehört das Kommandantenhaus, die Bauakademie, das Staatsratsgebäude, die Schlossfreiheit und natürlich der Schlossbereich selber. Für diesen Bereich muss kurzfristig über ein der ehemaligen Staatsmitte angemessenes Nutzungskonzept entschieden werden, dass sich sowohl vom historischen Stadtzentrum mit Rathaus, Stadthaus und Bürgerkirche, aber auch von der neuen Staatsmitte im Spreebogen unterscheidet.

Diese Unterscheidung zwischen neuer und historischer *Staats*mitte und *Stadt*mitte auf der anderen Seite überwindet den Versuch, aus dem bürgerlichen Stadtzentrum Berlin und dem daneben liegenden Schlossbezirk das Zentrum des von der SED geführten sozialistischen Staates zu machen. Dieses Projekt wurde inhaltlich und architektonisch mit dem Ende der DDR abgebrochen.

Im historischen Zentrum Berlins muss es nun das Anliegen aller gesellschaftlichen Gruppen sein, die beiden Dimensionen der Stadtmitte als unterscheidbaren Ort wiederzugewinnen. Es geht dabei um ein Projekt gesamtstädtischer und, soweit es sich um den Staatsort handelt, nationaler Vergewisserung und um nicht mehr als um die Wiedergewinnung des Prozesses der Normalisierung eines europäischen Stadtzentrums. Niemand würde in Paris, London, Moskau, Budapest usw. auf die Idee kommen, den historischen und politischen Stadtplan des Zentrums zum Parteienthema im engeren Sinne zu machen. Zehn Jahre nach der Wiedervereinigung darf der Ort nicht länger als Spielfeld überholter Ost-West-Profilierungen verwendet werden, sondern muss im Gegenteil zum Ort der kulturellen und politischen Wiedervereinigung Berlins genutzt werden. Das vom Senat am 18. Mai 1999 beschlossene Planwerk Innenstadt enthält einen entsprechenden Vorschlag, der zur Grundlage der weiteren Debatte gemacht werden sollte. Die Ausweisung von zwei Planungsbereichen halbiert zunächst das Problem des Umgangs mit der Stadtmitte. Nördlich der Spree der *stadt*bürgerliche Bereich, den die Stadt bearbeiten muss (und zwar nicht nur der Bezirk Mitte, der immer noch die überholten sozialistischen Pläne verteidigt) und südlich der Spree der *staats*bürgerliche Bereich, über den Bundesregierung und Länder gemeinsam entscheiden müssen.

Flugisometrie Spittelmarkt

Zur Entkrampfung der Debatte trägt bei, dass der historische Ort des Staates nicht mehr der zentrale des heutigen Staates ist: Das Staatsratsgebäude ist nur für zwei Jahre Kanzleramts-Provisorium, das Bauministerium in der Breiten Straße ist an die Invalidenstraße gezogen, sodass lediglich das Außenministerium für die aktuelle staatliche Machtausübung im historischen Zentrum steht. Das neue republikanische Machtzentrum entsteht im Spreebogen mit einem dominierenden neuen Kanzleramt und dem umgebauten Reichstag. Es geht also bei der inhaltlichen Definition und bei der Feststellung der künftigen Nutzung der historischen Staatsmitte weniger um Darstellung von Macht und mehr um Kultur und Geschichte. Der historische Ort des Staates im Berliner Zentrum muss ein Ort der Kultur, der Kommunikation und Verständigung werden, der zu gleichen Teilen die Aufgabe hat, Ost- und West-Berlin zu fokussieren wie als Identifikationspunkt möglichst vieler Deutsche zu dienen. Die erneuerte Museumsinsel und der rekonstruierte Lustgarten geben dabei Maßstab und Qualität vor. Die Qualität der Architektur ist dabei von herausragender Bedeutung, steht aber nicht für sich: ein rekonstruiertes Schloss als privates Hotel- und Kongreßzentrum ist genauso wenig denkbar wie eine rein kommerzielle Nutzung der wiederaufgebauten Bauakademie Schinkels.

Vor dem Hintergrund dieser Überlegungen wird vorgeschlagen, für den Palast/Schlossbereich eine strategische Grundsatzentscheidung zu treffen, die die streitenden Parteien versöhnt und nicht spaltet. Das dafür geeignete Leitbild heißt „Weiterbauen". Das bedeutet Erhaltung der denkmalwerten Teile des Palastes und eine teilweise Rekonstruktion des Westteils des ehemaligen Schlosses unter Einbeziehung neuer Nutzungen. Die Erhaltung denkmalwerter Teile des DDR-Palastes der Republik, seiner Modernisierung und Ergänzung richtet sich nicht gegen „den Westen", wie sich die Rekonstruktion von Teilen des Hohenzollernschlosses nicht gegen „den Osten" der Stadt richtet. Beide Maßnahmen sind republikanisch, wenn sie als demokratische Ent-

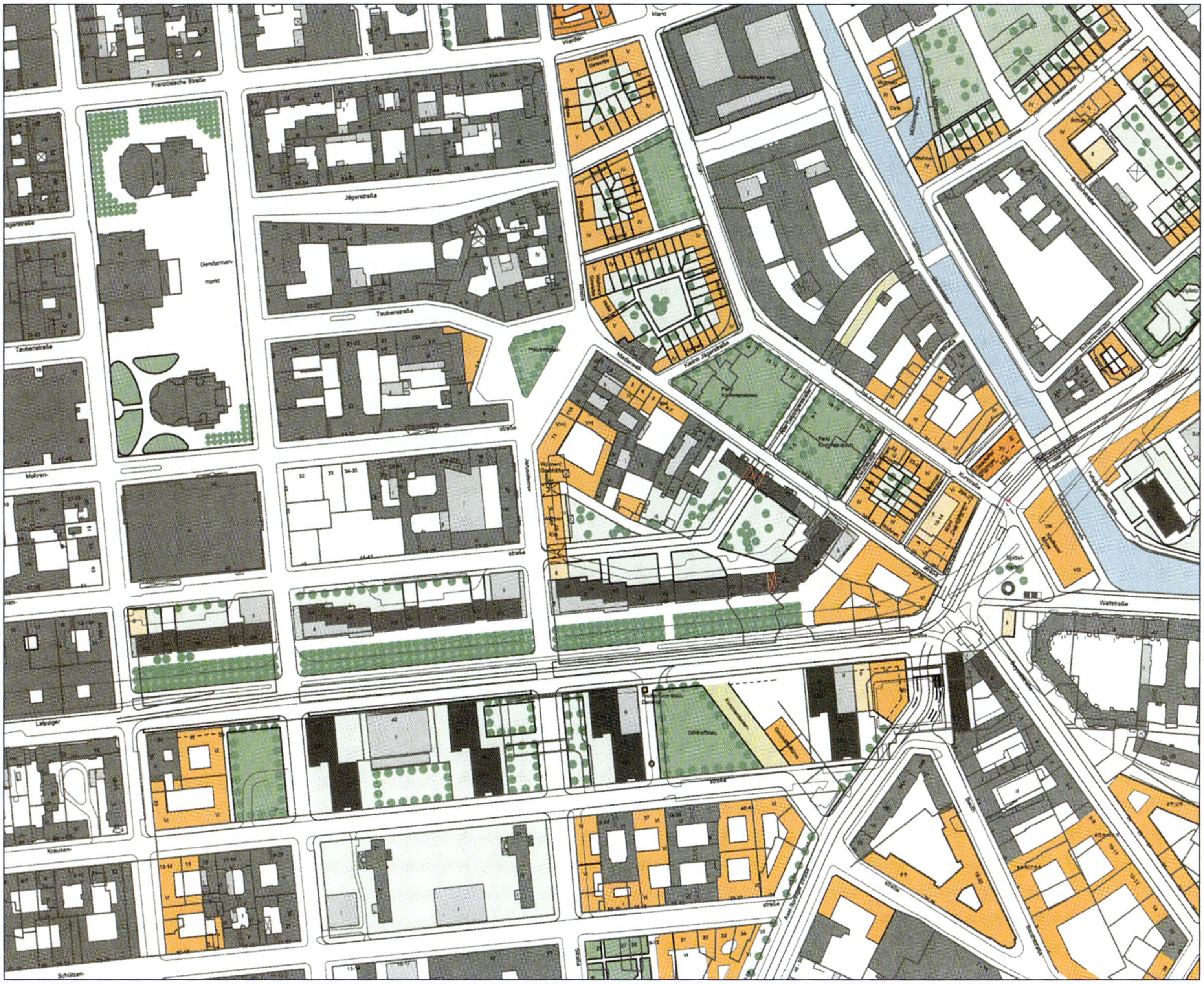

Senatsbeschluss Spittelmarkt

scheidung herbeigeführt und für einen Zweck der „Berliner Republik“ eingesetzt werden. Die Transformation des so ungeliebten und von der Bundesregierung zunächst zum Abriss bestimmten Gebäudes des ehemaligen Staatsrates mag für die These als Beleg dienen.
Das Prinzip des Weiterbauens und Weiternutzens und das des Dialogs verschiedener Ebenen der Geschichte vermeidet die kulturpolitisch unfruchtbare polemische Alternative von Palasterhaltung, respektive modernen Neubaus und dem erneuten Bruch mit der Geschichte. In der Debatte um diese Fragestellungen darf es nicht länger zuerst um Architektur gehen, sondern um den zukunftsorientierten Umgang mit deutscher und Berliner Geschichte im Zentrum Berlins. Die strategische Grundentscheidung zum „Weiterbauen“ ist eingebettet in die der räumlichen Erweiterung des Planungsgebietes. Beides zusammen eröffnet in der konzeptionellen Debatte Möglichkeiten eines Richtungswechsels in der Bearbeitung: Man beginnt nicht mit dem Schloss, sondern mit seinem Kontext, den einfacheren Bauaufgaben und vor allen Dingen mit den öffentlichen Räumen, um sich abschließend dem Schloss/Palastkomplex zuzuwenden. Mit dieser Vorgehensweise, mit dem Einfachen und dem problemlos Finanzierbaren, dem Konsensualen zu beginnen, betritt die Gesellschaft einen Weg, dessen Ziel noch nicht abschließend beschrieben ist.
Wenn man zuerst das räumliche und inhaltliche Umfeld des Schlosses bearbeitet, stellen sich sofort zwei Probleme, über deren Lösung vergleichsweise einfach ein Konsens zu erzielen ist: Es gibt sehr viel mehr Flächen (Verkehrs- und vor allem repräsentative Flächen) als durch tatsächliche Nutzung überhaupt zu beleben ist; das Gebiet ist dadurch sozial tot. Gewohnt wird nur noch in einem kleinen Rest der Brüderstraße.
Für die einzelnen Orte lassen sich vergleichsweise schnell konsensuale Positionen diskutieren.
Die Schlossfreiheit: Die Schlossfreiheit entlang des Spreekanals zwischen Schloss- und Schleu-

Flugisometrie Molkenmarkt von Süden

senbrücke, die heute durch die übergreifende Substruktion des ehemaligen Kaiser-Wilhelm-Denkmals geprägt ist, bedarf einer neuen Definition. Das Gelände steht sofort zur Verfügung. Man könnte eine teilweise Bebauung im Zusammenhang mit dem Bau der U-Bahn als privates Bauprojekt in Gang setzen.

Der historische Schlossplatz: Was im Augenblick Schlossplatz genannt wird, hat nichts zu tun mit dem historischen Schlossplatz. Der originale Schlossplatz liegt zwischen Palast und Staatsratsgebäude unter dem Asphalt begraben. Um den Ort wiederzugewinnen, bedarf es der Wiederanlegung des ehemaligen Schlossplatzes als öffentlicher Raum. Der neue Platz hätte, den veränderten Gegebenheiten folgend, größeren Umfang, aber analoge Funktion. Mit einem in sich ruhenden Stadtplatz erhielte der Bereich sofort einen urbanen Mittelpunkt, ein republikanisches Forum vor dem ehemaligen Staatsratsgebäude.

Um dem Schlossplatz einen südlichen Abschluss zu geben, bedarf es einer Neuinterpretation der historischen Stechbahnbebauung. Das neue Gebäude wäre eine architektonische Herausforderung ersten Ranges gegenüber der wiederzuerrichtenden Bauakademie, dem neugebauten Außenministerium und dem wiederzuerrichtenden Schlosskörper. Mit einem solchen Gebäude würde die städtebaulich notwendige Trennschicht gegenüber dem Friedrichswerder und der Friedrichstadt wieder entstehen. Als Nutzung käme z. B. ein Hotel in Frage, mit dem das Staatsratsgebäude als Tagungsort nach dem Auszug des Kanzleramtes wirtschaftlich genutzt werden könnte.

Und schließlich die Breite Straße: sie ist in der heutigen Breite ein Produkt der 70er Jahre. Das Ermeler-Haus aus der Breiten Straße Nr. 11 wurde nach Abriss am Märkischen Ufer wiedererrichtet. Es wird die Wiederherstellung der historischen Bauflucht vorgeschlagen und der Baulandgewinn dazu benutzt, hier verdichteten innerstädtischen Wohnungsbau auf kleinen Grundstücken zu errichten.

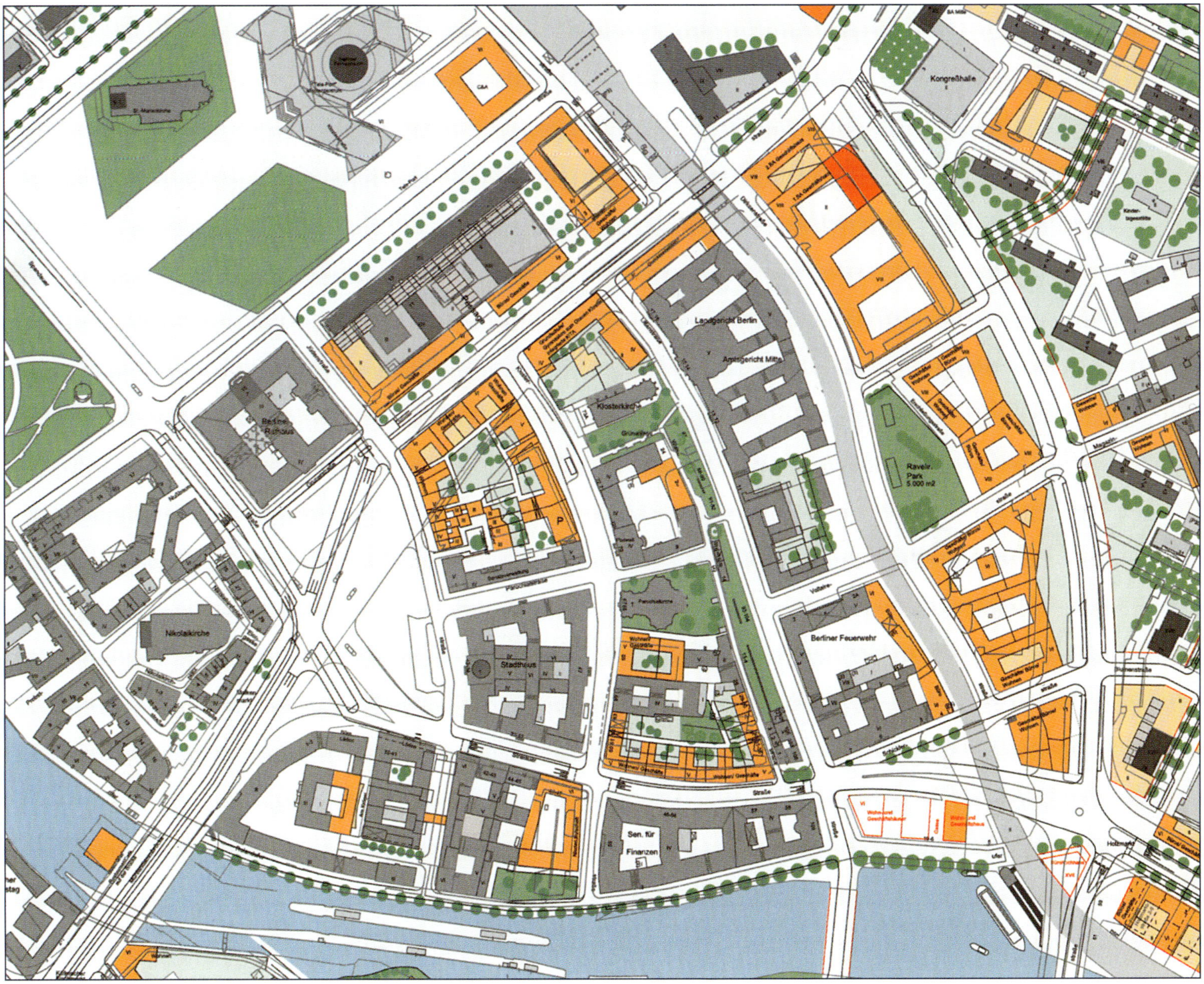

Senatsbeschluss Molkenmarkt

Kommandantur

Der Wiederaufbau der Kommandantur Unter den Linden 1 (früher: Platz vor dem Zeughaus 1), ist kein Streitfall, sondern folgt aus den Vorleistungen der DDR zur Wiederherstellung des Bereichs Unter den Linden mit der Oper und der Rekonstruktion des Kronprinzenpalais. Die Schwierigkeit besteht darin, eine für diesen Ort angemessene staatliche oder private Nutzung zu finden. An dieser Stelle, gegenüber dem Zeughaus, zwischen Schlossbrücke und Konprinzenpalais, legt das Umfeld eine kulturelle staatliche staatsnahe Nutzung nahe.

Bebauung am Schinkelplatz

Der bereits hergestellte Schinkelplatz verlangt nicht nur die Wiederherstellung der Bauakademie, sondern auch die des Baublocks zwischen Kommandantur und Werderschem Markt, Schinkelplatz und Niederlagstraße. Hier sind drei hochrangige historische Grundstücke neu zu bebauen, die vor der Kriegszerstörung privatwirtschaftlich genutzt waren. Diese Parzellierung vorausgesetzt, ist es sinnvoll, die Baufläche auch in Zukunft privatwirtschaftlicher Nutzung zu übergeben. Die Vergabe des ganzen Blocks an einen einzigen Nutzer wäre der exponierten Lage nicht angemessen.

Bauakademie

Die Wiedererrichtung von Schinkels Bauakademie wird nahezu von allen politischen und gesellschaftlichen Organisationen getragen. Sie ist vom Planmaterial und der intellektuellen und funktionalen Erarbeitung her gut vorbereitet. Das Problem ist die Finanzierung einer der Bedeutung angemessenen Nutzung. Die neue Bauakademie soll zu einem Zentrum europäischer Baukultur werden (Bundesprojekt mit E.U.-Beteiligung). Damit hätte das neue Berlin endlich einen Ort der Kommunikation, der dem Anspruch der Stadt, als Ort der Weiterentwicklung europäisch zu sein, gerecht würde.

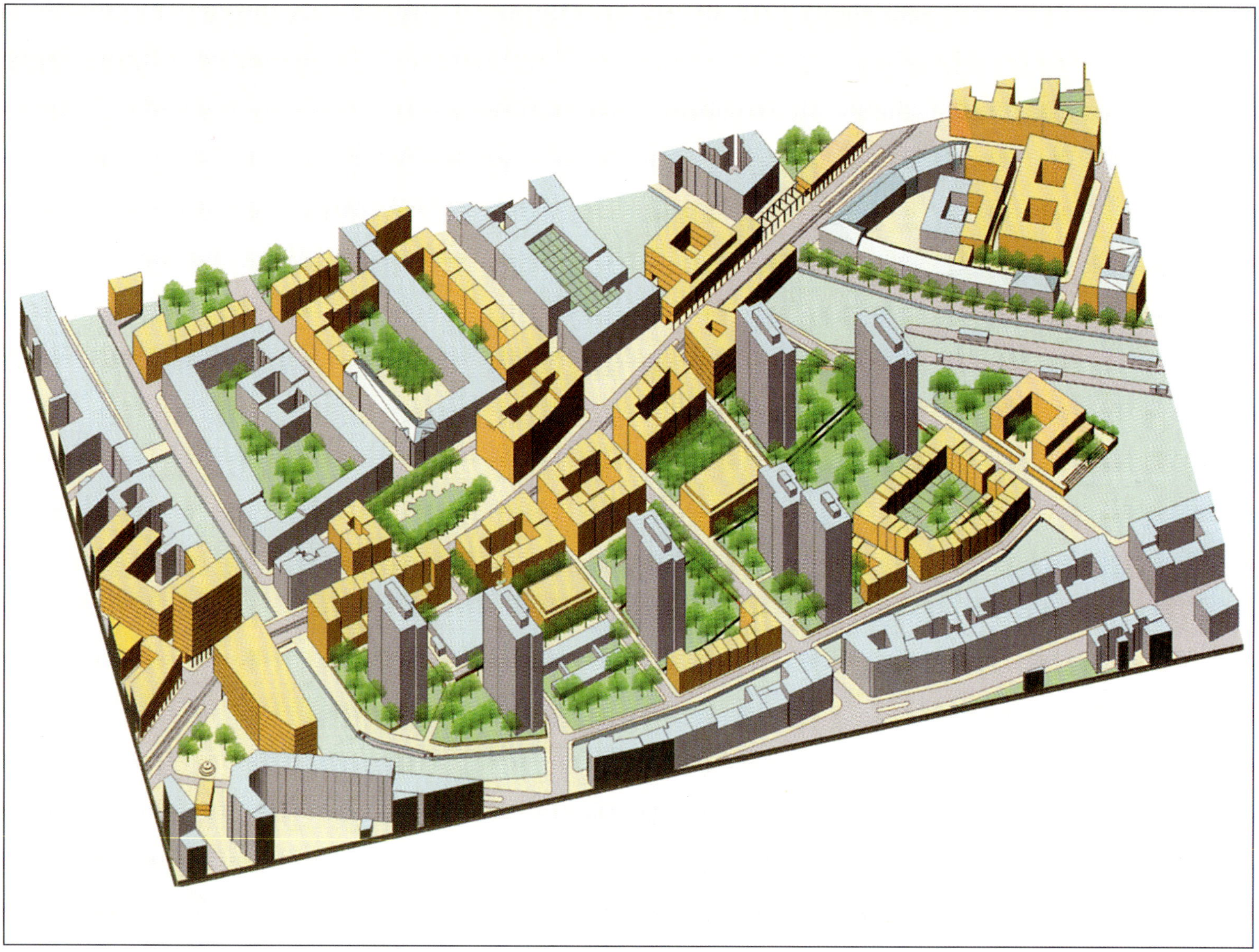

Ergebnisplan Fischerinsel als Flugisometrie

Der Komplex Palast/Schloss

Schließlich wird vorgeschlagen, den Schloss/Palast-Komplex in Teilentscheidungen aufzulösen: Der Palast der Republik sollte, zumindest in denkmalwerten Teilen, erhalten bleiben.
Weitgehend Konsens ist, dass die ergänzende Schlosswiederherstellung den öffentlichen Grundriss und die Kubatur des Schlosses aufzuweisen habe.
Gerade weil es den erbitterten Streit um Erhalt oder Beseitigung zugunsten eines unbehinderten Schlosswiederaufbaus gibt, sollte das Miteinander von (teilweiser) Palasterhaltung und Teilrekonstruktion des Barockschlosses favorisiert werden.

Was öffentlicher Raum war, sollte wieder öffentlicher Raum werden. Der Schlossplatz und die Schlosshöfe waren keine Privaträume des Fürsten, sie fungierten vielmehr über Jahrhunderte als öffentliche Flächen wie heute z. B. der öffentliche Hof des Louvre-Quarrées in Paris.
So, wie man die Projektteile Palast und Schloss hat, so kann auch der Neubauteil Schloss in Abschnitten gedacht, geplant, finanziert, gebaut und genutzt werden, je nach vorliegendem Konzept. Undenkbar scheint mir an diesem Ort eine rein kommerzielle Nutzung.
Zur Erarbeitung eines Nutzungskonzeptes für die gesamte historische Staatsmitte sollte ein neuer Anlauf genommen werden. Eine nationale Aufgabenstellung braucht zur Lösung Vorschläge einer möglichst schnell einzusetzenden Kommission mit großer Autorität, die die bisherigen Positionskämpfe überwindet.
Gefragt sind dem Ort angemessene Vorschläge zur Nutzung, Finanzierung und Realisierung, die weit über die üblichen Wahlperioden hinausreichen.

Dr. Ing. Hans Stimmann, Berlin, geb. 1941, ist Staatssekretär und Senatsbaudirektor der Senatsverwaltung für Bauen, Wohnen, Stadtentwicklung und Verkehr in Berlin.

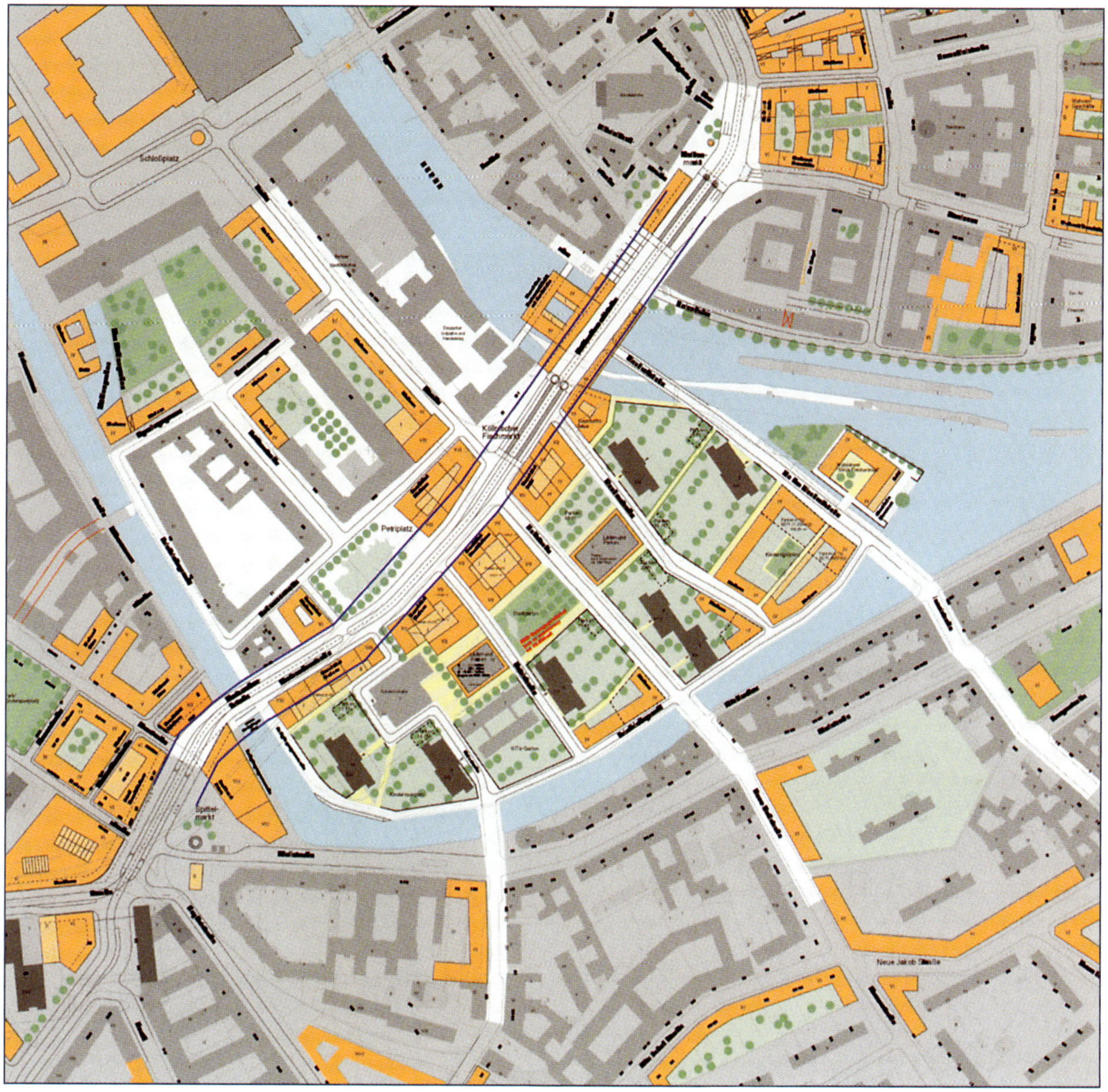

Ergebnisplan Fischerinsel. Links oben Grundrisskombination aus Schloss und Palast

Palast und Schloss als Kombination: Unvereinbare Außenarchitektur durch unterschiedliche Gebäudehöhen und stark kontrastierende, unharmonische Fassaden

Der Reichstag vor der Zerstörung

Stephan Waetzoldt

Das Bauwerk als Erlebnis von Geschichte

Der Reichstag in der Verhüllung durch Christo

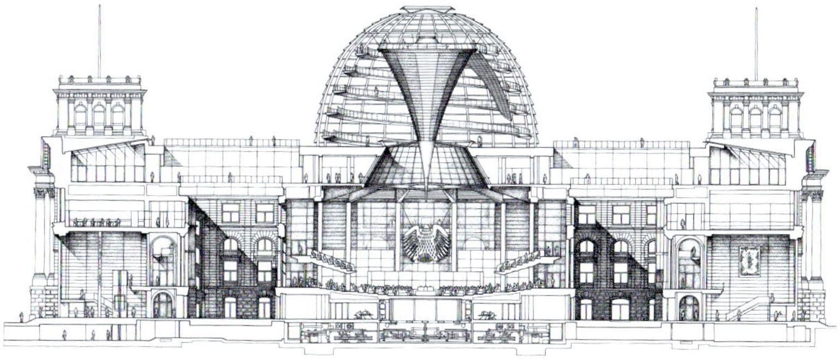

Der Reichstag nach seinem Umbau 1999

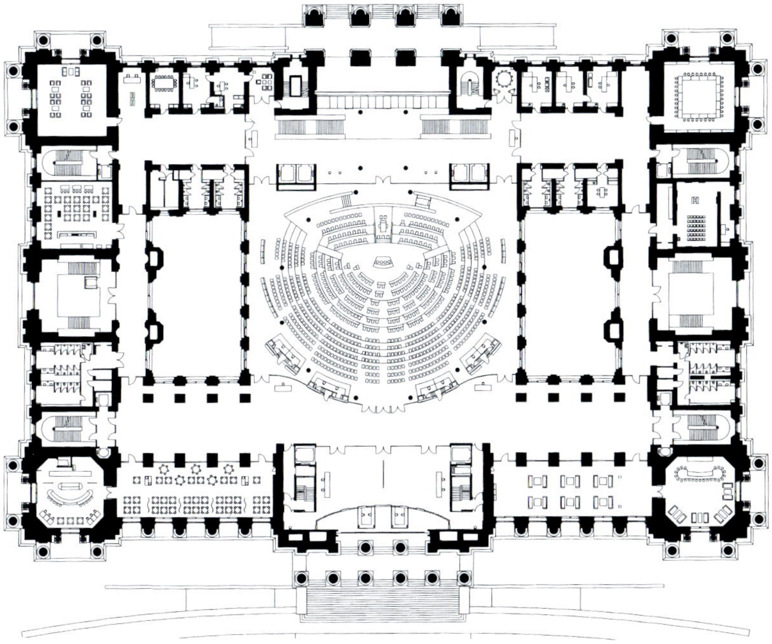

Auf einen Neubau des Berliner Stadtschlosses in den alten Formen treffen im Sprachgebrauch gängige Begriffe nicht zu. Es könnte allenfalls von „Rekonstruktion“ oder „Replik“ gesprochen werden, beides Begriffe, die letzten Endes das Gleiche meinen: Kopie unter Verzicht auf absolute Genauigkeit. Ein „Original“ könnte nur der eigenständige neuzeitliche und ganzheitliche Neubau sein – ein neuer „Palast der Republik“ an städtebaulich richtiger Stelle, die zentrale Berliner Stadtanlage mit Museum, Dom, Zeughaus und Schlossfassade wiederherstellend. Vorstellungen einer „Kopie“ des alten Schlosses erledigen sich schon des Mangels an kopierbaren Vorlagen wegen von selbst. Aber was wäre denn auch zu kopieren – der Zustand etwa von 1800 oder 1914 oder 1939?

Blick vom Kupfergraben auf Schlosskuppel und Eosander-Portal

Der Versuch, für das, was mit dem nicht mehr existierenden Berliner Stadtschlosses oder für das, was auf seinen ebenfalls nicht mehr existierenden Fundamenten entstehen soll, einen adäquaten Begriff aus dem gängigen Sprachgebrauch zu finden, versagt, weil Geschichte gewordene Architektur grundsätzlich nicht reproduzierbar ist. Allenfalls kann man imitieren.
Gemälde, Skulpturen, Graphik kann man kopieren oder originalgetreu wiederherstellen, ja auch vervielfältigen, weil diese Gattung Kunstwerk statisch ist. Architektur ist aber transitorisch, ist lebendig. Bauwerke werden benutzt und ihrer Nutzung immer wieder auch angepaßt. Gemälde, Bildwerke, statische Kunst ist Gegenstand der Betrachtung. Sie dient geistigen, nicht leiblichen Bedürfnissen. Die Begegnung mit dem statischen Kunstwerk soll zum Erlebnis werden, ein „Event" sein. So sieht es ganz prinzipiell – und zu Recht, wie ich meine – spätestens seit DADA zu Beginn des 20. Jahrhunderts – auch das zeitgenössische künstlerische Schaffen.
Das als „Kunst" erdachte und zum Kunstwerk gewordene Bauwerk ist anders geartet. Es ist auch und nicht zuletzt Gehäuse und Umfeld für das Ereignis, das „Event", dessen Spuren – drinnen und draußen – es materiell und ideell erst zu einem Denkmal der Geschichte werden lassen.
Bau-Kunstwerke sind überall und zu allen Zeiten verändert, ergänzt, erweitert, erneuert, umgestaltet worden. „Gotische und barocke Türme wurden hochgeführt, steckengebliebene Fassaden vollendet, nicht selten unter Opferung historischer Bausubstanz. Vom Glück Begünstigte wie die Kölner bei der Errichtung der überwältigenden Doppelturmfront ihres Domes konnten dabei auf originale Risse zurückgreifen, andere beriefen sich auf Analogien: Die aus dem 19. Jh. stammenden Turmabschlüsse der Stiftskirche von Kempten verraten das Vorbild des Salzburger Domes. In anderen Fällen ging man frei vor, unter Berufung auf das Angebot eines Formenschatzes, der von den großen Architekten des Historismus meisterhaft beherrscht wurde. „(Alfred A. Schmid in: „Echtheitsfetischismus ?" 1979)
Die gesamte Rekonstruktion eines nicht mehr existenten Bauwerkes ist selbstverständlich etwas anderes als dessen historisch „übliche" Veränderung und zeitgenössische Modernisierung. Aber besteht dann eigentlich ein Unterschied grundsätzlicher Art zwischen dem „Neubau" des Berliner Stadtschlosses nach älteren Plänen und Bilddokumenten? Beide Baumassnahmen erfüllen zunächst städtebauliche Notwendigkeiten, beide können sich auf originale Unterlagen berufen – die alten Risse dort, die moderne Dokumentation hier. Beide können, wie unzählige Beispiele beweisen, infolge von Alterung und Gewöhnung ihre alte städtebauliche Funktion zurückgewinnen. Es müssen allerdings Nutzung und „Geltung" stimmen. Solcher Stimmigkeit folgt dann auch die Wahrnehmung in der Öffentlichkeit und der Sprachgebrauch im Alltag.
Es ist bezeichnend, dass eigentlich erst Christos Verhüllung des Reichstages die künstlerische Bedeutung des Bauwerks innerhalb der Architekturgeschichte des 19. Jahrhunderts und seine politisch-ideologische Bedeutung innerhalb der deutschen Gesellschaftsgeschichte einer breiten Öffentlichkeit bewusst gemacht hat. Und nun wurde Wallots Bau-Kunstwerk zum zweiten Mal nach dem Brand in den dreißiger Jahren umgebaut, mit einer neuen, betont modernen Kuppel versehen und im Inneren für die Nutzung als Bundestagsgebäude total verändert. Dennoch, im allgemeinen Sprachgebrauch wird es bei dem traditionellen Namen „Reichstag" und bei der zentralen Stellung im Berlin Stadtbild bleiben. Mit seiner, die Gegenwart des späten 20. Jahrhunderts weithin signalisierenden gläsernen Kuppel, wird der Wallot-Foster'sche Reichstag wieder zum historischen Wahrzeichen. Gin-

Schlossplatzfassade, 1889

Lustgartenfassade, 1930

ge das Bauwerk verloren, es müßte ersetzt werden – aber nicht kopiert!

Auch das Stadtschloss ist nicht einfach kopierbar und dies nicht nur, weil zu einer exakten Nachbildung, vor allem auch des Inneren, die Quellen nicht ausreichen dürften und weil Narben der Geschichte nicht reproduzierbar sind, sondern weil ein reproduziertes Schlossgebäude auch eines reproduzierten Inhalts bedürfte – und solchen historisierenden Inhalt gibt es nicht. Das deutsche Reich und der Staat Preussen sind endgültige Vergangenheit. Es geht eben nicht nur um die Außenhaut und das Stadtbild allein. Es geht auch um den Inhalt, die Nutzung. Der Begriff „Schloss" hat zu tun mit hoheitlicher Würde, mit staatlicher Repräsentation, mit „Denkmal für die Öffentlichkeit".

Aber auch mit hoheitlichem Absolutismus. Es muß also ebensoviel und ebenso intensiv nachgedacht werden über die zukünftige Nutzung des neuen, innenräumlich riesigen Stadtschlosses wie über seine äußere Gestalt.

Sprengung des Schlosses

Die Spitze unseres Staates dort anzusiedeln – etwa das Kanzleramt und verwandte Regierungs- und Staatsfunktionen, dazu ist es zu spät, und das ist vielleicht auch gut so, denn immer noch belastet nicht nur preußische Tradition. Und – gewollt oder nur gütiges Schicksal – unser Staat repräsentiert sich im „Regierungsviertel“ am Parlamentsgebäude, dem Reichstag, dies aber nur in der unmittelbaren Umgebung. Im städtebaulichen wie im politisch-ideologischen Zusammenhang gewinnt doch erst heute das im Kaiserreich und im „Dritten Reich“ gleich ungeliebte Parlamentsgebäude inneres und äußeres Gewicht.

An seiner Lage im Stadtgefüge orientieren sich nun die Regierungsbauten einer parlamentarischen Republik. Das alte Reichstagsgebäude übernimmt als Sitz höchster Staatsmacht in der neuen deutschen Demokratie die Funktion des alten kaiserlich-königlichen Schlosses.

Was aber soll geschehen mit dem inzwischen in politischer Randlage befindlichen riesigen Gebäude? Das Berliner Stadtschloss muß repräsentieren und dies nicht nur durch seine pure Größe und die zentrale städtebauliche und historische Lage. Denk-, ja wünschbar erscheint mir die Nutzung für repräsentative Aufgaben und Zwecke des deutschen Gesamtstaates: In Berlin fehlt das Bonner Hotel Petersberg für die ausländischen Staatsgäste und für kleinere und große internationale politische Tagungen. Die „Berliner Republik“ bedarf auch einer Parallele zu dem barocken Schloss Brühl für die großen, repräsentativen Empfänge und Festveranstaltungen des Staates. Warum mit spätbarocker Klassik unsere europäische kulturelle Position vorweisen und nicht in zeitgenössischem Fest-Ambiente in einer gleichwohl historischen oder historisierenden Gesamtarchitektur? Die Nutzungsvorstellungen des Architektenpaares Schüler-Witte weisen die Richtung.

Prof. Dr. Stephan Waetzold, Kleinmachnow, geb. 1920, war Generaldirektor der Museen der Stiftung Preußischer Kulturbesitz.

Hans Kollhoff

Die Wiedergeburt des Schlosses aus dem Geiste der Gemütlichkeit

Wenn es beim Wiederaufbau des Schlosses Teile des Palastes der Republik zu integrieren gilt, dann sind dies zuerst und fraglos die Bierstube und die Weinstube: *„Die gemütliche Atmosphäre einer Altberliner Gaststätte empfängt die Gäste der Bierstube. Diese rustikale, kleine gastronomische Einrichtung liegt unmittelbar an der* **Spree** *und wurde im* **Berliner Barock** *gestaltet; Prunkstück ist das kleine Reiterstandbild nach dem monumentalen Werk Andreas Schlüters... Genau neben der Bierstube liegt die Weinstube. Geschmackvoll ausgestattet ist sie mit gusseisernen Möbeln und Leuchtern, Abgüssen von Originalen des Berliner Klassizismus, die sich in verschiedenen Berliner Museen befinden. Ein Fries von Terrakotten zieht sich an den Wänden entlang, und eine klassizistische Statue erhebt sich im Mittelpunkt des Raumes."*[1] *Oder: „Die Spreestuben besitzen entsprechend ihrer Größenordnung eine intime Note. Der größere Gastraum – die Weinstube – bietet 50 Personen Platz, der kleinere Raum – die Bierstube – 35 Personen. In der architektonischen Gestaltung klingt historisierend der Stil zweier für Berlin besonders wichtiger Zeitepochen an: Es ist in der Weinstube der Klassizismus und in der Bierstube das Barock. Diese Stilelemente zeigen sich beim ersteren vor allem in einem Terrakottafries, sowie bei Gestühl und den Tischen nach Modellen von Schinkel, die dem Raum Gepräge und Stimmung verleihen. In der Bierstube stehen Holzarbeiten aus geräucherter Eiche an Sitzbankgruppen und am Schankbüffett in enger Verbindung mit einer bildkünstlerischen Fotomontage, mit Motiven aus der Zeit des großen Baumeisters Schlüter.*
Plastische Originale bzw. Abformungen, wie beispielsweise der stehende Jüngling (Apoll), das Schlütersche Reiterstandbild im Maßstab 1:10, weiterhin die Kerzenleuchter und Garderobenständer in historischen Formen und eine keramische Schanksäule bereichern die beiden Räume und fügen sich in die architektonische Gestaltung ein."[2]
Wie, wurden nicht gerade das Schlüter'sche Schloss und die Bauakademie Schinkels abgerissen? Hat man sich eines Besseren besonnen oder bereut man gar, den Abriss-Staub noch in der Nase, sein Banausentum? Nein, hier tun sich keine Widersprüche auf, das geht seinen sozialistischen Gang, ganz so wie die technoide Plattenbauproduktion an der Leipziger Straße sich aufs beste verträgt mit dem Gendarmenmarkt, handelt es sich doch um Welten, die nichts miteinander zu tun haben. Was aber der Kopf nicht zusammenzubringen vermag, klagt offenbar dann der Körper ein. Und so sitzt die Abriss-Brigade bei Bier und Wein auf Schinkels Stühlen und unter Schlüters Reiterstandbild – und merkt nichts. Ein Bild sozialistischen Unvermögens, politisch fehlgesteuert? Nein, ein Bild modernistischen Abstraktionsdranges, das Vergeuden der Herkunft für eine fixe Idee, der Verlust der sinnlichen Wahrnehmung zugunsten einer „Vision" – ein Elendsbild des zwanzigsten Jahrhunderts.
Die irrsinnige Vorstellung, einen Schlussstrich unter die Geschichte ziehen zu können, um neu anzufangen, dieser Kindertraum der Gläsernen Kette, der sich nach dem katastrophalen Krieg wieder breitzumachen begann, war doch schon 1926, mit dem Bauhausgebäude in Dessau, zu einem funktionalistischen Diagramm erstarrt, das Hannes Meyer dann auf den materialistischen Punkt brachte: *„Alle Dinge dieser Welt sind ein Produkt der Formel (Funktion mal Ökonomie)",* oder an anderer Stelle: *„Bauen ist nur Organisation: Soziale, technische, ökonomische, psychische Organisation"*[3]. Fünfzehn Jahre später schreibt dann Albert Speer im Vorwort der Bauordnungslehre, verfasst von Ernst Neufert als dem Beauftragten für Normungsfragen im Bauwesen, *„Der totale Krieg zwingt zur Konzentration aller Kräfte auch im Bauwesen. Weitgehende Vereinheitlichung zur Einsparung technischer Kräfte und zum Aufbau rationeller Serienfertigung ist die Voraussetzung zu einer Leistungssteigerung, die zur Bewältigung unserer großen Bauaufgaben erforderlich ist"*[4]
Das Ergebnis der Zusammenarbeit „mit den fortschrittlichen und aktiven Wirtschaftsgruppen und Firmen" erwies sich als über die Maßen nützlich, nicht nur beim Hausbau, sondern auch in der Kriegsführung und bei der industrialisierten Menschenvernichtung. Die deutsche Neigung zur Effizienz und Perfektion, bis heute ungebrochen wirksam in der Normung aller erdenklichen Produkte, selbst einer unschuldigen Banane, erlebt im „Neufert" einen Höhepunkt der Selbstbestätigung als wichtigstem Fundament des Wiederaufbaus in den fünfziger und sechziger Jahren des 20. Jahrhunderts. Der Neue-Heimat-Zeilenbau wäre ohne die Neufert'sche Bauentwurfslehre (man beachte den Bedeutungsschub von Bauordnungslehre zu Bauentwurfslehre) ebenso undenkbar wie der DDR-Plattenbau, und vermutlich werden in China gerade Millionenstädte nach dem Neufert-Prinzip errichtet.
Hier ist ein Denken am Werk, das zunehmend mit Architektur gleichgesetzt wurde, ein technokratisches Selbstverständnis, das sich problemlos in den Dienst jeder beliebigen Ideologie stellen lässt und Monster gebiert, weil von der sinnlichen

Die gemütliche Atmosphäre einer Altberliner Gaststätte empfängt die Gäste der Bierstube. Diese rustikale, kleine gastronomische Einrichtung liegt unmittelbar an der Spree und wurde im Berliner Barock gestaltet; Prunkstück ist das kleine Reiterstandbild nach dem monumentalen Werk Andreas Schlüters.

Erfahrung der Spezies Mensch, ökonomisch bedingt, abstrahiert wird. Beim Bauen geht es dann, folgerichtig, nicht mehr um Häuser, sondern um Zeilen, Scheiben, Spangen, Kämme oder – Weinberge. Beim Palast der Republik klingt das dann so: *„Die aus der Übereinstimmung von gesellschaftlicher Funktion des Gebäudes, sozialräumlicher Struktur und städtebaulich-künstlerischer Komposition der Stadt abgeleitete Dominantenfunktion des Palastes der Republik wurde unter voller Beachtung der Grundregeln gelöst, die sich aus der historisch gewachsenen Zentrumsbebauung ergaben...*
Im Hinblick auf die zentrale städtebauliche Lage des Bauwerkes zwischen Marx-Engels-Platz und dem Fernsehturm-Spree-Bereich und entsprechend der erklärten Offenheit des Palastes für alle Bürger wurden optische Transparenz des Baukörpers und plastische Durchdringung der Bauglieder angestrebt...
Die Homogenität des liegenden Glasquaders wird unterstützt vom angeglichenen Bronzeton der eloxierten Aluminiumdeckprofile. Ihre aus dem Zweck der Konstruktion und ihrer Wartung abgeleitete Profilierung zeigt sich als ein mit senkrechter Betonung ausgeprägtes Maßwerk, das sich gemeinsam mit den rhythmisch differenzierten Größen der Glasscheiben harmonisch auf die Fensterproportionen der umgebenden Gebäude einstellt. Die Proportionierung der gläsernen Längsfassaden wird durch ein kräftiges Vorspringen ihrer Fluchten über dem

Abriss der Bauakademie

zweiten Geschoss und im zentralen Foyerbereich unterstützt. Die an den Aussenflächen angrenzenden Deckenbereiche sind ebenfalls glasverkleidet und beeinträchtigen somit nicht die Flächenwirksamkeit der Fassade. Die relativ breiten Stützen und Riegel sind in ihrer Gestaltung auf menschliche Maßstäbe bezogen, ihre rhythmische Reihung ist auch aus großer Entfernung wahrnehmbar...

Die sich aus der städtebaulichen Einordnung und äusseren Gestaltung sowie aus den funktionellen Anforderungen ergebenden Grundsätze und formalästhetischen Mittel wurden bei der Innengestaltung konsequent aufgenommen und unter Beachtung ihrer spezifischen Bedingungen weiterentwickelt.

Die Prinzipien der Stadtoffenheit des Hauses und seiner vielfachen Nutzungsmöglichkeiten erforderten neue Lösungen, wie die der ineinander fließenden Räume und führten zur Konzipierung von spannungsvollen Raum- und Erlebnisfolgen. Diese übergeordneten Gestaltungsprinzipien sollten unterstützt werden durch die einheitliche Anwendung von Form, Farbe und Material.

Die plastische Körperdurchdringung der beiden Marmorkuben (Hauptfunktionsbereiche) mit dem Glaskörper war eine wesentliche Voraussetzung zur absoluten Verschmelzung der äusseren und inneren Architekturformen. Diese konnte jedoch nur in Übereinstimmung mit den funktionellen Bedingungen erfolgen, wonach sich generell zwischen Glas und Kuben offene Kommunikationsbereiche (Wandelgänge, Foyers) befinden, während sich in den Kuben die eigentlichen Hauptfunktionen (Veranstaltungen) abspielen." [5]

Das ist Architektenprosa vom Feinsten, wer kennt sie nicht aus zeitgenössischen Wettbewerben. Aus dem Stoff ist aber nicht nur der Palast der Republik gefertigt, sondern auch Hellersdorf und das Märkische Viertel, Marzahn und die Gropiusstadt. Der moderne Architekt denkt von oben her. Als Individualist hat er eine „Vision". Im Kollektiv vertritt er ein Programm. Immer aber steht er im Dienste einer abgehobenen, utopischen Idee. Der Verlust der Bodenhaftung, der damit verbunden ist, wird scheinbar wettgemacht durch das befreiende Gefühl des Höhenflugs. Das Bewusstsein, ein höheres Interesse zu verfolgen, rechtfertigt das großzügige Vernachlässigen der Alltagsfragen. Das Hochgefühl reisst bisweilen die Baukörper mit, die Architektur beginnt zu schweben, wie der Palast der Republik.

Nicht die visuelle und physische Wahrnehmung ist das Entscheidende, sondern die Gesinnung: „Die Formenlehre aus abgestorbenen Stilen wur-

Direkt neben der Bierstube liegt die Weinstube. Geschmackvoll ausgestattet ist sie mit gusseisernen Möbeln und Leuchtern, Abgüssen von Originalen des Berliner Klassizismus, die sich in verschiedenen Berliner Museen befinden. Ein Fries von Terrakotten zieht sich an den Wänden entlang, und eine klassizistische Statue erhebt sich im Mittelpunkt des Raumes.

de zerschlagen, wir sind zum Gedanken, zur Aufrichtigkeit der Gesinnung zurückgekehrt.“[6)] In diesem Lichte muss der Abriss von Schloss und Bauakademie wie ein längst notwendiger symbolischer Akt erscheinen!
Und Gropius ist auch der Erfinder einer wirksamen, weltweit sich zunehmender Beliebtheit erfreuenden Strategie, der Sackgasse des zum funktionalistischen Schema abgeflachten „White Cube“ zu entfliehen: Make things interesting! Optische Vielfalt um ihrer selbst willen. *„...was an moderner Architektur in Amerika der späten dreissiger Jahre entwickelt und gelehrt worden ist, (war) kleinwüchsig, antimonumental und urbanistisch destruktiv war. Trotz der soziologischen Lippenbekenntnisse ihrer Pädagogen war jene tatsächlich in ihren Methoden und in ihrer Formensprache weder funktional noch gehorchte sie irgendeiner Struktur. Sie war rein illustrativ.“* [6]
War man zu Beginn des 20. Jahrhunderts ange-

Bierstube

Weinstube

treten, einem schwülstigen Historismus Einhalt zu gebieten, einer vulgären, sich längst vom Inhalt gelösten Dekorationskunst, so sah man sich zur Jahrhundertmitte selbst in einer weit bedauernswerteren Lage: Was einmal schmückende Oberfläche eines tektonischen Bauorganismus war, erschien unversehens als formalistisches Superzeichen, dessen Inhalt eine der Form entfremdete, zum Schema verkommene Existenz fristen musste. Aus den Spitzendeckchen der Historismusfassaden war der Riesenohrclip in der Landschaft geworden. Der Gropius'sche Imperativ, „visuelles Interesse" zu erzeugen, als armselige Maxime einer ausgebrannten Moderne, deckt sich nunmehr auf fatale Weise mit der medialen Jagd auf das nie Dagewesene.

Physischen Reizen zusehends entwöhnt, nimmt der Betrachter das sensationell Neue als Bild. Architektur, die über diese oberflächliche Rezeption hinaus Bestand hat, erscheint eher als Ärgernis, als retardierendes Moment im beschleunigten Fluss der Bilder. Doch hin und wieder findet sich der Konsument in die Wirklichkeit versetzt und legt eine andere Messlatte an, zu Hause etwa, wo es wohnlich sein soll, wo er der Wärme bedarf, physisch. Wo das Bedürfnis, den Körper zu bekleiden, sich ausweitet auf dem Boden und an den Wänden in Form von Teppichen, Tapeten und Gardinen. Das ist nicht visueller Bildkonsum, sondern körperliche Wahrnehmung, und die ist beim Großreinemachen in der Architektur des zwanzigsten Jahrhunderts verloren gegangen.

Aber in den Innenräumen, privaten und öffentlichen, hat sie vielerorts überlebt. Die Einrichtungshäuser, Raumausstatter und Innenarchitekten machten sich bereitwillig daran, die Kluft zu überbrücken, die sich zwischen der von Architekten verordneten abstrakten Welt und dem alltäglichen Leben der Menschen aufgetan hatte. Die Innenarchitekten waren für das Sentimentale zuständig. So auch in der Weinstube des Palastes der Republik: *„Die Innenarchitekten haben sie mit viel Liebe nach Motiven des Berliner Klassizismus gestaltet. Schwarze schmiedeeiserne, doch beschwingt wirkende Stühle und Tische, dazwischen Sitzecken mit grünen Polstern, die zum Schwarz der Möbel gut kontrastieren. Zierliche zweiarmige, ebenfalls schmiedeeiserne Leuchter stehen an Tischen und über der zartgrauen Holzverkleidung auf halber Höhe rings an den Wänden. Die kleine Bar ist mit demselben Holz verkleidet. Die Wände zieren Terrakotta-Reliefs. Von 16 bis 24 Uhr erfüllen Bedienungskräfte in dem Stil des Raumes angepasster Kleidung – die Damen tragen bunt-gestreifte Kleider und weisse Schürzen, die Herren grüne Anzüge – Ihre Wünsche aus einem umfangreichen Angebot an Weinen und alkoholfreien Getränken sowie erlesenen Speisen...*

Wer weniger romantisch sitzen, sondern einen zünftigen Berliner Biertreff erleben will, kehre wenige Schritte weiter ein. Die Bierstube ist in warmem Braunton gehalten und hat 33 Plätze. Sie ist im Stil des Berliner Barock eingerichtet und besticht mit ihrer rustikalen Note. Dazu tragen die halbrunden, gut gepolsterten schweren Sitzbänke bei, davor weiss gescheuerte Tische. Über eine Wand ziehen sich Reproduktionen Altberliner Stiche und Motive. Spezialbiere werden in derben Seideln ausgeschenkt. Der Wirtshausschrank mit seinen Butzenscheiben hinter dem Tresen und der originell mit weinrotem Porzellan und Messingverzierung gestalteten Zapfsäule vollenden die gemütliche Atmosphäre...

Sind es vor allem bei ersteren ein Terrakottenfries sowie gusseisernes Gestühl und Tische nach Modellen von Schinkel, die dem Raum Gepräge und Stimmung verleihen, so sind es in der Bierstube besonders die Holzarbeiten aus geräucherter Eiche an Sitzbankgruppen und am Schankbüfett, die in Verbindung mit einer bildkünstlerischen Fotomontage Zeit und Stil bestim-

men.“[7] So fiel den Innenarchitekten die Aufgabe zu, den schwebenden Palast auf der Erde, in der Stadt zu verankern.

An diesem Ort wird der Wahnsinn nicht nur eines sozialistischen Heilsversprechens, sondern einer technoiden Moderne auf den deprimierenden Punkt gebracht und mit Bier und Wein gelöscht. Hier erfährt die übermenschliche Verdrängungsleistung ihre symbolische Zuspitzung. Dies ist der Ort, an dem der Grundstein schon gelegt wurde, in einer Art vorauseilendem Gehorsam, für den Wiederaufbau des Schlosses und der Bauakademie. Jenseits aller Architekturtheorie und fern jeglicher intellektualistischer Reflektion hat hier das Volk entschieden, zu Hause zu bleiben und in angenehmer Atmosphäre zusammen zu sein bei Bier und Wein, wie das landauf, landab Brauch ist.

Vom Innenraum her die Menschen ansprechen, von ihrer physischen Wahrnehmung, letztlich vom Wohnen im weitesten Sinne her die Architektur erneuern. Nach dieser Lektion werden wir eines Tages auch wieder in der Lage sein, den architektonischen Leistungen der Vergangenheit eine adäquate und authentische Architektur an die Seite zu stellen. Und wie sollte das besser eingeübt werden können, als beim Wiederaufbau des Schlosses und der Bauakademie und beim Wiedereinrichten ihrer Innenräume.

Setzen wir also ein Zeichen für die Wiedergeburt der Architektur im Namen der Gemütlichkeit und beginnen wir, ganz entspannt, mit der Rekonstruktion der Weinstube und der Bierstube des Palastes der Republik.

Prof. Dipl. Ing. Hans Kollhoff, geb. 1946, Berlin, lehrt Architektur an der Eidgenössischen technischen Fachhochschule in Zürich. Er gewann zahlreiche Wettbewerbe, u. a. den Wettbewerb zur Neugestaltung des Alexanderplatzes in Berlin. Zahlreiche Hochbauten, u.a. das Hochhaus am Potsdamer Platz und der Umbau des Reichsbankgebäudes zum Auswärtigen Amt der Bundesrepublik Deutschland zeichneten ihn aus.

1 „Palast der Republik“, Verlag Zeit im Bild, Dresden, 1977.

2 Graffunder/Beerbaum, „Der Palast der Republik“, VEB E.A. Seemann Verlag, Leipzig 1977.

3 „Bauen“, 1928, zitiert nach: Claude Schnaidt, Hannes Meyer, Arthur Niggli AG, Teufen.

4 Prof. Ernst Neufert, „Bauordnungslehre (BOL)“, Volk und Reich Verlag Berlin, 1943.

5 Graffunder/Beerbaum, „Der Palast der Republik“, VEB E.A. Seemann Verlag, Leipzig 1977.

6 Walter Gropius, „Architektur“, Frankfurt/Hamburg, 1956.

7 Klaus Herdeg, „Die geschmückte Formel“, Vieweg Verlag, Braunschweig/Wiesbaden, 1988.

Wolfgang Pehnt

Das Bauwerk im Zeitalter seiner technischen Reproduzierbarkeit

Von den vielen Attributen, die unserer Epoche beigelegt worden sind, lautet eines: Sie sei das Zeitalter der technischen Reproduzierbarkeit. Der Verlust der Aura, die das Einmalige und Unverwechselbare umgab, scheint in vielen Branchen, auch solchen der Kunst, längst kompensiert durch andere Eigenschaften: Präzision, Berechenbarkeit, Ersetzbarkeit, Verfügbarkeit für alle. Oft sind selbst Begriffe wie Kopie oder Faksimile nicht mehr angemessen. Denn die Kopie setzt ein Original voraus, von dem sie abgenommen worden ist, und das Faksimile behauptet mit Hilfe seines Namens zwar Ähnlichkeit („simile"), aber nicht Identität. Dagegen bedeutet in der Gentechnik Reproduktion die Erzeugung nicht mehr des Ähnlichen, sondern des Identischen. Eine geklonte Dolly *gleicht* nicht nur der anderen, sondern *ist* diese andere. Wo Identität nicht gewünscht ist, beispielsweise in digitalen Hervorbringungen, die weiterer Manipulation unterworfen werden sollen, ist es jedenfalls nicht der Widerstand des vormaligen Originals, seine komplizierte Gestalt beispielsweise, die sich gegen eine identische Wiederholung sträubte und die Reproduktion erschwerte. In der vieljährigen Diskussion um die Reproduktion des Berliner Stadtschlosses hat eine Metapher eine Rolle gespielt, die sich angesichts heutiger „Repro-Kultur" (Hans-Jürgen Seemann) anrührend altmodisch ausnimmt. Ein Bauwerk, hieß es da, sei mit einer Partitur zu vergleichen, die man beliebig und immer aufs neue realisieren könne. Daß eine Partitur die subjektive Interpretation nicht nur erlaubt, sondern zwingend auf sie angewiesen ist, blieb bei diesem Metapherngebrauch außer Betracht. Aber auch sonst war der Vergleich so falsch wie nur denkbar. Ein historisches Bauwerk ist nicht die Aufführung einer irgendwo niedergelegten Anweisung, die man beliebig und immer aufs neue materialisieren könnte. Ein Baudokument ist keine Aufführung, keine Replik eines Plans, der als das eigentliche Original zu gelten hätte. Es ist die Sache selbst, wie sie uns die Vergangenheit übergeben hat, mit allen Eintragungen ihrer Geschichte, ihren Beschädigungen, Merkwürdigkeiten, Revisionen, Ergänzungen. Ein Bauwerk ist keine Idee *jenseits* der Zeit, auch wenn es solche Ideen in sich aufnehmen kann, sondern *in* der Zeit gewordene Realität. So hat es mit den Generationen vor uns und schließlich mit unserer eigenen gelebt, hat sie ertragen und ist von ihnen ertragen worden. Seine Materialität weist die Spuren dieses Prozesses auf. Sie gehören zu seiner Geschichtlichkeit.

Wer den Bau mit einem Plan gleichsetzt, der sich jederzeit wieder aktualisieren ließe, hat nie Architektur in ihren existentiellen Qualitäten erfahren: wie diese und keine andere Mauer sich anfasst und Kälte oder Wärme einflößt, wie dieser und kein anderer Raum seine Gäste sich groß oder klein fühlen lässt, wie dieses und kein anderes Gewölbe Schritte und Stimmen zum Tönen oder zum Verstummen bringt, wie dieser und kein anderer Stein riecht, wie dieser und kein anderer Holzbalken duftet. Dem Grunde nach ist ein Werk der historischen Architektur nicht wiederholbar, anders als die Werke anderer Künste, die von vornherein auf Reproduktion angelegt sind: Gussplastik zum Beispiel oder Druckgrafik. Wer es dennoch tut, muss wissen, dass er sich mit einer Abstraktion begnügt, mit einem Substitut. Victor Hugo ließ seinen Dompropst Frollo (im berühmten fünften Kapitel von *Notre-Dame de Paris)* darüber meditieren, dass die Einmaligkeit und Dauer der Kathedrale und der Stadt, dieser „chronique de pierre", durch die Wiederholbarkeit der gedruckten Bücher

Steinmetz bei der Bearbeitung eines römischen Kompositkapitells aus Sirkwitzer Sandstein für die Rekonstruktion der Römischen Herberge im Archäologischen Park Xanten

Venturi & Rauch. Franklin Court. Philadelphia, 1972.

C. Kraat. Nieuwe Delftse Poort. Rotterdam, 1988–95, in Erinnerung an Pieter de Zwarts Delftse Poort (1772). Foto: Wolfgang Pehnt

abgelöst würde. Er ahnte nicht, dass auch Kathedralen, Festungen, Schlösser, Häuser reproduzierbar würden und dass man sie heute womöglich lieber auf einen Blick „liest" als die beschwerlichen, zeitraubenden Bücher.

Seit die Diskussion über die Wiederrichtung des Berliner Schlosses läuft, hat sich die Herstellung fiktiver Originale beschleunigt. Themenparks und Info-Entertainments verwenden längst nicht mehr die Anstandsformel Walt Disneys, nämlich Imitate im Vergleich zu ihren Vorbildern geringfügig, aber wahrnehmbar zu verkleinern. Jetzt wird 1:1 reproduziert und rekonstruiert, anspruchsvoll oder hopplahopp, antike Hospize wie mittelalterliche Stadttürme, in freier Interpretation der oft nur spärlichen Quellenlage. Warum eigentlich hat sich in Berlin noch niemand dafür stark gemacht, die vorbarocken Teile des kurfürstlichen Schlosses wieder zu errichten, den Kapellenturm, den Grünen Hut, das Herzogin-Haus, die Kurfürstengalerie und den Rest des Apothekenflügels, die sich entlang der Spree bis zu Luftkrieg und Abbruch erhalten hatten? Didaktisch wäre die ineinander verzahnte und verkeilte Melange von Spätmittelalter und Neuzeit aufschlußreicher für das schwierige historische Verhältnis von Schloss zu Bürgerstadt als Schlüters Schlosshof, Eosanders Erweiterungen und Stülers Kuppel. Aber offenbar befriedigen nur die barocken und nachbarocken Partien die Lust an preußischem Herrscherglanz, an hauptstädtischer Repräsentation und städtebaulicher Pointe.

In Weimar wurde zum Kulturstadt-Sommer 1999 in Blicknähe zu Goethes Gartenhaus ein zweites Exemplar aufgestellt, dem ersten detailgetreu nachgebildet bis hin zum verzogenen Holzrahmen, zur ausgetretenen Stufe und zur kunstvoll nachgeahmten Patina der Dachschindeln. Seine Erfinder argumentieren, erst die Kopie mache das Original zu einem solchen, denn ohne ein zweites Mal gebe es kein erstes Mal. Soll man also beklagen, dass die Fürsprecher des Berliner Schlossaufbaus nur ein einziges statt zweier Schlösser errichten wollen? Doch die Erfahrung vor Ort, auf der Wiese an der Ilm, spricht nicht für die These der Weimaraner Rekonstrukteure. Nun sieht auch das Gartenhaus Nr. 1 so künstlich aus wie das Gartenhaus Nr. 2. Die Neuerfindung eines verlorenen oder die Verdoppelung eines vorhandenen Originals hat Wirkungen auf den gesamten überlieferten Bestand. Jetzt fällt das Zwielicht des Zweifels auf Fiktives wie Authentisches, auf vorgeblich Erhaltenes wie tatsächlich Gerettetes. Wo alles möglich ist, wird auch das Echte zum Falschen. Die Verfügbarkeit von allem und jedem, die Herrenattitude, mit der wir entscheiden, was in die Gegenwart zurückgeholt werden soll und was nicht, stellt unseren gesamten Umgang mit dem Vergangenen in Frage.

Gegen eine Entscheidung, die stets begrenzten finanziellen Mittel zugunsten einer Schloss-Kopie einzusetzen, spricht: Es wäre eine Entscheidung gegen existierende, aber hochgefährdete Bauwerke. Berlin steckt auch in nächster Nähe des Schlosses voller vorhandener Ruinen, die öffentliche oder private Zuwendung bitter nötig hätten, vom Neuen Museum bis zur Franziskaner- und zur Parochialkirche. Aber vor allem spricht gegen sie: Wer inexistente Wunschgebilde wieder aus dem Nichts hervorzaubert, ist ebenso leicht bereit, sie zu translozieren, einzulagern, preiszugeben, wenn es sich als die bequemere und weniger kostspielige Lösung erweist. Sie könnten ja jederzeit aufs neue hervorgeholt werden, sobald Lust und Gelder wieder vorhanden sind. Eine der wichtigsten Qualitäten authentisch historischer Denkmäler ist ihre Unverfügbarkeit, ihre Sperrigkeit, ihr Widerstand. Ihr Sinn war und ist nicht der unsere, sonst wären sie Zeugnisse nicht ihrer, sondern unserer Zeit. Eben dieser Eigen-Sinn der Denkmäler ist der Grund, sie zu pflegen und zu erhalten: weil sie unserer Verfügung entzogen sind, weil sie anders sind als das, was wir produzieren.

In dieser Diskussion, in der seit vielen Jahren stets dieselben Argumente hin und her gewendet werden, pflegt an dieser Stelle der Einwand zu folgen: Die meisten Denkmäler, die wir als authentische Zeugnisse betrachten, sind es längst nicht mehr. Der Kölner Dom hat, fast wie die Ise-Tempel in Japan, doch unter Wahrung längerer Fristen, einen fast kompletten Austausch seiner materiellen Substanz erfahren. Nun besteht er aus Lohndorfer Basalt (und vielen anderen Gesteinsarten) statt aus dem Trachyt vom Drachenfels, den die mittelalterlichen Erbauer so bequem den Rhein herabschiffen konnten. Es ist wahr, das Reinheitsgebot der älteren Denkmalpflege, das strenge Diktum der Dehio, Riegl oder Clemen oder selbst noch der Charta von Venedig aus dem Jahre 1964 ist längst nicht mehr das unsere. Sonst existierten weder Stuttgarter Schloss noch Dresdener Zwinger noch Berliner Neue Wache noch hunderte anderer wiederaufgebauter Baukunstwerke.

Aber ist es wirklich dasselbe, ob man versucht, ein beschädigtes oder weitgehend zerstörtes Bauwerk zu retten und unter Einbeziehung seiner vor Ort erhaltenen Fragmente wiederzugewinnen, oder ob man es nach einem halben Jahrhundert der Nichtexistenz wieder auferstehen lässt? Über den Platz, auf dem Schlüters und Eosanders Schloss stand, sind befohlene Aufmärsche und spontane Demonstrationen hinweggegangen. Auf einem Teil des Grundstücks steht – noch? – ein anderes Gebäude mit seiner wieder eigenen Geschichte, der Palast der Republik. Wer sich jetzt das Schloss wieder an seine Stelle wünscht, will vergangene Zeit ungeschehen machen. Auch diese Spanne war Geschichte, obwohl eine von vielen ungeliebte. Doch auch die landesfürstliche Residenz wurde nicht von allen geliebt, jedenfalls nicht von den Bürgern des Berliner Unwillens und nicht von den Revolutionären des Jahres 1848. Daraus ergäbe sich, stünde das Schloss wenigstens noch in den Ruinen von 1945, niemals und für niemanden das Recht zur damnatio memoriae, das Walter Ulbricht sich mit dem Abriss des beschädigten Schlosses genommen hat. Hass sollte Entscheidungen über den Umgang mit Geschichte so wenig begründen wie blinde Liebe. Das eine ist Willkür wie das andere und hat mit dem Respekt vor dem, was war, wenig zu tun.

Ein Teil der Aversionen gegen eine zeitgenössische Bebauung des Schlossareals leitet sich aus verständlicher Enttäuschung über Fehlleistungen moderner Architektur her; von ihren positiven

Archäologischer Park Xanten. Rekonstruierte Herberge. Foto: Wolfgang Pehnt

Stiftung Weimarer Klassik. Kopie von Goethes Gartenhaus (links, 1998) neben Goethes Gartenhaus (um 1600, mehrfach umgebaut). Foto: Wolfgang Pehnt

Leistungen ist dann tunlichst nicht die Rede. Manche Ratgeber suchen dieser Skepsis zu begegnen, indem sie neue Architektur an die Bedingungen der alten binden. Aber wer dem wohlmeinenden Vorschlag folgte, Fluchtlinien, Traufhöhen und Kubatur des Schlüter-Eosander-Baus zu beherzigen und nur in ihrem Rahmen der eigenen Zeit Bau-Recht zu gewähren, hat von vornherein verloren. Das schafft kein heutiger Architekt, die barocken Baumassen in zeitgenössischer Variation zu liefern, hierarchische Achsenbeziehungen für nicht hierarchische Zwecke einzuhalten und trotzdem ein lebendiges Eigenes auszubilden. Entwürfe, die sich bereits darauf einließen, waren von Sklerose gezeichnet. Das Fiasko des Pariser Platzes trotz oder wegen strenger Gestaltungsvorgaben sollte ein für allemal als Warnung dienen.

Neue Nutzungen, welche es auch sein mögen, lassen sich nur mit Not in das herrschaftliche Doppelgeviert von einst zwingen, ob es wieder die Fassaden Schlüters und Eosanders tragen wird oder nicht. Längst sind die wenigen Inhalte, die eine Planung im Ganzen erlaubt hätten, anderweitig vergeben. Die Volksvertretung residiert in Wallots Reichstag. Den Kanzler einer Demokratie oder einen seiner Minister hätte man ungern am einstigen Ort des autokratischen Souveräns gesehen. Die Staatlichen Museen wären überfordert, auch dieses Terrain zu füllen, nachdem sie den Ausbau des Kulturforums am Tiergarten betrieben, die neue Gemäldegalerie dort errichtet und im übrigen mit der Sanierung der Museumsinsel alle Hände voll zu tun haben. So wird es auf einen Mix unterschiedlicher kultureller und kulturpolitischer Nutzungen hinauslaufen, die gediegen genug sein müßten, sich an diesem historisch gezeichneten und ausgezeichneten Standort zu behaupten. Man müsste ihnen Spielräume lassen, dürfte nicht alles auf einmal lösen wollen, sollte eher einen Stadtteil als ein Großbauwerk anvisieren. Punkte und Terrains wären zu markieren, die Erinnerung zulassen, ohne dass die Abwesenheit des Erinnerten geleugnet würde. So ließen sich die Ecke und die Flanke herausarbeiten, die das Schloss einst dem schräg anlaufenden Lindenkorso zur Ansicht bot.

Für ein solches Verfahren gibt es Beispiele wie das Gerüst, mit dem Venturi & Rauch in den frühen siebziger Jahren die Konturen von Benjamin Franklins Haus in Philadelphia nachzogen, oder wie die Erinnerungsarchitektur der Nieuwe Delftse Poort in Rotterdam. Seit dem Anfang der neunziger Jahre zeichnet der Bau das verlorene, dem Herzen der Rotterdamer teure Stadttor nach. Was diese Lösungen blinden Rekonstruktionen voraushaben, ist, dass sie den Verlust nicht verschweigen. Aber sie gehen auch nicht zur Tagesordnung eines gedächtnislosen Neubaus über.

Kritiker eines Berliner Schloss-Neubaus bezweifeln, ob heutigen Handwerkskünsten die Rekonstruktion von Schlüters Bildhauer-Fassaden gelingen könne. Doch das Zeitalter der Photogrammetrie und des Computer Aided Manufacturing kennt da keine zimperlichen Bedenken. Schon Gottfried Semper notierte – übrigens ohne jeden Triumph –, nun könne man Granit wie Schweizer Käse schneiden. So wird man sich kaum mit Bedenken über das Maß der erreichten oder verfehlten Genauigkeit (sind achtzig Prozent noch akzeptabel? oder neunzig?) Gehör verschaffen können. Das Argument, das alles entscheidet, liegt vielmehr in der Frage nach Zeit und Geschichte und unserem Verhältnis zu ihnen. Verlangen wir von der Welt, die uns umgibt, noch die Zeugenschaft des Realen? Bestehen wir noch auf dem Wissen, dass diese Steine dort vor uns mehr gesehen haben als wir? Dass sie eher da waren als wir? Akzeptieren wir noch, dass sie – weil einmalig und individuell – auch vergänglich sind wie jede einmalige Individualität? Oder genügt der Schein des Schönen (Malerischen, Interessanten, Ehrwürdigen), der – weil reproduzierbar – technologischer Omnipotenz überantwortet wird und jede Bindung an Vergänglichkeit, an den Zeitbegriff der Geschichte löst?

In letzter Konsequenz wäre die Alternative eine „Truman-Story“ wie jüngst im Kino. Einer lebt sein von den Medien begleitetes, ja arrangiertes Leben in einer Welt, die eine Doublette der Welt ist – der Welt, wie sie sich in den Köpfen darstellt. Unter den Blicken der Zuschauer im Film und der Zuschauer des Films hat sich die Realität in eine Medienstory aufgelöst. Ein paar Ereignisse gibt es auch jetzt noch, die nicht gedoubelt werden können. Geburt, Krankheit und Tod, die Augenblicke der Lust und die des äußersten Leides erlebt jeder noch für sich. Aber nichts in der Welt bereitet uns, die Mitspieler der Truman-Story, noch auf solche Ereignisse vor.

Prof. Dr. Wolfgang Pehnt, Köln, geb. 1931, ist Hochschuldozent an der Ruhr-Universität Bochum und Publizist, zuletzt „Die Architektur des Expressionismus“ sowie Monographien über Gottfried Böhm, Karljosef Schattner, Rudolf Schwarz.

Goerd Peschken

Die Bedeutung des Berliner Schlosses als Baudenkmal in der Gegenwart

Zwei Eigenschaften sind es, die Bauten zu Denkmälern machen: ihre Verknüpfung mit großer Geschichte und, unabhängig davon, ihre Schönheit. Im Berliner Schloss traf beides zusammen. Hier soll von seiner ästhetischen Seite die Rede sein.

Im weitesten formalen Aspekt, städtebaulich, war das Schloss ursprünglich der Stadt als Zwingburg entgegengestellt. Der Große Kurfürst ließ es dann 1647 durch eines der frühesten barocken Alleen- und Schneisensysteme hierzulande als Mittelpunkt der Mittelmark darstellen. Ein Teil dieses Systems ist in der Straße Unter den Linden als Rückgrat der westlichen Hälfte Berlin enthalten und entbehrt seines Ausgangspunktes.

Das Schloss selbst stand die letzten 250 Jahre in der Fassung, die ihm der erste König, Friedrich I., zur Darstellung der 1701 gewonnen Königswürde hatte geben lassen. Dabei wurde es in den alten Mauern so geschickt modernisiert, dass man einen Neubau zu sehen vermeinte. Nur der Querflügel zwischen Haupt- und Vorhof und einige Anbauten zur Spree hin blieben unverändert.

Nach mehrfachem Architektenwechsel vor 1701 verlieh der Hofbildhauer und Architekt Andreas Schlüter dieser Hälfte des Barockbaus die endgültige Fassung. Sie ist seinerzeit an formalem Glanz fast ohnegleichen gewesen. Allein der Architekt des Kaisers in Wien, J. B. Fischer von Erlach, hat qualitativ Gleichrangiges geschaffen.

Die Stadt-(Schlossplatz)fassade musste das Haus des Königs für die Staatsempfänge nach außen darstellen. Dafür gab Schlüter dem Portal in ihrer Mitte den Vorsprung mit den vier gewaltigen Säulen.

Der Eckturm blickte auf das Denkmal des Großen Kurfürsten, der die politischen Grundlagen für den Königsrang erkämpft hatte. Dies letzte der großen Reiterdenkmale des Abendlandes – ein Hauptwerk Schlüters und die Brükke, auf der es stand, bezeichneten den Eingang in den Schlossbereich.

Der später nach Schlüter benannte, innere Hof sollte dem Empfangszeremoniell dienen, das damals annähernd in der Form eines Balletts ablief. Es gab keinen zweiten so eindrucksvollen Barockhof nördlich der Alpen: Zwischen den Treppenhäusern Logen, ein Theater unter freiem Himmel. In den dreißiger Jahren gaben die Berliner Philharmoniker dort große Konzerte. Der Hof würde, mit einem Glasdach versehen, einen unvergeßlichen und einzigartigen Fest-, Theater- und Konzertraum abgeben.

Schlüters Gartenfassade blickte damals auf die intimeren Unterhaltungen der Hofgesellschaft im Lustgarten. Daher die dezente Eleganz des Portals, das zugleich den Point de Vue der „Linden“ machte.

Schloßplatz mit Großem Kurfürsten, 1906

Schlüterhof Gesamtansicht

Schlüterhof Südrisalit, 1875

Plan des Kuppelturms von Eosander, 1728

Schlüters Nachfolger Eosander von Goethe umbaute den Vorhof in voller Höhe. Er ließ Schlüters Fassaden verlängern, entwarf aber eigene für die Ecke bei der Schlossbrücke, für die Schlossfreiheit (am kleinen Spreearm) und für den Vorhof. Von seinen Fassaden gehörte die an der Schlossfreiheit zu den besten des deutschen Barock, die beiden anderen waren schwächer. Ganz fertig wurde das große Karree erst 1716, im 2. Regierungsjahr Friedrich Wilhelms I.. Danach hat nur noch Friedrich Wilhelm IV. dem Portal an der Schlossfreiheit die Kuppel aufgesetzt, sonst sind keine auffälligen Änderungen des äußeren mehr erfolgt. Die Kuppel mit einer neuen Schlosskapelle darin sollte das Gottesgnadentum des Königs betonen, der von der bürgerlichen Revolution 1848 bedrängt wurde. Wer die archäologischen Techniken etwas kennt und die vorhandenen Unterlagen zum Schloss übersieht, weiß, dass eine Rekonstruktion aller dieser Fassaden wohl möglich wäre. Die Frage

Rittersaal, Andreas Schlüter, 1699–1706

Schlosskuppel vom Quergebäude aus

ist allein, ob man sich die Mühe machen und die nötige Sorgfalt walten lassen will.
Im Inneren steckten die alten Balkendecken der Spätgotik und der Renaissance hinter barokkem Stuck nicht anders als außen die alten Fassaden unter denen Friedrichs I.. Allein die Schlinggewölbe der Kapelle Joachims II. zeugten noch von früher Renaissance. Ein Zimmer mit spätgotischem Sterngewölbe ist erst 1950 beim Abbruch der Ruine im Keller entdeckt worden (!).
An barocken und jüngeren Stuckdecken aber bot das Schloss geradezu ein Kompendium. Der Große Kurfürst hatte alsbald nach dem 30jährigen Krieg mit der Modernisierung der Zimmer angefangen. Die Decken der ersten 50 Jahre zeigten den „Akanthusstil" französisch-holländischer Herkunft, wie man ihn z. B. in Köpenick oder Caputh noch sieht. Bis das Schloss 1945 ausbrannte, ist eine ganze zusammenhängende Suite von 7 Räumen – die „Kurfürstenzimmer" – in diesem Stil noch erhalten gewesen, außer einigen vereinzelten Zimmern.

Kurz vor der Königskrönung 1701 setzte sich dann Schlüter mit seinem italienischen Spätbarock durch. Anfang 1945 sind drei Treppenhäuser mit Wölbungen und Plafonds und über 20 Räume Schlüters verbrannt, dazu noch ein Halbdutzend Decken anderer Meister dieses Stils. Die meisten dieser spätbarocken Zimmer schlossen in einer großen Suite aneinander: die Paradekammern. So hießen die Staatszimmer des ersten Königs. Sein Nachfolger Friedrich Wilhelm I. hat sie ganz den zeremoniellen Staatsfesten gewidmet; Deswegen blieben sie fast unverändert 250 Jahre lang erhalten. Dort sind noch die Reichstags-Eröffnungen des Kaiserreichs gefeiert worden. Die Paradekammern maßen in der Länge gut 300 Meter. In weiterem Sinn gehörten dazu auch die Staatszimmer der Königinnen – knapp 80 m lang – und die des ersten Kronprinzen, noch einmal 50 m, womit die Reihe im 2. Obergeschoß vom Portal III an der Schlossfreiheit über Lustgartenfront und Spreeflügel bis zu Portal II gegenüber der Breiten Straße reichte.

Erasmuskapelle, Caspar Theyß, 1542

Weißer Saal, Stüler, 1850

Wie Schlüters Außenbau hatten auch seine Paradekammern damals in Deutschland nicht ihresgleichen. Der neue König mußte vor dem Adel seines Landes und vor den ausländischen Diplomaten seinen Rang um so deutlicher darstellen, als dieser Rang neuerworben war. Friedrich hat keine Kosten gescheut – und in Schlüter den Künstler gefunden, der dem außerordentlichen Aufwand die großartige Form zu geben wußte.

Schreibkabinett Friedrichs des Großen, Nahl und Hoppenhaupt, um 1750

Im übrigen richteten sich fast alle Könige neue Wohnungen ein. Von derjenigen Friedrich Wilhelms I. war fast nichts erhalten. Friedrichs des Großen Rokoko-Zimmer waren zurückhaltender als in seinen anderen Schlössern und ihre Reihe durch spätere Umbauten lückenhaft. Von Friedrich Wilhelm II. dagegen waren drei große Suiten größerenteils bewahrt, seine Audienzsuite, von Gontard entworfen, seine Staatswohnung, von Erdmannsdorff, und die Staatswohnung der Königin, von Langhans. Die „Königskammern", Spätwerk Erdmannsdorffs, sind die edelste Suite des deutschen Klassizismus gewesen, obendrein geschmückt mit strahlend schönen Stuckreliefs des jungen Schadow – damals war das Schloss wieder, wie zu Zeiten Schlüters, ganz oben in der deutschen Kunst. Friedrich Wilhelm III. und Königin Luise waren mit den Erdmannsdorffschen Staatszimmern zufrieden, zogen sich aber, seit Napoleon im Winter 1806/07 darin residierte, auf das Kronprinzenpalais zurück.

In der nächsten Generation ließ sich Friedrich Wilhelm IV. schon zu Kronprinzenzeiten von Schinkel einrichten, teils im Empire-Stil, teils historisierend-denkmalhaft – durch Einbeziehung das Schreibkabinetts Friedrichs des Großen, teils romantisch-gotisch unter den Schlinggewölben der Renaissance-Kapelle. Schinkels bedeutendste Einrichtung, wieder von europäischem Rang. Aus dem mittleren 19. Jahrhundert enthielt das Schloss auch noch hochelegante Einrichtungen, vor allem die „Hohenzollern-Wohnung" Carl Antons von Hohenzollern-Sigmaringen, Ministerpräsident der „Neuen Ära" 1858–62. Diese Kunst des hohen Historismus ist in Deutschland noch so gut wie unerforscht. Weitere in diese Zeit fallende Einrichtungen im Schloss sind mehr oder weniger undokumentiert verbrannt, zumal es sich nur um Wohnungen der Verwandtschaft handelte – König und Kaiser Wilhelm I. blieb in seinem prinzlichen Palais Unter den Linden, Ecke Opernplatz, wohnen. Sehr wohl dokumentiert ist aber die späthistoristische Wohnung Kaiser Wilhelms II. – indessen hatte sein Hof die künstlerische Führung im Lande verloren.

Heute haben wir von all den Einrichtungen außer Fotos nur ein paar Abgüsse: einen kleinen Plafond und einige Atlanten aus Schlüters Großem Treppenhaus, Atlanten aus dem Elisabethsaal, und Stucke Schadows aus den Königskammern. Man könnte aber Gesimse und überhaupt architektonischen Stuck fotogrammetrisch rekonstruieren, könnte Deckengemälde, von denen Farbfotos vorhanden sind, am richtigen Ort in richtiger Größe abbilden. Ersatz von Reliefs durch Fotos, Grau in Grau, ist denkbar, auch fragmentarische Rekonstruktion. Vom Speisezimmer der Königskammern, dessen Wände ganz gemalt

Parolesaal, Friedrich Wilhelm von Erdmannsdorf und Schadow, 1789

Speisesaal, Friedrich Wilhelm von Erdmannsdorf, 1789

Konzertzimmer

waren, gibt es ein kleines Farbfoto: Man könnte die Wände mit den ganz unscharfen Vergrößerungen bekleben und so wenigstens die Atmosphäre dieses schönsten Raumes Erdmannsdorffs und des ganzen deutschen Klassizismus wiedergewinnen. Solche traumhaften Möglichkeiten sollten, wenn es zur Rekonstruktion des Schlosses kommt, offengehalten, bedeutende Raumfolgen in den alten Raummaßen deswegen schon jetzt in die Wiederaufbauplanung einbezogen werden.

Prof. Dr. Ing. habil. Goerd Peschken, Berlin, geb. 1931, war zuletzt Inhaber des Lehrstuhles für Baugeschichte an der Kunsthochschule Hamburg. Er gilt als Experte für die Geschichte des Berliner Schlosses, über das er viele Schriften publizierte, insbesondere „Das königliche Schloss zu Berlin", die z.Zt. gültige Baugeschichte seit der Gründung bis 1706 in zwei Bänden. Deutscher Kunstverlag 1992 und 1998. Er entwickelte zusammen mit Frank Augustin die bauliche Idee der Schlosssimulation 1993 und 1994 in Berlin.

Pfeilersaal, Langhans, 1793

Teesalon, Karl Friedrich Schinkel, 1830

Große Bildergalerie, Johann Eosander von Goethe, 1706–1712

Helmut Engel

Die Geschichtsorte in Schloss und Palast

Die mit der Revolution von 1848 unabweisbar in die politische Entwicklung eingebrachte Frage nach der deutschen Einheit fand im Schloss – in der Bildergalerie mit ihrer Ausstattung zeitgenössischer, aber auch historischer Gemälde sowie mit den Thronreden im unmittelbar benachbarten Weißen Saal ebenfalls einen Ausdruck. Die bildlichen Darstellungen in der Bildergalerie schilderten die Stationen der Entstehung des Deutschen Reiches. Die Thronreden hielten die Monarchen jeweils bei der Eröffnung der Sitzungs- und Legislaturperioden der Landtage und des Deutschen Reichstags. Über diese Thronreden, den Vorläufern heutiger Regierungserklärungen, begründete sich eine Tradition des Weißen Saales, wenn auch nicht die als eines Ortes der Ideenfindung, des politischen Vollzugs, originärer politischer Debatten oder umwälzender Ereignisse, sondern der Weiße Saal war die Bühne der an die Öffentlichkeit des Staates gerichteten politischen Grundsatzproklamation. Diese Überlieferung brach mit der Novemberrevolution 1918 und mit der von Karl Liebknecht bewußt und symbolhaft von den Paradekammern ausgerufenen sozialistischen deutschen Republik ab. Achtzig Jahre später wurde nach dem Abbruch des Schlosses der Plenarsaal der Volkskammer der Deutschen Demokratischen Republik im Palast der Republik mit der Regierungserklärung des Ministerpräsidenten de Maizière vom 19. April 1990 ein dem Weißen Saal vergleichbarer Schauplatz, weil einer der beherrschenden Hauptgegenstände seiner Regierungserklärung ebenfalls die deutsche Einheit war. Nach mehr als hundert Jahren wurde 1990 somit – wenn auch in zwei unterschiedlichen Gebäuden – an fast identischem Ort das Ziel der deutschen Einheit und das Festhalten an ihr wiederum bekräftigt. Und ironischerweise bedeutete diese politische Willensbekundung gleichzeitig das Überwinden jenes Systems, das Karl Liebknecht von hier aus am 9. November 1918 ausgerufen hatte. Ein vergleichbarer tiefgreifender Wandel zwischen zwei unterschiedlichen Staatssystemen und Gesellschaftsauffassungen hatte sich im Schloss etwa einhundertfünfzig Jahre vorher zwischen 1847 und 1848–1849 schon einmal vollzogen.
Schloss und Palast sind somit nicht nur Themen von Städtebau und Architektur, sie sind ebenso auf geschichtliche Bedeutungen zu befragen.

Liebknecht ruft die sozialistische Republik vor dem Schloss aus. Um besser gehört zu werden, wiederholte er dies vom Schlossbalkon von Portal IV

A. Die Thronreden im Weißen Saal

Das „Patent wegen Einberufung des Vereinigten Landtages“ vom 8. Februar 1847 hatte als Grund *„wichtige Landesangelegenheiten“* angegeben und ferner, dass *„Wir* [d.h. Friedrich Wilhelm IV.] *überdies das Bedürfniß fühlen, das wichtige Ereigniß der Bildung regelmäßiger ständischer Centralversammlungen auch dadurch zu bezeichnen, daß Wir die getreuen Stände Unserer Monarchie um Uns versammeln; so haben Wir beschlossen, den Vereinigten Landtag in Unserer Haupt- und Residenzstadt Berlin am Sonntag, den 11. April d.J. in Person zu eröffnen, ...“*. In seiner Thronrede beschwor der König – über die Volksmeinung durch die von

Attacke auf dem Schlossplatz am 18. März 1848

Das Angebot der Deutschen Kaiserkrone im Rittersaal des Schlosses 1848

ihm daraufhin heftig angegriffene Presse und die politischen Flugschriften in voller Kenntnis – in einer dramatischen Ansprache die Delegierten, um sie für seine konservative Vorstellungswelt einer ständisch geordneten Staatsgesellschaft zu gewinnen, wobei der König seine ungebrochene Vollgewalt und seine Liebe und Treue zu seinem biederen Volk zur Grundlage des Gedankengebäudes machte, folglich eine gleiche Zuneigung durch das Volk erwartete. Die Tugenden eines solchen Zusammenlebens seien Zucht und Ordnung, aber auch Wahrheit sowie Glaubens- und Gewissensfreiheit. Seit alters in drei untereinander gleichgestellte Stände gegliedert – in den der Durchlauchtigsten Edlen Fürsten, Grafen und Herren, in die Vertreter der Städte und in die der Landgemeinden – sollten die Stände auf den Landtagen der acht preußischen Provinzen und mit dem jetzt erstmals einberufenen Vereinigten Landtag ihre ureigenen Rechte ausüben, sich in ihren ureigenen Angelegenheiten beraten und dem Monarchen Rat erteilen, sofern von diesem erwünscht. Der Staat habe sich durch das Schwert des Krieges nach außen zu behaupten, nach innen herrsche das Schwert des Geistes. Ein solches in gegenseitiger Eintracht erfolgendes Zusammenwirken von König, Volk und Ständen werde auf Deutschland einen beispielgebenden Einfluß ausüben.

Die Frage nach der deutschen Einheit spielte 1847 somit nur indirekt und erst zum Schluß der Thronrede eine Rolle, indem Preußen im ungetrübten Zusammenwirken dieses ständischen Staatsgebildes eine moralische Vorbildfunktion für Deutschland ausüben sollte.

Nach der Revolution vom Vorjahre 1849 dann die eher dürre Bekundung einer notwendigen Wiederherstellung der mit den Märzereignissen von 1848 gestörten Rechtsverhältnisse, jetzt aber auf der Grundlage der gegebenen Verfassung. Der König übt die Funktion aus, die nun konstitutionell garantierten und nicht mehr althergebrachten Freiheiten und die gesetzliche Ordnung zu schützen. Und erstmals stand nicht die moralische Vorbildwirkung Preußens im Prozeß der deutschen Einigung im Vordergrund, sondern der Weg zu ihr sollte der Weg einer Verständigung aller deutscher Fürsten mit der Frankfurter Nationalversammlung sein.

1867 trat in der Thronrede unübersehbar deutlich die Vorherrschaft von „Realpolitik" mit dem faktischen Argument in den Vordergrund, sich die günstige Gelegenheit zur Herbeiführung der deutschen Einheit zunutze zu machen: *„Die Einigung des deutschen Volkes an der Hand der Thatsachen zu suchen, und nicht wieder das Erreichbare dem Wünschenswerten zu opfern"* – so die Formulierung sicherlich mit Blick auf die zurückliegenden beiden Jahrzehnte. Der Reichstag des Norddeutschen Bundes wurde als *„Beginn der Deutschen Einheit, Freiheit und Macht"* verstanden, denn Ziel war eben nicht, die im Bund vereinigten 22 Gliedstaaten in ein nur völkerrechtliches Verhältnis zueinander zu bringen, sondern politisches Ziel war die Gründung eines neuen Staates auf der Grundlage

Die Eröffnung des Reichstags durch Wilhelm II. am 25. Juni 1888 im Weißen Saal

einer Verfassung. Dass die süddeutschen Staaten zunächst nur in einem besonderen Verein zusammentreten sollten, erklärte sich aus der außenpolitischen Rücksichtnahme auf Frankreich.

Die Thronrede des Kaisers von 1871 stellte dann mit Befriedigung fest, dass die „*Einheit und deren organische Gestaltung, die Sicherung unserer Grenzen, die Unabhängigkeit unserer nationalen Rechtsentwicklung*“ als Ergebnis einer langen geschichtlichen Entwicklung nun erreicht seien. 1867 hatte der Monarch noch das Schicksal der deutschen Kleinstaaterei mit der Folge staatlicher Zerrissenheit und politischer Ohnmacht und damit der Auslieferung an fremde Staatsinteressen als Gegenbild der nunmehr erreichten und zu festigenden Einheit warnend angeführt.

Die Eröffnung der Landtage, der Bundes- und Reichstage im Weißen Saal des Schlosses war in ein Zeremoniell eingebettet, das je nach Zeitumständen in Rahmen und Ablauf unterschiedlich ausgestaltet wurde, nicht dagegen im feierlichen Einzug des Monarchen in den Weißen Saal unter Vorantritt der großen Hofchargen und Vorantragen der Reichsinsignien. Allgemeine Regel war ein der Eröffnung vorausgehender Gottesdienst, der in Abhängigkeit von der Konfession der Abgeordneten entweder im Dom oder in der Hedwigskathedrale stattfand. Der König besuchte den Gottesdienst im Dom, an dem auch das Diplomatische Corps teilnahm.

Der Ablauf der feierlichen Eröffnung am 11. April 1847 war einschließlich der Kleidung durch ein Reglement genau festgelegt. Nach dem Ende der Gottesdienste versammelten sich die Mitglieder des Landtags in den Paradekammern des Schlosses: Die Mitglieder des Herrenstandes in der Kammer vor dem Weißen Saal, die Mitglieder der anderen Stände in der anschließenden Bildergalerie, die Staatsminister im Grünen Salon neben der Bildergalerie. Der Prinz von Preußen und die Prinzen des königlichen Hauses kamen in den Räumen Friedrichs I. zusammen. Die Generalität, die wirklichen Geheimen Räte, die Räte Erster Klasse, die Mitglieder des Staatsrates, die in Berlin anwesenden Präsidenten der Landeskollegien, die evangelischen Bischöfe, die Hof- und Domgeistlichen, der Probst von St. Hedwig, der Berliner Oberbürgermeister, der Vorsteher der Stadtverordnetenversammlung, der Rektor der Universität sowie die Vertreter der Akademien der Wissenschaften und der Künste hatten unmittelbar den Weißen Saal aufgesucht. Die Königin und die Prinzessinnen des Königlichen Hauses sowie das Diplomatische Corps nahmen auf der Tribüne Platz. Die Sitzordnung im Weißen Saal richtete sich nach der Anordnung, in der sich die Landtagsmitglieder bereits in den Paradekammern versammelt hatten: nach Provinzen und Ständen. Vor dem zuletzt einziehenden König betraten die Mitglieder des Herrenstandes und die Staatsminister den Saal. Sie nahmen auf der linken Seite des Thrones Aufstellung, während die Prinzen rechts des Thrones plaziert wurden. Friedrich Wilhelm IV. selber erschien hinter den großen Hofchargen in Begleitung des General- und Flügeladjutanten. Seinem Aufzug vorangetragen wurden die Reichsinsignien, die auf Tabourets

Große Bildergalerie, rechts das Gemälde von der Reichsgründung 1870 in Versailles

seitlich des Thrones niederlegt wurden, die Trägern des Reichspaniers und des Reichsschwertes standen auf beiden Seiten des Thrones.
Das Reglement legte fest: *„Sobald Seine Majestät in dem Rittersaale angelangt sind, setzt sich der Zug nach dem Weißen Saale ... in Bewegung.“* Die Zeremonie besaß also Formen einer feierlichen Prozession, in der der zuletzt erscheinende Monarch den Höhepunkt bildete. Der Einzug in den Weißen Saal ging also hierarchisch geordnet vonstatten, denn der Monarch betrat ihn als letzter.
Die Arbeit des Vereinigten Landtages sollte im Schloss stattfinden, denn bei der Eröffnung wurde die Einrichtung seiner Büros hier angekündigt, und damit war für das Schloss auch die Alltagsfunktion einer solchen Versammlung vorgesehen.
Am 12. April 1847 gab der König den Mitgliedern des Ersten Vereinigten Landtags im Schloss ein Diner, bei dem ihm die Landtagsmitglieder persönlich vorgestellt wurden. Dazu versammelten sich die Stände nach ihrer Zugehörigkeit zu den einzelnen Provinzen in verschiedenen Räumen: die der Provinz Preußen in der Roten Kammer, der Provinzen Brandenburg und Pommern in der Brandenburgischen Kammer, der Provinzen Schlesien, Posen und Sachsen im Rittersaal, der Provinz Westphalen in der Schwarzen Adler-Kammer und der Provinz Rheinlande in der Roten Sammetkammer. Gespeist wurde in der Bildergalerie und deren Seitenkammern sowie in der Königin Elisabeth-Wohnung. An- und Abfahrt waren geregelt: *„Die Anfahrt ist durch das Schlossportal Nr. 5 bei der Wendeltreppe, die Entrée durch den Schweizersaal; die Abfahrt in gleicher Weise.“* D. h., der seit Friedrich I. übliche zeremonielle Weg beim Betreten der Paraderäume wurde immer noch eingehalten.
Mit dem feierlichen Einzug von Landtag und König sowie seines Hofstaates in den Weißen Saal bei vorheriger Versammlung in den Paradekammern und wohl auch mit dem Diner am folgenden Tage sollte augenscheinlich ein protokollarisches Zeremoniell begründet werden, das sich im Selbstverständnis Friedrich Wilhelms IV. nach den politischen Veränderungen von 1848 dann nur noch bedingt aufrecht erhalten ließ, denn die Revolution von 1848 hatte 1849 beim Zusammentritt der ersten und zweiten Kammer im Weißen Saal augenscheinlich tiefe Spuren hinterlassen. Der König reiste erst morgens von Charlottenburg an. Die Mitglieder der beiden Kammern betraten von 10 ½ Uhr an den Weißen Saal direkt, eine Sitzordnung gab es nicht, selbst die Vertreter der beiden Kammern saßen unterschiedslos durcheinander. Im Weißen Saal waren Zuhörer zugelassen. Der König betrat von der Seite der Bildergalerie her unter Vorantritt der vier großen Hofchargen den Saal, gefolgt von den königlichen Prinzen. Zumindest auf diesen feierlichen Aufzug des Monarchen wurde nicht verzichtet. Der Ministerpräsident überreichte ihm die Thronrede, die der Monarch bedeckten Hauptes verlas. Nach der Sitzung fuhr der König sofort wieder nach Charlottenburg ab.
Am 14. Januar 1861, wenige Tage nach dem Tode Friedrich Wilhelms IV., wurde der Landtag im Weißen Saal, der eine Trauerdekoration trug, durch den neuen Monarchen, Wilhelm I., eröffnet. Die beiden Häuser des Landtags hatten sich unmittelbar vorher konstituiert, und zwar kennzeichnenderweise nicht in ihren bereits seit mehr als einem Jahrzehnt bestehenden Parlaments-

gebäuden am Dönhoffplatz und an der Leipziger Straße, sondern dieser Akt fand im Schloss statt, mutmaßlich ein Zeichen des königlichen Willens, das Parlament mehr als nur durch den Akt der Eröffnung an das Schloss als den Sitz des Herrschers zu binden. Das Herrenhaus, die 1. Kammer, trat im Rittersaal zusammen, das Abgeordnetenhaus als 2. Kammer in der Bildergalerie. Danach fand die Eröffnung des Landtages im Weißen Saal statt, den Wilhelm I. unter Vorantragen der Reichsinsignien – Reichspanier, Krone, Reichsapfel, Zepter, Reichsschwert – betrat. Die Abfolge, wie sie 1847 bereits bestanden hatte, wurde fortgesetzt.

Die Eröffnung des Reichstags des Norddeutschen Bundes 1867 folgte wiederum mit dem zeremoniellen Aufzug des Regenten, doch mit einer von der Öffentlichkeit deutlich wahrgenommenen Verschiebung in den Rollen zugunsten der Abgeordneten. Die „Illustrirte Zeitung" vermerkte: *„So wurde denn auch noch niemals in Berlin ein Parlament mit so ausgesuchter Aufmerksamkeit und Achtung des Hofes empfangen."*

B. Die Regierungserklärung des Ministerpräsidenten de Maizière

Die Regierungserklärung de Maizières ging von der aus der Souveränität des Volkes geborenen Forderung nach Herstellung der deutschen Einheit aus, weshalb dieser Volkswille notwendigerweise eine politische Verpflichtung darstelle. Der gleichzeitig gewollte gesellschaftliche Neuanfang werde in Freiheit und Demokratie unter der Herrschaft des Rechtes stattfinden, wobei die Qualität der künftigen Entwicklung an vier Grundzielen zu messen sein werde: an *„Freiheit des Andersdenkenden, Gerechtigkeit für alle, Frieden als Gestaltungsaufgabe nach innen und außen, Verantwortung für das Leben in allen seinen Gestalten"*. Die Frage der nationalen Einheit gleich zu Beginn der Regierungserklärung sollte sicherlich deren Bedeutung und deren Rang betonen.

C. Die Bildergalerie

Die Bildergalerie – in ihrer ursprünglichen Zweckbestimmung am Beginn des 18. Jahrhunderts Ort der Überhöhung des Monarchen als Protektor der schönen Künste und der Wissenschaften – erhielt während der Regentschaft Wilhelms I. die Bedeutung zugewiesen, die Geschichtsbilder zur Staatswerdung des Deutschen Reiches aufzunehmen und in dieser Sinnstiftung ein Gelenkstück zwischen dem Kapitelsaal des Ordens zum Schwarzen Adler und dem Weißen Saal zu bilden. Die Bildaussage des Kapitelsaals, der Galerie und die Staatshandlungen im Weißen Saal, möglicherweise auch noch dessen an Wänden und Decke ausgebreitetes, aus der Zeit Friedrich Wilhelms IV. stammendes Bildprogramm sollten offensichtlich in einem Zusammenhang gesehen werden. Die Ausstattung der Bildergalerie scheint im Laufe der sechziger und siebziger Jahre des 19. Jahrhunderts und mit den Ereignissen von 1866 und 1870–1871 „gewachsen" zu sein, sie blieb bis zur Umgestaltung der Bildergalerie nach dem Entwurf von Ernst v. Ihne zu Beginn der Regentschaft Wilhelms II. erhalten.

Das von Richard Borrmann verfaßte erste Inventar der „Bau- und Kunstdenkmäler von Berlin" aus dem Jahre 1893 verzeichnet auf Seite 289 folgende Darstellungen in der Bildergalerie: *„Von Regentenbildern sind zu erwähnen zunächst die Portraits preußischer Herrscher: Friedrich I. in jüngeren Jahren. Derselbe im Krönungsornat auf dem Throne, lebensgroß, von A. Pesne, Friedrich Wilhelm I., g.[anze] F.[igur], von Weidemann. Friedrich II., g.F., mit dem Kommandostab in der Rechten, von Pesne. Prinz August Wilhelm, Kniestück nach Pesne. – Karl I. von England. Königin Henriette, g. F., in reichem Rococorahmen. Kaiserin Katharina von Rußland, g. F. Gustav Adolph von Schweden, Kaiser Karl VI., Joseph II., Kaiserin Maria Theresia, Georg II. von England, Brustbilder. Katharina von Rußland, Brustbild im Nationalkostüm, von Neff./Unter den neueren Bildnissen seien angeführt: die Portraits in ganzer Figur des Kaisers Nikolaus von Rußland, Kaiserin Charlotte, der Kaiser Alexander I., von G. Danse, und Alexander II., Kaiser Franz I. von Oesterreich, von Ternite, König Wilhelm und Königin Augusta, von Winterhalter, Friedrich Wilhelm III., Reiterbild von Krüger, Friedrich Wilhelm II., von Döpler, Kaiser Friedrich von Reinke, Kaiser Wilhelm II. und Kaiserin Auguste, g. F., von H. von Angeli. Schließlich die modernen Geschichtsbilder: Huldigung Friedrich Wilhelms IV. in Berlin, von Krüger. Krönung Wilhelms I. in Königsberg, von Menzel. König Wilhelm bei Königgrätz, von Steffeck. Einzug Kaiser Wilhelms in Berlin 1871, von Camphausen. Gefecht bei Tres Puntas gegen die Riffpiraten von Röchling, Parade der II. Garde-Infanterie-Brigade vor Kaiser Friedrich, von G. Koch."*

Die „modernen Geschichtsbilder" waren somit chronologisch geordnet und begannen nach dem Eintritt in die Galerie vom Kapitelsaal des Ordens zum Schwarzen Adler aus mit dem Bild der Huldigung Friedrich Wilhelms IV. 1840 und endeten vor dem Weißen Saal mit der Kaiserproklamation von 1871. Im Kapitelsaal wurde die Königskrönung Friedrichs I. von 1701 in der Fassung Anton v. Werners thematisiert. Das Bildprogramm stellte somit die Begründung des Königreichs Preußen unter Friedrich I. im Jahre 1701 als Grundvoraussetzung für die spätere Entwicklung im 19. Jahrhundert an den Anfang und ließ den Beginn der eigentlichen Staatswerdung mit der Huldigung von 1840 einsetzen. Die Herrscherbilder verdeutlichten einmal die Kontinuität der Hohenzollernherrschaft seit Friedrich I. bis in die Gegenwart und deren Zusammenwirken mit den verwandten und alliierten englischen, österreichischen, schwedischen und russischen Herrscherhäusern.

Prof. Dr. phil. Helmut Engel, Berlin, geb. 1935, ist Landeskonservator von Berlin, Mitglied der historischen Kommission zu Berlin und Geschäftsführer der Stiftung Denkmalschutz Berlin. Herausgeber und Autor von Publikationen zur Geschichte und Baugeschichte Berlins.

Helmut Engel

Die Inhalte der Schlossdiskussion

Der Beginn der Diskussion um einen Wiederaufbau des Schlosses ergab sich nach der Wende fast nahtlos aus dem Beschluss des Ministerrates der DDR, den Palast der Republik wegen seiner Asbestbelastung im September 1990 zu schließen. Die Debatte war aber so gut wie nie nur eine Auseinandersetzung um den Wiederaufbau des Schlosses, sondern gleichzeitig auch die Frage nach dem Umgang mit dem Palast der Republik, der einen nicht unbeträchtlichen Teil der Fläche des Schlosses um den sog. Schlüterhof überlagert.
Bereits 1991 plädierte Joachim Fest in der von Michael Mönninger herausgegebenen Sammlung von Aufsätzen über „Das Neue Berlin“ für den Wiederaufbau des Stadtschlosses. Und seit dieser Zeit riß der Strom der Erörterungen bis heute so gut wie nicht mehr ab, erlebte aber immer wieder in Verbindung mit parlamentarischen Behandlungen und parteipolitischen Aktivitäten, Wortmeldungen und Berichterstattungen in den Medien oder mit den Tätigkeiten des Vereins der Freunde für den Wiederaufbau des Stadtschlosses und seiner Parteigänger bestimmte Schwerpunkte. Untergegangen war die Erinnerung an das 1950 auf Beschluß der ZK der SED und der Regierung der DDR gesprengte StadtSchloss ohnehin nie völlig. Der Erfolg der von Goerd Peschken und Hans-Werner Klünner als den Hauptautoren bearbeiteten Photodokumentation „Das Berliner Schloss“, die in erster und auch noch zweiter Auflage 1982 erschien, war der mutmaßlich sprechendste Beleg für das öffentliche Interesse während der Jahre vor der Wende von 1989.
Ein erster Schwerpunkt der Schlossdiskussion ergab sich schon 1992: Zu einem Zeitpunkt, zu dem der städtebauliche Wettbewerb „Spreeinsel“ in Absprache zwischen dem Senat und der Bundesregierung vorbereitet werden sollte, richtete in der 37. Sitzung des Berliner Abgeordnetehauses der Abgeordnete der CDU Mardus am 15. Oktober 1992 in der Aktuellen Fragestunde an den Senat von Berlin unter 2. die Anfrage, *welcher der beiden Maßnahmen „Erhaltung des Palastes der Republik“ und „Wiederaufbau des Schlosses“ ... der Senat aus welchen Gründen Vorrang* einräume. Der für die Beantwortung zuständige Senator Dr. Hassemer (CDU) antwortete, der Senat gehe davon aus, *dass letztlich an dieser Stelle die frühere städtebauliche Gestalt des ehemaligen Stadtschlosses im Grundriß bzw. Volumen wieder errichtet werden soll.* Der Abgeordnete ließ eine weitere Frage folgen: *Kann der Palast der Republik wirklich als Identifikationssymbol für die Bevölkerung im Ostteil unserer Stadt gelten, und zwar nach dem Motto: „Das ist unser Haus“ ?* Die Frage löste dem Protokoll zufolge bejahende Zurufe von SPD und Bündnis 90/Die Grünen aus, während der antwortende Senator sachbezogen darauf verwies, man habe die anstehende Aufgabe *mit*

Ausgrabungen der Nordweststrecke des Schlosses 1999

Ausgrabungen der Nordweststrecke des Schlosses 1999

der entsprechenden Sorgfalt und auch mit dem entsprechenden gedanklichen und moralischen Aufwand zu lösen [zu] *versuchen.* Der Abgeordnete Dr. Lehmann-Brauns (CDU) eröffnete mit seiner Frage dann das Feld ästhetischer Polemik: *Halten Sie den Palast der Republik für eine städtebaulich gültige Antwort auf das Ensemble aus Barock und Schinkel, oder halten Sie es für eine monströse Aufmarschkulisse für Aufmärsche, die es zum Glück nicht mehr gibt?*

In die Debatte des Abgeordnetenhauses mochte ein Beitrag von Wolf Jobst Siedler in der „Berliner Morgenpost" vom 4. Oktober 1992 Eingang gefunden haben. Siedler plädierte unter Berufung auf die preußische Romantik und die Bekundungen zeitgenössisch moderner Architekten wie Kleihues, Kollhoff, Rogers, Pei und Johnson für einen Wiederaufbau des Schlosses: *Es kann ... keine Rede davon sein, dass der Wille zum jeweils Neuen das eigentlich Fortschrittliche ist, während die Wiederherstellung des Alten konservativ, restaurativ, ja reaktionär sei. ... Es ist die Provinzmoderne, die die Wiedergewinnung des Verlorenen als rückschrittlich diffamiert, und es sind die Kritiker des zweiten Gliedes, die sich in der Huldigung des Zeitgemäßen hervortun.* Und schließlich bestimmte das Misstrauen gegenüber der modernen Architektur, gerade an einem solchen Ort die prägenden Kraft zu entfalten, um die Bauten des Schlossbezirkes wiederum zusammenzubinden, sein Votum. Und natürlich geriet ihm der Palast der Republik zu einer *mediokren sozialistischen Mehrzweckhalle aus eloxiertem Glas, die am falschen Ort in falschem Winkel steht und die eine unzureichende Baumasse hat. Ihr Um- und Weiterbau mit Versatzstücken, die an das StadtSchloss erinnern sollen, wie das der Architekt des „Palastes der Republik" vorschlägt? Ein Disneyland aus preußischen Königen und sozialistischen Staatsratsvorsitzenden? Das provinzielle Niveau der Berliner Diskussionen gibt sich darin zu erkennen, dass solche Vorschläge allen Ernstes gemacht und auch von der politischen Öffentlichkeit als Möglichkeit diskutiert werden.* Sein Fazit: *Man wird gar nicht darum herumkommen, das Schloss in der Mitte Berlins wiederherzustellen, auch wenn es natürlich nur ein Bau zweiter Hand sein kann, an dem bestenfalls einige aus dem Schutt gerettete Stücke original sein werden.*

In der gleichen Zeitung meldete sich vierzehn Tage später am 19. Oktober Tilmann Buddensieg mit einer Gegenposition zu Wort: *Wie kann ein Skeptiker wie Siedler ernsthaft glauben, das Werk Schlüters sei rekonstruierbar, wie die Außenhaut vieler gotischer Kathedralen, wie das Warschauer Schloss, wie Schinkels Bauakademie, wie die Ludwigstraße in München oder die Meisterhäuser des Bauhauses in Dessau? Es besteht nach meiner Auffassung ein fundamentaler Unterschied zwischen solchen Bauten und Schlüters Schloss. ... Die Qualität des Schlüterbaues ... haftet an der skulpturalen Oberfläche des Steines. Schlüter hat eigenhändig Bildwerke gestaltet. Er hat den ganzen Bau als mythologische Figur, als sinnliche Oberfläche geschaffen. Man hat das zu Recht eine „figurale Architektur" genannt.* Schlüters Architektur sei aus ihrem originalen künstlerischen Rang heraus nicht rekonstruierbar. Und schließlich verweist er darauf, dass bei seinen Nachfragen bei den von Siedler zitierten modernen Architekten doch herausgekommen sei, *dass sie* [d.h. diese Architekten] *eine historische Rekonstruktion als das kleinere Übel empfinden. ...* Und schließlich Buddensieg: *Auch Siedler ist stumm über eine Zweckbestimmung des Schlosses außer als Ersatz seiner selbst.*

Andererseits hatte sich 1992 auch die Akademie der Künste mit einer Denkschrift „Zur historischen Mitte Berlins" und mit der Begründung zu Wort gemeldet, *den Berliner Senat in Fragen der Kunst und Kultur zu beraten.* Friedrich Spengelin berief sich auf eine vergleichbare Nachkriegsdebatte: *Wie steht es um Begriffe wie „moralische Wahrhaftigkeit", die, etwa in den Jahren 1946–1949, bei der Debatte um den Wiederaufbau der Paulskirche und des Goethehauses*

Ausgrabungen der Nordweststrecke des Schlosses 1999

in Frankfurt am Main eine so große Rolle spielten? ... War Kopie nicht Lüge? Sollte sie nicht ungeschehen machen, was geschehen war, suchte sie nicht mit der Zerstörung auch die Ursachen der Zerstörung zu vergessen? Walter Dirks schrieb damals: „Die Haltung, die wirklich groß und Goethes würdig ist, heißt: das Schicksal annehmen, Ja dazu sagen; gefallen sein lassen, was gefallen ist; die Kraft zum Abschied haben, zum unwiderruflichen Abschied; sich selbst und niemandem in frommer Täuschung vorschwindeln wollen, daß das Goethehaus eigentlich noch da sei: es ist nicht mehr da. Werner Durth verwies andererseits auf den (inzwischen eingetretenen) *tiefgreifenden Wandel ästhetischer Orientierungen gegenüber jenen Planungsprämissen und Leitbildern moderner Architektur*, die die Nachkriegsmoderne bestimmt hätten. *Die Forderung nach radikalem Bruch mit der Vergangenheit* [d.h. wie er die Nachkriegszeit bestimmt hatte] *schlug um in den Wunsch nach Wiedergewinnung historischer Stadträume. Der vielbeklagten „Unwirtlichkeit“ folgte die „verordnete Gemütlichkeit“ der Zentren mit nacherfundener Kleinteiligkeit im Zuge ökonomisch motivierter Nachverdichtung.* Diese Zeitstimmung traf der sich seit Anfang 1992 herausbildende Förderverein für den Wiederaufbau des Schlosses, wenn Wilhelm v. Boddien als sein Vorsitzender im Vorwort zur 2. Auflage einer Werbebroschüre ebenfalls 1992 feststellte: *Bei vielen Gesprächen stellten meine Freunde und ich immer wieder eine unbestimmte, aber deutlich durchklingende Sehnsucht der Bevölkerung nach einer intakten Stadtmitte Berlins fest, auf die man stolz sein will.*

Am 2. Dezember 1992 hatte die CDU-Fraktion im Abgeordnetenhaus ein nahezu einhelliges Meinungsbild an den Tag gelegt: Auf Antrag von Uwe Lehmann-Brauns votierten 91 der 101 Abgeordneten der Fraktion für einen Wiederaufbau des Schlosses. Die Antwort der SPD-Fraktion ließ nicht auf sich warten: Das Meinungsbild der SPD-Fraktion war dem der CDU entgegengesetzt – Otto Edel zur Morgenpost am 8. Dezember 1992: *Wenn die CDU den Wiederaufbau will, wird sie in uns keinen Partner dafür finden.* Unabhängig von parteipolitischer und intellektueller Polemik oder Positionsbestimmung hatten sich als hauptsächliche Argumente herausgebildet: auf der einen Seite der als schön und bedeutend empfundene ursprüngliche Zustand des Schlosses als „der“ Mitte von Berlin, auf der anderen Seite die überwiegend durch die Wissenschaften vorgebrachte Begründung, warum ein einmaliges Bau- und Kunstwerk nicht wiederherstellungsfähig sei und drittens die Verteidigung des Palastes der Republik als Teil einer realen Lebenswelt. Bestimmt wurden die Positionen der unterschiedlichen Parteien indessen eher durch Empfindung und mentalitätsmäßige Bindung als durch Sachargumente.

Die Zeit, die auf den Wettbewerb „Spreeinsel“ folgte, blieb den Nachbetrachtungen im Stadtforum der Senatsverwaltung für Stadtentwicklung und Umweltschutz vorbehalten. Der Wettbewerb selber blieb so gut wie ohne Auswirkungen und hatte sich auch eher gegen einen Wiederaufbau des Schlosses, gleichwohl für einen Neubau an dessen Stelle eingesetzt. Erkenntnis im „Stadtforum – Journal No. 16, Juni 1994“: *Auf der Spreeinsel muß die Gesellschaft in sich selbst investieren.* In „Stadtforum – Journal No. 20, Juli 1995“ formulierte Hans Christian Müller den vielleicht abstraktradikalsten Ansatz im Umgang mit diesem Ort: *Nicht die Herstellung einer Schlosskopie ist das Erfordernis der Zeit, sondern die Eröffnung eines Demonstrationsareals auf der unmittelbaren Elementarebene der Berliner Gewässer – in der Tiefe seiner Gründungsschicht – symbolhaft für einen erneuten Beginn – als Basis für ein „work in progress“, vielleicht in Form einer ständig wachsenden Zellenstruktur verschiedenster Denk- und Entwicklungsmuster.*

Ausgrabungen der Nordweststrecke des Schlosses 1999

Der Wettbewerb „Spreeinsel“ hatte immerhin eine Auswirkung für das Staatsratsgebäude, das nach den Vorstellungen des 1. Preisträgers zugunsten der historischen Topographie des Schlossbezirkes, der Anbindung der Brüderstraße an den Schlossplatz und dessen räumlicher Wiederherstellung, ebenfalls abgebrochen werden sollte. Als Reaktion entstand eine Unterschriftensammlung namhafter Persönlichkeiten des öffentlichen Lebens in Berlin und der Bundesrepublik mit dem Ergebnis, dass das Staatsratsgebäude aus der Abbruchdiskussion herausgenommen wurde und erhalten blieb. Es war bereits seit den siebziger Jahren in der zentralen Denkmalliste der DDR aufgeführt und mit dem Überleitungsgesetz in das Denkmalbuch nach DSchG Bln (West) übernommen worden. Zusätzlich widmete das Deutsche Nationalkomitee für Denkmalschutz der Frage nach der Schutzwürdigkeit des architektonischen Erbes der Deutschen Demokratischen Republik in Berlin eine eigene Tagung, die die prinzipielle Schutzwürdigkeit der baulichen und städtebaulichen Zeugnisse dieser Epoche zum Gegenstand hatte.

Die Öffentlichkeit scherte sich indessen keinen Deut um fachliche Positionen. Eine in der Morgenpost Anfang Juni 1995 veröffentlichte Forsa-Umfrage machte deutlich, dass lediglich 4 % der Befragten einen modernen Neubau auf dem Schlossplatz haben wollten. Unter den PDS-Anhängern votierten bei der gleichen Erhebung 88 % für die Erhaltung des Palastes, bei den Anhängern der SPD belief sich der Anteil der Palast-Befürworter auf 42 %, bei denen der CDU auf 25 %. Für eine Schlossrekonstruktion plädierten dagegen 41 % der CDU-Anhänger. Damit wurde deutlich, dass die Debatte nicht nur eine intellektuelle Fachdebatte, sondern auch eine Ost-West-Debatte und nicht zuletzt auch eine parteipolitische Debatte der unterschiedlichen Lager mit ihren jeweiligen politischen Überzeugungen war.

Ein zweiter Schwerpunkt in der Debatte stellte sich seit etwa 1997 ein. Und längst wurde auch – zumal nach der Tagung des Deutschen Nationalkomitees – die Frage erörtert, ob der Palast der Republik nicht eigentlich auch in die Berliner Denkmalliste aufgenommen werden müsse.

Im Zuge der Vorbereitung eines Interessenbekundungsverfahrens für den Wiederaufbau des Schlosses führte 1998 die Senatsbaudirektorin bei der Senatsbauverwaltung, Barbara Jakubeit, eine Veranstaltungsreihe im Staatsratsgebäude durch, mit der im Grunde genommen noch einmal das Für und Wider des Umganges mit dem Palast und dem Schlossstandort erörtert werden sollte. Und in der Tat öffnete diese Veranstaltung die Argumentationsbreite. Der Respekt vor dem originalen Kunstwerk, die Reproduzierbarkeit oder auch nur die Bandbreite der Interpretation von Kunstwerken sollten ebenso erörtert werden wie der gesellschaftliche Anspruch an einen solchen Ort bis hin zur Frage einer nationalen Identität. Im Ergebnis kamen indessen wieder mit Schwerpunkt die alten Haltungen zum Vorschein. Die Herausforderungen des Ortes zur absoluten Modernität und Zukunftsgestaltung formulierte Ivan Nagel, wenn auch in einer umkehrenden Feststellung: *Man kann keine Attrappe hinstellen, von der niemand weiß, wozu sie dienen soll – außer um Modernität und neues Denken zu eliminieren.* Hinzu trat, von Georg Mörsch formuliert, die These von der Unwiederholbarkeit eines originalen Kunstwerks, mit dessen Verlust man sich folglich auch – nicht zuletzt als Menetekel – abzufinden habe: *In der Kostbarkeit des Denkmals ist seine Vergänglichkeit untrennbar enthalten. War es in der Zeit dabei, unterliegt es auch der Vergänglichkeit ... Im Hintergrund dieser Sorge wohnt auch die Möglichkeit der Trauer um ihren Verlust.* Wolfgang Pehnt machte eine vergleichbare Haltung deutlich, indem er den Bezug zur Unwiderbringlichkeit geschichtlicher Abläufe hinweist, die bei einem Rückholen ihrer materiellen Zeugnisse nur Mythen hervorbringen könne: *Das erste, was unser Umgang mit Geschichte lehren müßte, ist ihre Unverfügbarkeit. Geschichte ist das Nicht-Wiederholbare, das in jedem Augenblick neue Entscheidungen erfordert. Wo dagegen Wiederholbarkeit ausgeübt wird, da ist die Zuständigkeit nicht der Geschichte, sondern des Mythos. Der Mythos wiederholt, die Geschichte geht weiter. In der Geschichte leben heißt: mit Schmerzen leben, dass Dinge vergänglich sind wie die Menschen, die sie benutzt haben. Man muß sie verteidigen, so lange es möglich ist; aber auch nur, so lange es möglich ist.* Zu den Zwischentönen zwischen Einmaligkeit des Originals und einer Wiederherstellung gehörte die Stellungnahme von Christian Thielemann: *Eine Skulptur von Michelangelo oder eine Zeichnung von Dürer kann man nicht neu herstellen. Denn die Meister haben selbst Hand angelegt. Bei den Fassaden des Stadtschlosses bin ich nicht ganz überzeugt, dass Schlüter jede einzelne Herme gemacht hat. Das waren die Steinmetze und Handwerker. Insofern ist das Schloss kein Original wie Beethovens Symphonien. ... Ich bin dafür, dass man das Schloss wiederherstellt, weil es ein Teil unserer nationalen Identität ist.* Nähere Rahmenbedingungen für eine Rekonstruktion formulierte Jürgen Partenheimer: *Die Rekonstruktion ist ortsgebunden und kontextabhängig, sie steht kulturhistorisch in rituellem, spirituellem oder soziologischem Zusammenhang. Die Überprüfung der Bedeutung des einzelnen Teiles für das übergeordnete Verständnis des Ganzen (Stadtbaukunst, Stadtplanung, Erschließung) zeigt Relationen auf, die zum Strukturverständnis des Ganzen beitragen, gleichermaßen die Genesis urbaner Entwicklung zeigen können und zudem auf Hierarchiestrukturen verweisen, ...* . Die französischen Erfahrungen aus dem Umgang mit dem Patrimoine brachte Frédéric Edelmann auf folgenden Punkt: *Die Positionen „originalgetreuer Wiederaufbau" oder „Ablehnung des Wiederaufbaus" sind rein theoretischer Natur. Die Fragen heißen vielmehr: Welche Teile der Bevölkerung verletzt man und welche befriedigt man, wenn man ein bedeutendes Bauwerk zerstört oder wenn man es wiederaufbaut? Ist die Verletztheit der einen durch die Zufriedenheit der anderen zu rechtfertigen?* Und indirekt pflichtete Wlodzimerz Borodziej in seinem Bericht zum Wiederaufbau des Warschauer Schlosses mit dem Hinweis auf gesellschaftliche Befindlichkeit bei: *Vielleicht hat es nie ein ehrgeizigeres Ziel des Unternehmens „Wiederaufbau des Königsschlosses"* [d.h. in Warschau] *gegeben als die Vermittlung des Gefühls der Sicherheit – der Rückkehr zur Normalität der Kindheit?* Gesine Weinmiller argumentierte in einer ähnlichen Weise: *Ein Gebäude hat ein reales Alter und ein Bedeutungsalter. Das reale Alter des Charlottenburger Schlosses ist nur noch den Menschen bekannt, die den Wiederaufbau erlebt haben, und den wenigen Belesenen. Alle anderen sehen das Bedeutungsalter des Gebäudes, das im oben erwähnten Architekturführer beschriebene Kontinuum vom Spätbarock hin zum Klassizismus.* Heinrich Magirius schlug den wohl umfassendsten Bogen in der Zusammenfassung seiner denkmalpflegerischen Haltung: *Es gibt ein paar unabdingbare Voraussetzungen für die Rekonstruktion, ohne deren Beachtung das Objekt, der Ort, das Land und die Menschen schweren Schaden nehmen. Eine Voraussetzung ist der authentische Denkmalort, die städtebauliche Einbindung des Objekt, die Rolle, die das Objekt in seinem historischen Zusammenhang gespielt hat. Weiterhin ist es die besonders wertvolle Substanz im materiellen wie immateriellen Sinne. Die Substanz ist nach meinem Denkmalverständnis auch dann authentisch, wenn sie eine geistige oder künstlerische Größe hat. Schließlich ist in jedem Falle ein Mindestmaß an gesellschaftlichem Konsens nötig.* Die bedeutsamste Lehre könnte Frédéric Edelmann mit seinem Hinweis auf die undifferenzierte Gleichgültigkeit der Öffentlichkeit und die abhebende Arroganz des Spezialisten vorgebracht haben: *Das Patrimoine, ob nun zu seinem Glück oder zu seinem Unglück, wurde in Frankreich immer nur im Kreise der Gelehrsamkeit betrachtet, die Öffentlichkeit war nie gefragt. Die Bevölkerung wurde für unmündig gehalten, was ihre Empfänglichkeit für touristischen Flitterkram förderte. Diese Gleichgültigkeit ist sicherlich eine große Gefahr für den Fortbestand des Patrimoine, aber eine mindestens ebenso große Gefahr ist die der akademischen Arroganz, die sich herzlich wenig um die Befindlichkeit und Meinung der Bürger kümmert und daher auch wenig Interesse an einer didaktischen Aufarbeitung des Patrimoine oder an einer wenigstens ansatzweisen Teilhabe der Öffentlichkeit hat.* Die Befindlichkeit der Öffentlichkeit, ihre Verletzbarkeit durch Entscheidungen zu baulichen Maßnahmen gegen den Willen eines Teiles der Öffentlichkeit wäre somit der aktuelle Stand der Erkenntnis in der Berliner Schlossdiskussion. Die Sache wäre also zu ernsthaft, um sie dem vordergründigen politischen Spektakel oder intellektueller Arroganz auszuliefern.

Eine völlig neue Wendung im parteipolitischen Spektrum trat nach der Bundestagswahl 1998 ein, indem sowohl Bundeskanzler Schröder wie auch Staatsminister Naumann für die Wiederherstellung des Schlosses in den Medien eintraten, indessen mutmaßlich ohne Kenntnis der Vorgeschichte, die der Vorgang in der Berliner SPD hat.

Werner Knopp

Schwachpunkte der politischen Diskussion zum Wiederaufbau des Berliner Schlosses

Die bisherige Schlossdiskussion zeichnet sich durch ein hohes Maß an leidenschaftlichem Einsatz für den Wiederaufbau des Schlosses auf der einen Seite aus, aber auf der anderen auch durch sehr temperamentvolle bis leidenschaftliche Äußerungen dagegen. Ihre Defizite liegen nicht so sehr im städtebaulichen als vielmehr im politischen Bereich.
Sie hat sich über nun schon viele Jahre hingezogen, weil in gewissen Abständen immer wieder neue, prominent-dramatische Äußerungen zur Problematik des Schlossaufbaus gemacht werden. Im politischem Raum, soweit sich Politiker daran beteiligt haben, war auffallend, dass häufig Argumente verwendet wurden, die die eigentlichen Gründe für die Einstellung zum Schlosswiederaufbau eher kaschierten. Es sind also oft Scheinargumente vorgeschoben worden, hinter denen die eigentlichen, mehr persönlich-ideologischen Gründe versteckt wurden. So hat unterschwellig vielfach die prinzipielle Abneigung gegen den Wiederaufbau eines mit der Geschichte der preußischen Monarchie so eng verbundenen Bauwerkes eine erhebliche Rolle gespielt. Dies Argument ist aber so realitätsfern, dass es seine Vertreter nicht direkt in den Vordergrund stellen wollen, sondern „zeitgemäß" argumentieren und sich für einen „demokratischen Bau" unserer Zeit einsetzen, wobei niemand genau sagen kann, worin dessen charakteristische Merkmale nun außer in der Abwesenheit eines monarchischen Nutzers bestehen sollen. Nur in einzelnen Fällen ist ausgesprochen worden, dass, wenn man das Schloss wieder aufbauen wolle, man ja dann gleich auch den Kaiser zurückholen könnte.
Ähnlich ist es mit den prinzipiellen Einwänden, die aus geschichtsphilosophischen Gründen heraus entwickelt worden sind, dass etwa Geschichte, die einmal geschehen ist, nicht zurückgedreht oder nicht wiederbelebt werden könne. Dieses Argument ist sicherlich richtig. Man will ja auch nicht das alte Schloss wiederherstellen, weil dies völlig unmöglich ist. Das neue Schloss, das hier in Nachbildung des alten entstehen könnte, soll an das alte Schloss erinnern, es soll es nicht darstellen. Dieser Teil der Diskussion könnte wesentlich entlastet werden, wenn man von solchen überreizten, philosophischen Grundsatzthesen abginge und etwas pragmatischer dächte.
Eine große Rolle in der Diskussion spielt die Tatsache, gerade im Hinblick auf die Lokalität Berlin, dass das Schloss teilweise am gleichen Ort wie der Palast der Republik steht und der Palast der Republik von gar nicht so wenigen Ost-Berlinern als teilnostalgisches Identifikationssymbol des untergegangenen Staates DDR betrachtet wird, mit dem man in der Rückschau liebgewordene Erinnerungen verbindet, und das man nicht dem „Plattmachen durch Wessis" zum Opfer fallen lassen will. Auch hier kann man Position beziehen: Nur wenige würden letztlich dafür sein, den Palast so zu erhalten, wie er war. Selbst sein Architekt Heinz Graffunder ist nicht dafür gewesen, denn seine eigenen Vorschläge zur Neubebauung des Schlossareals veränderten das Gebäude vollkommen. Vielleicht kann man Teile des Palastes in den Schlossbau integrieren und damit auch diesen Teil der politischen Diskussion wesentlich entlasten.
Wie viele Bürger tatsächlich hinter der Erhaltung des Palastes der Republik stehen, müßte man ermitteln. Immer wieder wurde doch in der Diskussion mit ganz unterschiedlich geprägten und denkenden Bürgern der Stadt deutlich, dass in den meisten ein sehr starkes Grundgefühl dafür lebt, dass die Stadt wieder eine Mitte braucht, einen Bezugspunkt, einen Ruhepunkt, auf den sie sich städtebaulich bezieht. Viele sehen dieses Element doch wohl eher im historischen Schloss, als in dem erst vor wenigen Jahren errichteten Palast der Republik.
Für das Zögern der Politiker, sich zu entscheiden, gibt es ein weiteres, wichtiges Motiv:
Politiker, die der Linken zuzuordnen sind, haben Angst davor, dass sich in einer Zeit, in der drastisch gespart werden muß, so drastisch, dass auch der kleine Mann es in seinem Portemonnaie merkt, eine Regierung sich mit dem Wiederaufbau eines Schlosses aus der Zeit der Monarchie identifiziert. Das Schloss ist für so Denkende ein Symbol für Macht und Reichtum, auch für einen gewissen Protz. Ein solches Bauwerk zu bauen in einer Zeit, in der immerfort über weitere Sozialkürzungen diskutiert wird, wo immer schmerzlichere Einschnitte in den gewohnten Lebens- und Staatsstandard nötig werden, halten viele nicht für opportun und schrecken vor einer Entscheidung zurück.
Eigentlich spielt diese Argumentation im ganzen politischen Spektrum von links bis rechts eine Rolle. Die Wucht der Sparzwänge beeinflußt das Denken der Politiker aus allen Bereichen sehr. Diese Gedanken der Politiker sind jedoch insofern falsch, als ja feststeht, dass an diesem Ort nach dem Spreeinselwettbewerb in jedem Falle ein aufwendiges Bauwerk mit „allen Schikanen" als gesellschaftlicher Mittelpunkt für Berlin gebaut werden soll, das als moderner Bau fast so teuer werden wird wie die Schlossrekonstruktion. Deswegen wird zunehmend auch einer privaten Finanzierung das Wort geredet.
Es geht erstaunlicherweise eben nicht um sach-

Schloss Berlin. Lustgartenfassade

Schlosssimulation 1993/94. Lustgartenfassade

liches, ästhetisches Abwägen, Schloss oder Modern, sondern darum, dass man der populären Vorstellung nachläuft und erliegt, dass nur der Wiederaufbau des Schlosses eine Assoziation zu Luxus und Geldverschwendung herstellt. Es stellt sich deswegen die Frage, ob wir bei der Entscheidung für ein so langfristig zu sehendes Objekt nicht zu sehr von tagespolitischen Erwägungen geprägt werden: Heute muß gespart werden, damit die Zukunft gesichert wird, heute findet ein Schnitt statt, ohne dass aber eine Perspektive für die Zukunft geschaffen wird. Dieses durch die kurzen Wahlperioden und damit einen permanenten Wahlkampf noch verstärkte Defizit hat mit dazu beigetragen, eine Schlossentscheidung bislang zu verhindern.

Dagegen rechtfertigt man den doch sehr erheblichen Kostenaufwand für den Bau der Hauptstadt als Ganzes mit gutem Grund auch damit, dass es hier nicht um die Befriedigung kurzfristiger Bedürfnisse geht, sondern um eine weit in die Zukunft reichende Entscheidung. Der Bürger versteht das im Grunde auch. Kaum irgend jemand würde sagen, die ganze Hauptstadtentscheidung war deswegen schon falsch, weil sie Geld kostet. Nachdem sie nun einmal so gefallen ist, akzeptiert man dies jedenfalls im Grundsatz – und natürlich wäre auch der Weiterbau Bonns noch sehr teuer geworden.

Die Politik muß den Mut haben, klar zu sagen, dass es hier um eine bedeutende Weichenstellungfür die Zukunft der Stadt geht, die finanziert werden muss. Niemand kann doch ernsthaft annehmen, dass wir die Brache am Schlossplatz, diesen riesigen Leerraum in der Mitte der Stadt, noch Jahrzehnte lang so liegen lassen können. Die öffentliche Meinung wird eine Entscheidung erzwingen, dass dort etwas geschehen muss und was dort geschehen soll. Es geht um eine Investition in die Zukunft, genau wie bei den anderen Hauptstadtbauten auch, und dies im Zusammenhang mit dem Schloss mit vermeintlich notwendiger Abwehr von Preußen-Nostalgie auf der einen, von Luxus, Protz und Eitelkeit auf der anderen Seite zu verbinden, gleitet schon ins Agitatorische hinüber.

Der Reichstag enthält auch einen erheblichen ästhetischen Überschuß, der jetzt schon zum Symbol für die neue Hauptstadt wird: Die Kuppel hat einen Löwenanteil des Budgets gekostet und ist funktional für das Parlament überflüssig. Trotzdem herrscht allgemeiner Konsens, dass es nötig und richtig war, sie so zu bauen. Ebenso wie niemand auf die Kuppel dort verzichten wollte, obwohl wir doch zur Zeit alle sparen müssen, sollten wir uns nun auch nicht dem Wiederaufbau der Mitte Berlins mit der Rekonstruktion des Schlosses verschließen.

Unsere Politiker sind eigentlich für Visionen zu gewinnen. Mit Blick auf ihr Wahlvolk trauen sich aber viele oft nicht über den Horizont der Alltagspolitik hinaus, haben Angst, sich für richtig gehaltene Visionen zu offenbaren. Dennoch weiß ich, dass wir viele sehr vernünftige und erfahrene Politiker haben, die genau wissen, dass zwar solche langfristigen Weichenstellungen ihr Geld kosten, aber dass man deswegen auch den Mut zu Entscheidungen aufbringen muß, wenn man sich nicht die Zukunft verstellen will.

Dann gibt es noch den Beitrag der Medien zu dieser Diskussion.

Manchmal nimmt das Schielen von Politikern nach den Medien, der eigentlich vierten Gewalt in unserem Staat, schon bedenkliche Formen an. Von einem Politiker von Format muß man gerade deswegen verlangen, dass er sich bei grundlegenden Entscheidungen nicht an einem vermeintlichen oder tatsächlichen Medienecho orientiert. Die Medien sind so schlecht nicht, dass sie eine gute und richtige Entscheidung nicht dann auch akzeptieren und manchmal fast erlöst begrüßen. Ich erinnere nur an die Entscheidung für Berlin als Hauptstadt, die in den Medien vor der Abstimmung im Bundestag auch sehr umstritten war. Als sie gefallen war, nach einer fairen Diskussion mit einer knappen, aber doch deutlichen Mehrheit, wurde sie praktisch von allen akzeptiert, auch und gerade von den Medien, vielleicht mit Ausnahme des Bonner General-Anzeigers. Die Presseorgane haben sich fast erlöst zu dieser Entscheidung bekannt, und ihr Echo jetzt bei dem effektiven Umzug bestätigt diese Haltung nachdrücklich. Ich halte es deswegen für ganz falsch, sich immer an dem vermeintlichen Echo der Medien oder an vermeintlichen oder tatsächlichen Meinungsumfragen zu orientieren. Man kann daraus höchstens bestimmte Tendenzen ablesen, aber man darf sich dadurch in seiner politischen Überzeugung und den dazugehörigen Entscheidungen nicht zu sehr beeinflussen lassen.

Unter den Linden: Blick auf den Palast der Republik

Unter den Linden: Blick auf die Schlosssimulation vor dem Palast der Republik

Jetzt ist gerade eine gute, weil längere Zeit wahlfreie, Periode für eine Entscheidung gekommen. Wir können deswegen beruhigter, entspannter vorgehen. Kritische Entscheidungen sollte man immer gleich dann treffen, wenn die Wahlen gewesen sind, also am Anfang von Wahlperioden. Denn sobald ein Wahlkampf wieder seine Schatten vorauswirft, wird ein so sensibles Thema wie der Schlossbau in vergröberter Form in ihn hineingezogen. Davor haben alle Angst, und die Entscheidung bleibt aus. Der richtige Zeitpunkt ist also gekommen, dass eine gerade im Amt bestätigte oder neu ins Amt gekommene Regierung sich auch mit der überfälligen Entscheidung zur Bebauung der Berliner Mitte profiliert: Bauakademie, Kommandantenhaus, StadtSchloss. Diese wirklich überfälligen Entscheidungen müssen im Jahr 2000 getroffen werden. Ich würde es für fatal halten, wenn wieder die Kraft nicht vorhanden sein sollte, nun endlich zu entscheiden.

Die Vorteile des Schlossbaues für Berlin liegen auf der Hand: Berlin erhält wieder eine städtebaulich überzeugende Mitte, darin sind sich alle vernünftigen Teilnehmer an der Diskussion einig. Auch die Gegner des Wiederaufbaus bestreiten nicht, dass das Schloss diese Rolle über Jahrhunderte vorbildlich erfüllt hat. Außerdem erinnert der Wiederaufbau an einen doch im großen und ganzen respektablen Teil unserer Geschichte, an die Zeit der alten preußischen Monarchie, als Berlin in die Hauptstadtrolle hineinwuchs, erst für Brandenburg-Preußen, dann für Deutschland, als die oberste politische Gewalt im Staate nun einmal in diesem Schlossbau residierte. Außerdem stellt man so den alten, von Preußen verwirklichten, gegenseitigen Bezug der Staatsgebäude in der Mitte der Hauptstadt wieder her: Sie besitzt ein Ensemble wie es keine andere Hauptstadt der Welt so konzentriert vorzuweisen hat. Das Schloss als ursprünglicher Sitz der politischen Gewalt im Mittelpunkt der Stadt, in der Nähe dazu der Dom als Symbol der religiösen Verankerung dieses Staates, so wie man ihn damals dachte, daneben das alte Museum als Symbol der Kunst, dann wieder das Zeughaus als Symbol der bewaffneten Macht – diese durchaus disparaten Staatselemente sind hier alle eng aufeinander bezogen, dazu kommen noch gleich daneben die Universität und die Staatsbibliothek als Vertreterinnen der Wissenschaft. Zu diesem Ensemble gesellt sich die Oper wiederum als Symbol für die Künste. All dies wurde zu einem auf engstem Raum vereinigten Ensemble zusammengefügt: Das ist für mich die große, staatsrepräsentative und auch für die Republik gültige Leistung des alten Preußen, die wiederzugewinnen wirklich aller Anstrengungen wert wäre. Dieses Ensemble wieder mit dem krönenden Bau des Schlosses zu komplettieren, sollte uns wirklich die große Aufgabe im Herzen der Hauptstadt sein.

Das heißt überhaupt nicht, daß wir zu Preußen zurückkehren sollen oder wollen. Preußen ist Geschichte, genau wie die Monarchie in Deutschland Geschichte ist. Aber an die Leistungen der Vergangenheit und das, was diese auch positiv zur deutschen Entwicklung beigetragen haben zu erinnern, sollte ein Anliegen auch der Republik sein.

In anderen Ländern Europas ist völlig selbstverständlich, dass auch die Republik das Andenken an die monarchischen Epochen der Vergangenheit in dieser Form respektiert und wachhält. So haben sich die Russen mit ihrem Kreml nach 1918 verhalten. Wir wissen auch, mit welcher Inbrunst die Polen ihr Warschauer KönigsSchloss wieder aufgebaut haben.

All das hat nicht das Geringste mit einer Gefährdung unserer heutigen republikanischen Verankerung und Gesinnung zu tun, sondern es ist ein Zeugnis für die Verbundenheit mit der Geschichte und dem im Krieg geschundenen Berlin. Dies mit dem Wiederaufbau des Schlosses zu manifestieren, ist ein höchst legitimes Anliegen. Deswegen sollten unsere Politiker die Chance nutzen, die im Wiederaufbau des Schlosses für die Identität Berlins liegt.

Prof. Dr. Werner Knopp, Berlin, geb. 1931, war Präsident der Stiftung Preußischer Kulturbesitz.

Grundsteinlegung des Palastes am 2. November 1973

Der Palast der Republik aus der Sicht seiner Erbauer

Wohl kaum ein Gebäude in Berlin ist so umstritten wie der Palast der Republik. Und über kaum ein Gebäude gibt es eine solche Legendenbildung. Für viele Bürger der früheren DDR ist er zum Symbol ihrer eigenen Identität geworden, als Beweis dafür, dass auch in der DDR große Leistungen erbracht wurden. So steht der Palast nun als Symbol dafür, dass die bundesrepublikanische Gesellschaft vielen ehemaligen Führungskräften der DDR ohne individuelle Auseinandersetzung oder gar Würdigung pauschal die Anerkennung für ihre Lebensleistung verweigerte. Wurden die Bürger in den drei Westzonen 1946 entnazifiziert und damit eine weitgehende Chancengleichheit für den Neubeginn geschaffen, machte man sich nach 1989 die Sache einfach: Wer staatsnah gearbeitet hatte, wurde vorverurteilt, mußte damit mit dem Abbruch seiner Karriere rechnen. Lehrern und Wissenschaftlern wurde die Intelligenzrente gekürzt, ehemalige Staatsdiener der DDR nur zum kleineren Teil und unter Verlust ihres bisherigen Ranges in die Verwaltung eingegliedert. Dies schuf in Teilen der Bevölkerung der DDR eine resignative, trotzige Stimmung, die sogenannte „Ostalgie". Sie machte sich am Erhalt von Symbolen der DDR fest, insbesondere dem Palast der Republik. Er steht für viele Bürger im Osten für Identität und Selbstachtung.

Während inzwischen auch in Berlin diese Stimmung langsam schwindet, wird der Palast hingegen von Kreisen der ideologischen Linken im Westen als Symbol deutscher Geschichte hochgehalten, die zu „entsorgen" ein ähnliches Sakrileg wäre wie seinerzeit die Sprengung des Schlosses. Die Fronten sind verhärtet, und dabei übersieht man, dass durch die Asbestentsorgung am Palast dieser bereits auf seinen Rohbauzustand zurückgebaut wird. Kaum jemand rechnet damit, dass er danach in seiner alten Gestalt wieder aufgebaut wird. Sein Interieur war für heutige Nutzungszwecke zu sehr auf Großveranstaltungen und massenhaften Durchlauf von Menschen angelegt, als „Schauhaus und Schaufenster des Sozialismus" mehr, denn als Ort der individuellen Begegnung vieler, auch kleinerer Gruppen. Nicht umsonst rühmen die Anhänger des Palastes, dass in den nur dreizehneinhalb Jahren seiner Öffnung 70 Millionen Menschen in ihm geweilt und sich wohl gefühlt hätten. Dies sind jährlich rund 5,2 Millionen oder täglich 14.200 Menschen während seiner Öffnungszeit von 10–24 Uhr!

In diesem emotionalen Umfeld ist es wohl sinnvoll, sich an dieser Stelle mit seinem Ursprung, seinen Aufgaben und seiner darauf abgestellten Struktur auseinanderzusetzen. Hierfür stehen exemplarisch die Reden Erich Honeckers, ebenso wie die Baubeschreibungen in den offiziellen Büchern, die kurz nach der Eröffnung des Palastes erschienen. Die folgenden Zitate belegen nachhaltig die ursprünglichen Denkansätze, die zum Bau des Palastes führten, in einer Zeit, als die DDR nach dem Fall der Hallstein-Doktrin und dem deutsch-deutschen Grundlagenvertrag ihre erste internationale Anerkennung erhielt und im nach den Kriegszerstörungen weitgehend abgeräumten, immer noch ungestalteten alten Zentrum Berlins nicht zuletzt auch deswegen dringend ein großes Gebäude für ihre internationalen Begegnungen und staatlichen Repräsentationen benötigte. Zugleich sollte es zur Festigung des Systems als offenes Haus, als gesellschaftliches Zentrum der DDR, der Bevölkerung dienen.

Grundsteinlegung

„Liebe Genossen und Freunde!

Wir legen heute den Grundstein für den Palast der Republik, für ein schönes und bedeutendes Bauwerk im Zentrum der Hauptstadt unserer Deutschen Demokratischen Republik, Berlin. Dieser Palast der Republik soll ein Haus des des Volkes werden, die Stätte verantwortungsbewußter Beratungen der höchsten Volksvertretung unseres Arbeiter- und Bauern Staates, ein Ort wichtiger Kongresse und internationaler Begegnungen. Unsere sozialistische Kultur wird hier ebenso eine Heimstatt finden wie Frohsinn und Geselligkeit der werktätigen Menschen.

Die Spreeseite im Rohbau mit der stählernen Konstruktion

Großer Saal im Rohbau

Fassadenarbeiten am Palast im September 1974

Mein erster Hammerschlag
gilt unserem sozialistischen Vaterland. Möge die Deutsche Demokratische Republik zum Wohle ihrer Bürger blühen und gedeihen. Im Bunde mit der Sowjetunion und den anderen sozialistischen Bruderländern werden wir sie schützen, weiter stärken und ausgestalten als Staat des Sozialismus und des Friedens.

Mein zweiter Hammerschlag
gilt den Bauherren, dem Volk der Deutschen Demokratischen Republik und seinen gewählten Organen – der Volkskammer, der Regierung und dem Magistrat der Hauptstadt Berlin. Möge dieser Palast stets als Forum dienen für die edlen Ziele des Sozialismus und Kommunismus.

Mein dritter Hammerschlag
gilt den Erbauern dieses Palastes, den Bauarbeitern, den Monteuren, Meistern, Ingenieuren, Architekten und Künstlern, den Angehörigen der Nationalen Volksarmee und der sowjetischen Streitkräfte. Wir sind gewiß, daß ihr euer ganzes Wissen und Können aufbieten werdet, um ein schönes Bauwerk zu schaffen, das seinen Erbauern zur Ehre und seinen Gästen zur Freude gereicht."

(Erich Honecker am 2.November 1973) (1*)

Richtfest

„Der Palast der Republik wird ein Haus des Volkes sein, eine Stätte regen politischen und geistig-kulturellen Lebens. Dieses Haus steht auf historischem Boden. Hier rief Karl Liebknecht 1918 die sozialistische Republik aus. Hier kämpften die Matrosen der Volksmarinedivision gegen die Reaktion. Hier bekundeten revolutionäre Berliner Arbeiter ihre Treue zur jungen Sowjetmacht. Hier sprach Ernst Thälmann zum Berliner Proletariat, von hier aus richtete er den Appell zur Schaffung einer breiten antifaschistischen Reaktion. Dieser Platz, der heute den Namen von Marx und Engels trägt, erlebte in den drei Jahrzehnten seit der Befreiung unseres Volkes durch die ruhmreiche Sowjetarmee große und begeisternde Demonstrationen im Zeichen des sozialistischen Patriotismus und des proletarischen Internationalismus, der unverbrüchlichen Freundschaft unseres Volkes zur Sowjetunion. Diesen revolutionären Traditionen wird der Palast immer verpflichtet sein. Als gute Gastgeber werden wir in diesem Hause Freunde und Kampfgenossen aus aller Welt empfangen. Weit über die Grenzen unseres Landes wird der Palast der Republik künden vom Fleiß und der Schaffenskraft unseres Volkes"

(Erich Honecker am 18. November 1974) (2*)

Eröffnung

„Der Palast der Republik fügt sich würdig ein in das Programm für die städtebauliche Neugestaltung unserer Hauptstadt mit ihrem groß angelegten Wohnungsbauprogramm. Dieses Bauwerk zeugt beeindruckend von der Leistungskraft unserer sozialistischen Gesellschaft, von unserer sozialistischen Nationalkultur, vom Sinn unserer Arbeit, die dem Wohl des Menschen dient. Mit seinen vielfältigen Möglichkeiten trägt der Palast der Republik den immer reicher werdenden geistig-kulturellen Bedürfnissen der Bürger der Deutschen Demokratischen Republik Rechnung"

(Erich Honecker am 23.April 1976) (3*)

Der gesellschaftliche Auftrag

Der Palast der Republik eröffnete am 23. April 1976 – nach einer Bauzeit von weniger als 1000 Tagen – seine Tore am Marx-Engels-Platz, und Tausende seiner Erbauer waren gemeinsam mit den Repräsentanten der Partei- und Staatsführung der DDR seine ersten Gäste. Seither besuchen allmonatlich Hunderttausende Bürger und ihre Gäste aus dem In- und Ausland dieses festliche Gebäude im Herzen der Hauptstadt. Die Bevölkerung unserer Republik ergriff Besitz

Richtfest am Palast der Republik 1974

Der Palast vom Kronprinzenpalais aus 1976

von einem bedeutenden Objekt Wirklichkeit gewordener Kultur- und Sozialpolitik, das sie für sich selbst geschaffen hat. Mit diesem Gebäude erfüllt sich der legitime Anspruch der Arbeiterklasse, im Herzen der Hauptstadt des ersten sozialistischen deutschen Staates sich selbst ein Bauwerk zu setzen, das geeignet ist, sie würdig zu repräsentieren. Der Palast der Republik als Haus des Volkes anstelle des alten Schlosses als Haus preußischer Könige und Kaiser ist Symbol der veränderten Besitzverhältnisse zugunsten der von Ausbeutung befreiten Werktätigen unseres Landes. (...)
Mit der Befreiung des deutschen Volkes vom Faschismus am 8. Mai 1945 und mit der Übernahme der geschichtlichen Aufgabe der Arbeiterklasse als Bauherr und Gestalter einer sozialistischen Gesellschaft entwickelte sich daraufhin eine ihren Bedürfnissen entsprechende, grundsätzlich neue sozialökonomische Struktur in der Hauptstadt, die seitdem entscheidend ihr städtebauliches und architektonisches Profil bestimmt. Wo früher die Macht- und Verwaltungsorgane des Großkapitals und ihre Vergnügungseinrichtungen eine völlig überbaute und architektonisch nicht mehr beherrschbare City auswuchern ließen, sind heute die in großzügigen Ensembles geplanten Einrichtungen von Staat und Wirtschaft, von Handel, Kultur und Freizeit zum Nutzen aller Werktätigen entstanden. (...)
Am 27. März 1973 beschloss das Politbüro der SED den Aufbau des „Palastes der Republik" als Teil eines großartigen sozialpolitischen Programms der Hauptstadt, das bis 1980 realisiert werden soll. (...)

Das Bauwerk im Ensemble der Stadt

Mit diesem Gebäude hat das Stadtzentrum und die seit Gründung der DDR mit neuen sozialen Funktionen entwickelte zentrale Achse vom Brandenburger Tor bis zur Karl Marx Allee ihren gesellschaftspolitischen und gestalterischen Höhepunkt erhalten, der zugleich Zentrum des geistig-kulturellen Lebens der DDR ist.
Heute finden im Palast der Republik die Ideale von der Herrschaft des Volkes ihren sinnfälligen Ausdruck und einen der Schönheit unseres sozialistischen Lebens entsprechenden Wirkungsraum. Der Marx-Engels-Platz findet durch dieses Bauwerk städtebaulich und architektonisch seine Vollendung. [4*] (...)
Die aus der Übereinstimmung von gesellschaftlicher Funktion des Gebäudes, sozialräumlicher Struktur und städtebaulich – künstlerischer Komposition der Stadt abgeleitete Dominantenfunktion des Palastes der Republik wurde unter voller Beachtung der Grundregeln gelöst, die sich aus der historisch gewachsenen Zentrumsbebauung ergaben. (...) Die Vision progressiver Architekten zu Beginn unseres Jahrhunderts von der Selbstdarstellung der Werktätigen in lichtdurchfluteten Volkshäusern hat sich nunmehr im Palast der Republik verwirklicht. (...)
Er ist vielmehr als horizontaler Baukörper konzipiert, dessen architektonische Gestaltung seiner Funktion entspricht und der sich im Maßstab harmonisch an die Dimensionen der bereits vorhandenen Gebäude anschließt. (...) Mit der Asymmetrie des Baukörpers, die in den unterschiedlichen Dimensionen der Gebäudeteile begründet liegt, wird städtebaulich dem in Höhe des Lustgartens befindlichen Achsenknick des Straßenzuges Unter den Linden/Karl-Liebknecht-Straße Rechnung getragen. (...) Im Hinblick auf die Maidemonstrationen der Berliner Werktätigen, die nunmehr direkt am Palast der Republik entlangführen, entstand ein neuer Platzraum, der sowohl für das Gebäude als auch für den einzelnen Betrachter angenehme Dimensionen besitzt. (...)

Die innere Gestaltung des Gebäudes

Für die Gestaltung der Hauptfunktionsbereiche wurden folgende, wesentliche Kriterien abgeleitet:

– Erdgeschoß: Als der Kommunikationsbereich zwischen Stadtraum und Gebäude mit überwiegenden Dienstleistungsfunktionen in sachlicher Zurückhaltung gegenüber

Unter den Linden und Palast 1976

Ball im Großen Saal des Palastes

den eigentlichen Erlebnisbereichen in den oberen Etagen
- Hauptfoyer: Als großen Treffpunkt und festliche Halle bewußt großzügig mit einer statisch – klassischen Haltung, die gegenüber den Sälen in der Wirkung etwas kühler bleibt.
- zu den Sälen allgemein: Die äußeren Umfassungswände stehen in warmem Holzton gegen die kühlen Marmorkuben, im Inneren wechselt diese Stimmung wieder zur festlichen Helligkeit.
- Plenarsaal: Als Versammlungsraum mit vorwiegend staatspolitischen Funktionen in statischer Grundhaltung. Bei großen Wandanteilen Wahl einer weitgehenden sachlichen Weißstimmung, die von wärmerem Naturholzton ergänzt wird.
- Großer Saal: Als Versammlungsraum mit vielfältiger Nutzbarkeit in dynamischer Grundhaltung. Bei geringem Wandanteil dominiert das Gestühl in Gelbtönen und die weiße Decke. Behaglichkeit und Sachlichkeit sind hier vereinigt.
- Foyers und übrige saalumfassende Bereiche: Anwendung einheitlicher Gestaltungselemente und Materialien, wie Unterdecken neutral weiß, als ausgeformte Gipskassettenplatten mit hoher akkustischer Wirksamkeit. Kugelstableuchtensystem als dreiseitig erweiterungsfähiges, verchromtes Stabnetzwerk mit Bausteincharakter. Wandverkleidung in farbig gebeizter Holzausführung für alle Einbauten. Fußbodenbeläge in den Etagen differenziert nach Material (Naturstein und Textil) und Farbe (geschoßtypisch)

Das Hauptfoyer wurde als Zentrum größter Helligkeit und festlicher Ausstrahlung konzipiert. Mit der Farbgestaltung im Großen Saal, die vorrangig durch das Polstermaterial (goldorange) und die wechselnde Lichtarchitektur bestimmt ist, mußte der Vielfalt der Nutzungsvarianten ein zugleich neutraler und festlicher Rahmen geboten werden.
Der Plenarsaal hingegen wurde in der farblichen Gestaltung auf eine seriösen staatspolitischen Inhalt fixiert: roter Bodenbelag, sandfarbene Polsterbezüge, helle ahornfarbene Wandbehänge, altgold-kupferfarbene Eloxaltöne des Emblems an der Präsidiumswand.
Die Arbeiten der Formgestaltung und der angewandten Kunst umfassen folgende Bereiche, die in Abstimmung mit der Gesamtkonzeption entwickelt wurden:

- Visuelles Informationssystem
- Deckenelemente unter Anwendung einheitlicher, stadtbezogener Piktogramme und Monitore als „Fernsehzeitung“
- Kugelstab-Leuchtensystem mit Abwandlung für Tisch- und Standleuchten, sowie Standascher und Papierkörbe
- Dekorgestaltung für Textilbeläge, Wandfliesen, „Marmorteppich“ im Hauptfoyer, Tafelparkettverlegemuster
- Architekturgrafische Gestaltung für Staats-Embleme, Palast-Signets, Druckerzeugnisse, Servierausstattungen
- Modegestaltung der Dienstbekleidung
- Das Mobiliar zeigt in seinen Hauptelementen (Gestühl, Tische, Pflanzkübel, flexibles Trennwandsystem für Ausstellungen und Kongreßbüros) ebenfalls die Merkmale einheitlicher Materialanwendung und weitgehender Austauschbarkeit im Einsatz innerhalb der Bereiche des Hauses.

Großer Saal, Tagungsstätte des IX. Parteitages der SED

Der gläserne Baum im Foyer des Palastes. Im Hintergrund die Bildergalerie „Wenn Kommunisten träumen“

Foyers

Die Foyers dienen der funktionellen Erschließung des Hauses und aller seiner Einrichtungen und sind würdiger Rahmen zum festlichen Verweilen und für kulturelle Aktivitäten einschließlich niveauvoller gastronomischer Betreuung. (...) Der neueste Marmorsaal der Hauptstadt eignet sich vorzüglich für repräsentative Ballveranstaltungen und als geselliger Treffpunkt mit eigenen kulturellen Ereignissen im Rahmen von Palast-Großveranstaltungen.(...)

Großer Saal

Die Grundhaltung bei der Gestaltung des Großen Saales ist von der Zielvorstellung bestimmt worden, den Raum für eine große Palette von Veranstaltungen unterschiedlichster Art nutzen zu können.(...) Die Raum-Funktionsidee geht bei dem vorliegenden Typus eines Versammlungsraumes von der Absicht aus, eine räumliche Trennung zwischen Bühne (aktive Zone) und Zuschauerraum (passive Zone) zu vermeiden. Durch die Möglichkeit des Hineinwachsens der Aktionsfläche in den Zuschauerraum wird eine optimale Kommunikation erreicht, die den Zuschauer zum aktiven Teilnehmer werden läßt. Dabei sind Forderungen, die an Veranstaltungen im Konfrontationskontakt (herkömmliche Anordnung), im Ringkontakt (Arena- bzw. Amphitheater-Anordnung) und im ungerichteten Kontakt (Empfänge, Bälle usw.) gestellt werden, berücksichtigt worden. (...)

Parteiveranstaltung im Großen Saal des Palastes

Die Volkskammer der DDR, verfassungs- und gesetzgebendes Organ des Landes, hatte ihren ständigen Sitz im Palast der Republik.

Großes Foyer, von der Bevölkerung getauft als „Erichs Lampenladen"

Unter dem Asbest nur Steine. Frühjahr 2000

Plenarsaal und Konferenzräume

Der Aufgabenstellung der obersten Volksvertretung und anderer bedeutsamer Kongresse und Konferenzen entsprechend, gliedert sich der Saal in den Parkett- und einen Rangbereich, die in ihrer festen Grundstruktur auf das mehrstufig angehobene Präsidium orientiert sind. (...) Einer größten Saalbreite von 36 Meter steht die mit 24 Meter erheblich geringere Tiefe gegenüber und unterstreicht auch mit dieser räumlichen Proportion sehr wesentlich die enge Verbindung zwischen Präsidium und Abgeordneten.(...)

Die Kunstwerke im Palast der Republik

Die Kunstwerke sind repräsentativ für die inhaltliche Weite und die gestalterische Vielfalt der sozialistisch-realistischen Kunst der DDR. Vom großen Wandbild, mit dessen Themenstellung historische Zeiträume durchmessen werden, reicht die Skala bis hin zum schlichten Stilleben, von der aus Glas und Stahl bestehenden Plastik „Gläserner Baum“ bis hin zu kleinen dekorativen Gestaltungselementen – und aus all dem spricht unser sozialistisches Weltbild, unser von sozialistischen Wertmaßstäben bestimmtes Lebensgefühl.
Einmal mehr machen die Kunstwerke im Palast der Republik anschaulich, in welchem Maße unsere Kunst alle Lebensbereiche erfaßt, geben sie einen Begriff von den „Erkundungsfahrten in die Wirklichkeit“, die unsere Künstler immer erneut unternehmen. Besonders anschaulich zeigt sich auch, wie förderlich der gemeinsame politische Standpunkt für den individuellen Stil und für die persönliche Handschrift des einzelnen Künstlers ist.
16 namhafte Maler, aus drei Generationen hervorgegangen, schufen die monumentalen Wandbilder im Hauptfoyer des Palastes, die ihm einen festlichen und farbenfrohen Charakter geben. (...) Vor allem trägt der „Gläserne Baum“ zu dieser Ausgewogenheit bei, und in ähnlicher Weise wirkt sich die Anwendung gläserner Gestaltungselemente in anderen Bereichen des Hauses aus. Im Foyer der Volkskammer ist, aussagekräftig und beeindruckend, das Bronzerelief „Lob des Kommunismus“ angebracht. (...) [5*]

*1 Der Palast der Republik und seine Erbauer, Bauakademie der Deutschen Demokratischen Republik, 1976, S.15

*2 Der Palast der Republik und seine Erbauer, Bauakademie der Deutschen Demokratischen Republik, 1976, S. 88

*3 Der Palast der Republik. Verlag Zeit im Bild, Dresden,1977 S. 17

*4 Der Palast der Republik. VEB E.A. Seemann, Leipzig 1977 S. 16

*5 Der Palast der Republik. VEB E.A. Seemann, Leipzig 1977 S. 9, 10, 23, 25ff.– 42

Laurenz Demps

Alltagssorgen und Schlossabriß – Alltagssorgen und Zukunft des Palastes der Republik

Es muß im Jahre 1947 gewesen sein, als mich eine ziemlich schwere Kinderkrankheit für längere Zeit im Bett festhielt. Alle Fürsorge hatte Erfolg, und als ich wieder einigermaßen hergestellt war, versuchte man mich abzulenken. Es war bekannt, dass ich eine besondere Vorliebe für Wilhelm Busch hatte, und im ganzen Haus wurde nach entsprechender Literatur gesucht. Man fand ein kleines Skizzenbüchlein mit Zeichnungen von Busch, das aber – für mich enttäuschend – nur Zeichnungen von Ruinen enthielt. Das warf die Frage auf, warum malte Busch Ruinen, denn die waren in diesen Jahren doch Alltag. Viele lebten in Ruinen oder halb zerstörten Häusern, man schlachtete sie aus, indem man nach Brauchbarem, Brennbarem suchte.
In den Fenstern kein Glas, die Jagd nach Eßbarem ordnete den Alltag. Nur schwer war Arbeit zu finden und wenn man sie hatte, war eine Voraussetzung gegeben, um beim Anstehen in langen Schlangen Nahrungsmittel zu ergattern. Alles das ist schon beschrieben, und wenig Neues ist hinzuzufügen, die Folgen aber für das Gemeinwesen sind in der Breite noch nicht bedacht.

Meine Mutter freute sich, wenn die Sonne wieder schien und wir barfuß in die Schule gehen konnten. Es gab nur Igelittschuhe oder Klappersandalen, die zwar vor Glas und Splitter schützen, aber sonst wenig hilfreich waren. Viele Ärzte hatten damit zu tun, am Ende der fünfziger Jahre meine Füßen wieder zu richten, unter verkrüppelten Zehen leide ich bis heute.

In dieser Zeit, in der der Alltag des Einzelnen wenig zählte, denn er war – wie immer – die Normalität, fielen für das kulturelle Antlitz der Stadt wichtige Entscheidungen, die aber letztlich in dieser Zeit wenig zur Kenntnis genommen wurden, denn der Alltag ließ kaum Zeit über den „Tellerrand zu schauen". Es wären jetzt Tabellen über die Entwicklung der Kalorien beim Einzelnen und in der Summe anzuführen, die Mengen der ausgebenen und verbrauchten Lebensmittel für den Einzelnen und für die Mehrheit usw. usw. anzuführen. Das ist alles schon getan.

Intellektuell war die Zeit nach 1945 eine Aufbruchssituation, die immer wieder beschworen wurde und wird; für die Mehrheit der Bevölkerung aber war das Überlebenskampf im ursprünglichen Sinne des Wortes. Weitere Beschreibungen sind ermüdend, aber die Wirkungen sind zu bedenken: Wer hatte Zeit für was ? Nur wenige, eben die Intellektuellen, verstanden die Aufbruchssituation, die anderen hatten keine Zeit dafür, sondern mußten sehen wo sie blieben. In den intellektuellen Kreisen wurde darüber gestritten, wie nach der Katastrophe der Nazizeit und der Niederlage ein Neufang gefunden werde konnte. Die Mehrheit der Wohnbevölkerung Berlins beteiligte sich kaum daran, verhielt sich dazu aber passiv, da man beim Überleben aktiv sein mußte.

Einig war man sich darin, dass dies ein totaler Bruch mit der Vergangenheit sein mußte, ein Bruch, der tiefgreifend alles Hemmende, als schlecht erkannte in der deutschen Vergangenheit ein für alle Male beseitigte. Das Buch von

Die brennende Oper Unter den Linden 1941

Die brennende Stadt am 3. Februar 1945, im Vordergrund die Schlosskuppel

Alexander Abusch „Irrweg einer Nation" stellte dabei den Minimalkonsens der Vergangenheitsverarbeitung dar. Einig war man sich dabei, dass die Hochkultur der Vergangenheit nicht anzugreifen war, aber alles was den Irrweg von Luther über Friedrich II., Bismarck und Hitler begleitet hatte, stand zur Disposition.
So ist zu erklären, dass die Restaurierungsarbeiten am Dresdener Zwinger und am Magdeburger Dom unmittelbar noch 1945 begannen, an anderen, eben den preußischen Orten, nichts geschah. Hier war alles offen, aber es zeigte sich bald die Vorgehensweise, dass alles was dem Neuanfang hinderlich im Wege stand, wenig Chancen hatte. Ruinen sind immer schwer zu verteidigen und finden nur mühsam Anwälte.
Zum Hintergrund des Alltags in den Entwicklungen in der Zeit zwischen 1945 bis 1950, die beachtet werden müssen, gehört auch die Tatsache, dass Millionen Menschen im Krieg gefallen, in Kriegsgefangenschaft und nach Flucht und Vertreibung im wahrsten Sinne des Wortes ein Dach über dem Kopf benötigten und suchten. Die Not in Berlin war so groß, dass der Rückstrom der Berliner Bevölkerung in die Stadt unterbunden, verboten wurde. Abgesehen davon, dass viele der ehemaligen Bewohner angesichts der Not und der Labilität der politischen Verhältnisse auch wenig Interesse zeigten, in den „Trümmerhaufen bei Potsdam", wie Brecht Berlin ironisch nannte, zurückzukehren. Berlin verfügte bei der Volkszählung 1939 über 4 332 770 Einwohner, im August 1945 waren es „nur noch" 2 807 000.[1]
Das intellektuelle Potential, aus dessen Reihen die Verteidiger des Schlosses hätten kommen können, war durch seine Verstrickung in die NS-Zeit wenig glaubwürdig, und wer angesichts eines öffentlich vertretenen, fundamentalen Fortschrittsglaubens das als „schlecht angesehene Alte" bewahren wollte, geriet sofort in den Verdacht ein „ewig Gestriger" zu sein.
Heute vergessen oder schamhaft umgangen, man war auf dem Dorf stolz, sein Neubauernhaus nach der Bodenreform aus den Steinen der Mauer des Gutshauses oder des Gutschlosses gebaut zu haben. Alles, was nur einen gewissen Bezug zum Militär oder zum Krieg hatte, mußte verschwinden, egal ob es aus dem 18. Jahrhundert oder aus der unmittelbaren Gegenwart stammte. Der Bruch hatte radikal zu sein, und man war befriedigt, als ein Teil der Bronzerohre des Zeughauses als Buntmetall zur Wiederverwendung in die Volkswirtschaft „floß". Alles

Lustgarten 1945:
Zerstörtes Denkmal Friedrich Wilhelm III.
und Schloss

was irgendwie brauchbar war, wurde auf seine Neuverwendung geprüft und dann undifferenziert verwendet. Man durchwühlte Ruinen nach Buntmetall, für das im Altstoffhandel gute Preise zu erzielen waren. Diebstähle auch von Kunstwerken aus Bronze waren an der Tagesordnung. Tief hatten Krieg und Kriegsende in den Alltag eingegriffen, Lebensläufe waren zerstört, Karrieren abgebrochen, eine Lebensplanung in der Breite kaum möglich, denn die Ungewissheit war so groß, daß nur schwer Halt zu finden war. Der Verlust von Identität war tiefgreifend, alles was bisher zählte, was ein Wert war oder als ein Wert galt, war verloren, zerstört, von den Nazis in den Schmutz getreten, missbraucht und hatte keine Bedeutung mehr.
Es war ein weitverbreitetes Lebensgefühl, dass das Neue nicht in die Hülle des Alten „schlüpfen" darf. Alles mußte „neu" werden, die alten Wohnungen reparierte man nur, weil es eben nicht anders ging und die Kräfte nicht ausreichten. Aber alles sollte in der Zukunft neu und ohne Erinnerung an die Vergangenheit entstehen. Das betraf die Stadt in ihrer Struktur ebenso wie die einzelne Wohnung. Nur ganz wenig, unbelastetes sollte bleiben. Die Losung „Fort mit den Trümmern und was Neues hingebaut!" beschrieb den Zustand, fand Anklang und war Handlungsmaxime.
Der Vorgang zielte auch auf die Herstellung von „Jungfräulichkeit vor der Geschichte" durch Vernichtung von Symbolik der Vergangenheit. Was weg ist, ist weg und kann nicht mehr an die Vergangenheit erinnern. Ost und West waren dabei vom Ansatz durchaus gleich, nur war der Bruch im Osten totaler, geplanter und politischer sowie mit einem vehement wirkenden Fortschrittsglauben verbunden. Auch das Schloss Charlottenburg, das ebenfalls Ruine war, sollte abgerissen werden, fand aber seine Verteidiger. Vieles von den Problemen des Umgangs mit überkommener Substanz ging an den Menschen und ihren Alltagssorgen vorbei. Es kümmerte sie nicht, man nahm die Befehle der Siegermächte zur Vernichtung von Denkmälern mit militaristischen Inhalt ebenso hin wie die Fahrpläne der Eisenbahn. Diese interessierten aber ungemein mehr, da man von ihnen bei der Tagesplanung abhängig war.
Viel wichtiger war die Lösung des Problems der Nahrungssuche, welcher Händler hatte was? Was gab es auf Abschnitt „III" in dieser Woche? Welche Arbeit erbrachte eine höhere Eingruppierung in der Lebensmittelkartenversorgung?

Schwarzer Markt an der Schlossfreiheit 1947

Woher Kleidung nehmen? Wann kommt die nächste Stromsperre usw. usw. Der Mangel war so groß, dass es neben ihm keine anderen Sorgen gab. Großen Bedarf gab es z.B. an Nähmaschinennadeln, die nicht mehr auf den Markt kamen. Man fragte gar nicht erst in den Geschäften, denn das wäre ja zwecklos gewesen. Als dann doch ein Posten auftauchte, stellte er sich als Ladenhüter heraus, da keiner im Geschäft mehr nach Nähmaschinennadeln fragte. Er ging dann in toto plötzlich für den Vorkriegspreis weg und wird wohl auf dem „schwarzen Markt" wieder aufgetaucht sein.

Zwar wich langsam die Lethargie, man begann sich mit politischen Dingen zu beschäftigen, den unmittelbaren Alltag wieder zu verlassen. Aber es waren dies wiederum die Dinge, die sich mit der Gestaltung der Zukunft befassten, d.h.; die politischen Parteien rangen um Einfluss, um die Köpfe der Berliner. Auch hier waren Fragen der Vergangenheit keine Fragen von Bedeutung, die galt insgesamt als schlecht. Typisch mag hierfür folgender Vorgang um das Berliner Schloss sein. Auf der Magistratssitzung am 23. Juli 1945 stellte Hans Scharoun, Leiter der Magistratsabteilung für Bau- und Wohnungswesen, den Antrag, eine geringe Geldsumme für die Sicherung der Schlösser in Berlin, Charlottenburg und auf der Pfaueninsel bereitzustellen. Ihm antwortete Martin Schmidt, Leiter der Magistratsabteilung für Personalfragen. Er stimme der Nutzbarmachung der Gärten (für den Anbau von Gemüse, d. Vf.) zu, wende sich aber gegen die sogenannte Rettung der Bausubstanz und die Bergung von Einrichtungsteilen.[2] Scharoun zieht den Antrag zurück und stellt ihn, am 20. August 1945 mit verändertem Text neu. Ihm antwortet dann Paul Schwenk, Leiter der Magistratsabteilung für Planung, und bezweifelt die Dringlichkeit der Maßnahmen, denn heute brauche man Arbeitskräfte und Geldmittel vor allem für den Wohnungsbau. Edmund Noortwyck, Leiter der Abteilung für Finanz- und Steuerwesen, geht weiter. Das Protokoll fasst seinen Standpunkt so zusammen: „(Er) denkt an den kommenden Winter. Alle Mittel müßten eingesetzt werden, um diese Not zu lindern. Zudem ist ein großer Teil der deutschen Kultur durch die Schuld der Naziverbrecher untergegangen. Die vordringlichste Aufgabe ist, die Menschen, die aus der schauerlichen Katastrophe des Krieges gekommen sind, am Leben zu erhalten."[3] Trotzdem werden bescheidene Mittel zur Verfügung gestellt. Am 29. Mai 1946 wird nochmals dazu beraten, da die Kosten doch höher geworden sind. Lakonisch gibt das Protokoll eine Äußerung von Otto Winzer, Leiter der Magistratsabteilung für Volksbildung, wieder: „(Er) findet, dass der hier verbrauchte Zement für andere wichtigere Dinge besser angewandt gewesen wäre."[4]

Die sich hier artikulierende Haltung spiegelt zugleich – wenn auch in anderen Formulierungen – die in der Bevölkerung weitverbreitete Meinung wider.

Auf der Sitzung vom 20. August 1945 hatte Scharoun betont, dass man nicht nur von materiellen Dingen lebe[5], verändert hat sich die Haltung der Verantwortlichen durch die Aussage nicht und dieser Satz fand wohl auch keinen großen Widerhall. Das Wesentliche dabei war, dass es keine öffentliche Klärung und Auseinandersetzung gab, kein Gespräch über das, was in diesem Bereich getan werden sollte oder nicht. Es wurde auch nicht der Versuch eines derartigen Diskurses unternommen, egal ob er von der Öffentlichkeit angenommen werden würde oder nicht.

Ausstellung zur 100-Jahr-Feier der Revolution von 1848 im Weißen Saal 1948

1947 und 1948 begann dann die Denkmalpflege eine Bilanz der noch vorhandenen Baulichkeiten von kunsthistorischen Wert anzufertigen und vorzulegen. Sie war verheerend und zeigte die Größe der Verluste und zu leistenden Arbeiten.[6] Leider ging in den folgenden Jahren vieles von dem, was die Liste vorweist, verloren und fiel der Spitzhacke zum Opfer. Alle Versuche der folgenden Jahre, das Schloss zu Berlin zu retten, schlugen fehl. Die Vorgänge um den Abriß des Komplexes sind dokumentiert und sollen hier nicht behandelt werden. Dem Abriss folgten in Berlin und an anderen Orten ständig weitere, und was nicht abgerissen wurde, verfiel in den Städten. Neubaugebiete mit moderneren Wohnungen entstanden als Ersatz, Geschichte ging verloren.

Es soll aber nicht verschwiegen werden, dass eine große Zahl von Berlinern keinen Bezug zum Schloss als Kunstwerk hatte. Er galt als großer, grauer Kasten. Hier rächte sich die mangelnde und nicht in die Breite gegangene Aufklärung über das Bauwerk.

Eine persönliche Erinnerung soll eingeflochten werden. 1948 beging man im damals noch einheitlichen Berlin mit unterschiedlichen Positionen den 100. Jahrestag der Revolution von 1848. Der Schwerpunkt war dabei eine Ausstellung im Weißen Saal des Berliner Schlosses. Es war dies die erste Ausstellung zur Geschichte nach 1945 und stellte den ersten Versuch dar, neue Ansätze zu finden. Der Magistrat unter der Leitung von Louise Schröder hatte beschlossen, dass alle Berliner Schüler sich diese Ausstellung anzusehen hätten. So kam ich dann im Februar oder März 1948 auf den Hof des Schlosses und in den Weißen Saal. Unser Lehrer, ein Sozialdemokrat, erzählte auf dem Hof die Geschichte der Revolution und des Schlosses, zeigte auf den Balkon, auf dem Friedrich Wilhelm IV. den Hut vor den Toten der Revolution gezogen hatte. Der Musiklehrer – so meine Erinnerung – spielte dann das Lied „Brüder zu Sonne, zur Freiheit“. Eigenartigerweise war das Schloss für mich dann eine ganze Zeit mit der Revolution von 1848 und 1918 verbunden. So unterschiedlich sind die Bezüge und Erinnerungen.

Der Abriss historischer Substanz ging bis in die sechziger Jahre weiter. Es wurde von „hohlen Zähnen“ gesprochen, die immer noch das Bild der Städte verunzieren. So kam es zum Abriss der Ruinen vieler wertvoller Bauten wie des Potsdamer Stadtschlosses und der Garnisonskirche, aber auch in Berlin zur Beseitigung der letzten Gebäude der Randbebauung am Gendarmenmarkt.

Ein Umdenken setzte am Ende der sechziger und dann in den siebziger Jahren ein, und hier wirkte wohl die sich auch in der DDR ausbreitende Nostalgiewelle mit. Möglicherweise auch als Folge des Wiederaufbaus des Warschauer Königsschlosses artikulierte sich zunächst leise, dann in Eingaben und auch in der Öffentlichkeit die Frage, warum wird das Berliner Schloss nicht wieder aufgebaut? Das mußte 1973 mit dem Bau des Palastes der Republik sein Ende finden, wirkte dann aber doch auf den Wiederaufbau des Platzes der Akademie, heute wieder Gendarmenmarkt, und auf die Restaurierung der Nikolaikirche und den Bau des Nikolaiviertels in Berlin.

Es soll nicht verschwiegen werden, dass es bei der Namensgebung einige Mühen gab, denn sehr starke Kräfte wollten dieses Gebiet Marx-Engels-Viertel nennen. Aber auch hier muß betont werden, dass dieses nicht alles reibungslos verlief. Es gab Eingaben, eine für die DDR typische Erscheinung der Unmutsäußerungen

Protestdemonstration gegen die Schließung des Palastes der Republik 1992

der Bevölkerung, gegen die Restaurierung der Nikolaikirche, die damit begründet wurden, dass man gezwungen sei in einer Wohnung zu leben, die eine Außentoilette habe und auch sonst alt, verbraucht und verwohnt sei. Man solle erst diese Wohnungen entweder wieder herstellen oder noch mehr Neubauwohnung errichten, ehe man sich solchen Luxus wie die Nikolaikirche leisten könne.

Und dann folgte der Einschnitt 1989/1990 im Osten, der ebenfalls einen Bruch mit der Vergangenheit darstellte, der tief die Lebenswelten aufwühlte, Lebensplanungen entwertete oder abbrach, Karrieren unterbrach und vernichtete. Bisher gelebte Weltsichten wurden über Nacht wertlos, galten nichts mehr. Arbeitswelten verschwanden, zahlreiche Berufsbilder wurden nicht mehr gebraucht.

Aber es gab massenweise keine materielle Not; kein Haus war zerstört, es gab mehr als ausreichend Lebensmittel, wenn auch nicht immer in der gewünschten Geschmacksrichtung. Eine Warenflut ergoß sich in die neuen Länder. Unbegrenzter Konsum war möglich, Reisen ebenso, und auf das Auto mußte nicht gewartet werden, sondern konnte, so man Geld hatte, gleich mitgenommen werden. Es war ein Umbruch aus einer „Warte- und Anmeldegesellschaft", d.h. aus einer Gesellschaft, in der der Mangel kompensiert werden mußte, in eine Gesellschaft des unbegrenzten Konsums.

Politisch hatte sich das Land in einem hohen Tempo total umgestülpt. Die Wirtschaft brach zusammen, hohe Arbeitslosigkeit war der Preis. Die Wohnungen wurden saniert, neue Siedlungen entstanden. Menschen wanderten in andere Regionen ab, so dass im Jahre 2000 etwa 1 Millionen Wohnungen im Osten leer stehen.

1990, noch zu DDR-Zeiten, wurde der Palast der Republik wegen der Asbestbelastung geschlossen. Man nahm es hin, aber ein bestimmtes Grummeln entwickelte sich. Es verschaffte sich zunächst nur ein geringes Gehör, aber ein Unterton war von Anfang dabei: Hier soll etwas zertreten und uns genommen werden. In Berlin war das zunächst stärker als in den neuen Ländern. Es zeigte sich die noch stark ausgeprägte Ablehnung der Bevorzugung Berlins, aber auch hier gab es Stimmen, die Ablehnung symbolisierten.

Und die erste Neuplanung für das Regierungszentrum in Berlin sah wieder „flächendeckende Abrisse" vor, so das Gebäude der Reichsbank (dann ZK-Gebäude), das Gebäude des Reichs-

luftfahrtministeriums (dann Haus der Ministerien), des Ministeriums für Auswärtige Angelegenheiten und des Staatsratsgebäudes, das heute als vorläufiger Sitz des Bundeskanzleramtes dient. Das schuf Ablehnung, man konnte sich aber nun dagegen äußern, und es wurde die Mehrzahl der Gebäude auch gerettet.
Ein Grundzug war in dieser Umbruchsituation der nach 1945 in groben Zügen vergleichbar: Fast alle Menschen mußten sich neu einrichten, sich den neuen Verhältnissen stellen und einen ungeheuren Lernprozeß durchlaufen. Für den gab es aber weniger Zeit als nach 1945, er mußte im Galopp vollzogen werden, denn wer sich den neuen Verhältnissen und ihrer Geschwindigkeit nicht stellte, lief Gefahr, den Anschluss zu verpassen, und das war und ist mit Verlusten verbunden. Auch nun scheinbar wieder keine Zeit, sich mit den Dingen außerhalb des Alltags zu befassen.
Zu den angemerkten Verlusten gehörte auch der geforderte Verlust der Identität, d.h. die Überwindung der einstigen Realität der DDR. Dem stellte man sich, aber die Forderungen gingen im Detail sehr weit, und an die Stelle der Verluste wurden wenige oder kaum neue Dinge gesetzt, mit denen man sich identifizieren konnte. Das war sehr deutlich im Jahre 1999 zu verspüren. Es gab mehrere Ereignisse der alten Bundesrepublik, die auf die 50-jährige Wiederkehr zum Beispiel des Verkünden des Grundgesetzes hinwiesen oder auf die „Luftbrücke". Alles Vorgänge, an denen der Osten nicht beteiligt war bzw. die damals die Menschen im Osten nicht berührten. Das, was DDR war, fand nicht statt, bzw. nur im Sinne der Delegitimierung. Das reicht aber nicht.
Allerdings half in den Ländern ein Rückbesinnen auf Vorgänge, die vor 1933 stattgefunden hatten bzw. auf historische Bauwerke, die im Krieg zerstört worden waren. Erinnert sei nur an die Bewegung zum Wiederaufbau der Frauenkirche in Dresden oder an den Wiederaufbau des dortigen Schlosses. Auch – um ein weiteres Beispiel zu nennen – der Guss der mächtigsten Glocke des Domes zu Halberstadt schuf neue Identitäten. Das galt und gilt leider nicht für Berlin. Hier ist zwar mit den Projekten des Wiederaufbaus der Bauakademie und des Baus der Fassade des Schlosses ein Ansatz versucht worden, neue Momente der Identifikation zu suchen und zu finden. Einerseits aber wurde vieles zerredet, und anderseits wurde von vornherein auf die neuen Gebäude und Stadtteile wie den Potsdamer Platz gesetzt, um so – wie eine Berliner Zeitung unwissend schrieb – einen Ort zu haben, der neu und ohne Geschichte ist. Man fühle sich hier eben wie in Tokio. Oh, heilige Einfalt, der Ort hat mehr Geschichte und mehr Belastung als die Mehrzahl anderer Orte in der Stadt. Hier stand z. B. der Volksgerichtshof. Nur ist hier alles vom Krieg zerstört und im Nachkrieg abgerissen worden, so dass jede Erinnerung verloren und verschüttet ist.
Von Bertolt Brecht soll das Wort stammen, Berlin habe kein Gedächtnis und sei deshalb besonders revolutionär. Als Bonmot sehr brauchbar; knüpft es doch auch tatsächlich an den schwierigen Zustand in der Gedächtniskultur der Stadt an. Vielleicht ist es das Besondere einer Großstadt, dass ihr regionales Gedächtnis kurz ist und nicht sehr weit in die Vergangenheit reicht, da der Zustrom von Menschen aus anderen Regionen in die Stadt dem Tradieren der Ereignisse am Ort Hindernisse in den Weg legt. Die Menschen, die aus anderen Teilen des Landes nach Berlin kamen und kommen, bringen ihre eigenen Traditionen mit und können zunächst mit den Ereignissen der Berliner Geschichte wenig anfangen, da Berlin ja noch nicht zum eigenen Lebenskreis und dem der Familie gehört. Zwar ändert sich dann die Stellung des Einzelnen zur Stadt, die ja nun Heimat geworden ist. Hier ist eine Quelle für das Verhalten einiger Gruppen im Streit zwischen Palast und Schloss zu suchen. Das Schloss kennt man nach 1990 gar nicht mehr und wusste vielleicht auch nichts mehr von ihm; der Palast war eigenes, gelebtes Leben. Die politische und materielle Situation ist eine gänzlich andere wie nach 1945, und es muß abgelehnt werden, sie miteinander in das Verhältnis zu setzen. Aber der Bruch mit der Vergangenheit ist da und äußert sich nun früher als sonst in einer Rückbesinnung im Sinne „des früher alles besser gewesen zu sein". Kaum jemand will in den Zustand „DDR" zurück, aber man kämpft um Positionen. Und der Kampf ist in Berlin besonders heftig. Die Stadt ist nicht nur „Werkstatt" der Einheit, sondern eben auch Kampfplatz. Und hier kommt das Besondere der Stadt hinzu. Mit dem Palast hat man gelebt, hat ihn genossen, seine Örtlichkeiten besucht, am Postschalter die begehrten Sammlermarken gekauft usw. usw.
Der Palast war Teil des eigenen Lebens, der Freizeit. Die Räume der Volkskammer interessierten nicht, sie konnte man sowieso nicht betreten. Das Haus hatte man bezahlt und dafür gearbeitet. Man nannte es zwar „Erichs Lampenladen", aber das war so kritisch wie es klingt nicht gemeint, denn die persönlichen Erinnerungen an die Ereignisse in diesem Hause waren wichtig. Der Palast stand mit seiner Architektur in der Tradition der Volkshausarchitektur, d.h., er war speziell eben auf eine breites Publikum gerichtet und bot die unterschiedlichsten Möglichkeiten der Unterhaltung. Und er mußte subventioniert werden. Das waren jährlich um die 300 Mill. Mark aus dem Staatshaushalt der DDR, zu einer Zeit, in der das Brötchen 0,05 Pfennige kostete. Und das soll genommen werden. Das berührt auf eine eigenartige Weise weniger den Verstand als das Gefühl. Mental werden keine Argumente mehr bewegt, sondern nur das Gefühl des Verlustes. Es ist eine Art „Rosenkrieg", ein „Stellvertreterkrieg" entstanden, und es ist zum gegenwärtigen Zeitpunkt kaum möglich, sachlich zu argumentieren. Es wird auch nicht zur Kenntnis genommen, was beabsichtigt ist. Ein bösartiger Teil dieses Phantomschmerzes wird wohl als „Bürgerfeindlichkeit" noch lange die Diskussion begleiten. „Man will uns den Palast, das Volkshaus nehmen, um das Schloss und den Kaiser wieder zu haben." Warum, so soll die Frage hier einmal gestellt werden, stellt man derartige böse Bezüge in dem einst so „roten Sachsen" nicht her und baut mit aller Ruhe und in hoher Qualität die Ruine des Schlosses wieder aus?
Noch ist alles offen, aber eine Lösung muß bald an diesem Ort herbeigeführt werden, denn dieser Ort ist der zentrale Ort der Stadt, auf den sich alles bezieht und wieder mit Leben gefüllt werden.

Prof. Dr. phil. habil. Laurenz Demps, Berlin, geb. 1940, lehrt an der Humboldt-Universität zu Berlin. Zahlreiche Veröffentlichungen zur Berliner Stadt- und Baugeschichte, u. a. das Standardwerk „Die Wilhelmstraße"

1 Berlin in Zahlen 1946/1947, Berlin 1949, S. 51.
2 Die Sitzungsprotokolle des Magistrats von Berlin 1945/46. Bearbeitet und eingeleitet von Dieter Hanauske, Teil I, Berlin 1995, S. 232.
3 Ebd., S. 339.
4 Ebd., Teil II, Berlin 199, S. 496.
5 Ebd., Teil I, S. 339.
6 Berlin, Quellen und Dokumenten 1945–1951, 1. Halbband, Berlin 1964, S. 490.

Studie zur Rekonstruktion des Berliner Schlosses

Die Schlossfassade zur Schlossfreiheit

Die Schlossfassade zum Lustgarten.
Links mit der Teilfassade des Palastes der Republik als Spreeflügel

Die Schlossfassade zum Schlossplatz mit
der Teilfassade des Palastes der Republik (rechts)

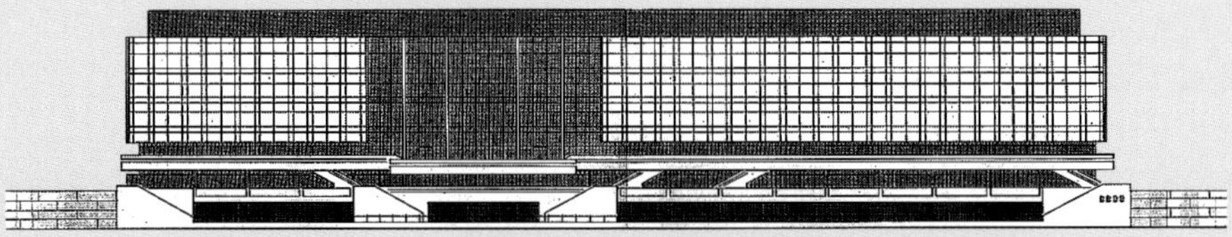

Die Teilfassade des
Palastes der Republik mit neuer Attika als Spreeflügel

Arbeitsgemeinschaft Berliner Schloss

Nutzungs- und Architekturkonzept für das Neue Berliner Schloss

Die öffentlichen Anforderungen an ein Nutzungskonzept für das „Neue Schloss“ sind hoch und vielfältig. Drei Hauptnutzungsbereiche kennzeichnen den Stand der Debatte:

Gesellschaftszentrum Berlins, Konferenz- und Begegnungszentrum

Bund und Länder sollen es für ihre verschiedensten Anlässe nutzen können: Hier werden sie im Sinne unseres föderativen Staates repräsentieren und ihr Staatszeremoniell durchführen, nationale und internationale Gäste in der Hauptstadt empfangen und beherbergen, Konferenzen, Empfänge und Banketts ausrichten. Die Länder können mit der Vielfalt ihrer regionalen Eigenheiten ihre Leistungen in Kunst, Kultur und Wirtschaft darstellen und sich darüber hinaus in ihrer landesspezifischen Gastronomie darstellen.

Die Wirtschaft wird geeignete Räume für interdisziplinäre Gespräche zur Gestaltung der sozialen, ökonomischen und ökologischen Bedingungen der Zukunft unseres Landes finden.

Die Bürger unseres Landes sehen hier einen Ort der Begegnungen, werden sich austauschen und in der Vielfalt ihrer kulturellen Interessen Neues erleben. Sie werden hier Bälle und Feste feiern und ihren Freunden in den Restaurants Gastgeber sein.

Kulturzentrum in Ergänzung zur Museumsinsel

Die Kultur wird sich in einem breiten Spektrum in dem Gebäude entfalten können:
Klaus Dieter Lehmann, Präsident der Stiftung Preußischer Kulturbesitz, schlug im Mai 2000 vor, die ethnologischen Sammlungen aus Dahlem in das Schloss zu verlagern. Die großartige Kunst Japans, Chinas, Indiens und anderer Länder würde in hervorragender Weise die Sammlungen der Kunst Europas aus 6000 Jahren ergänzen. Berlins Museumsinsel würde damit einen internationalen Rang erhalten, der dem des Louvre in Paris gleich käme. Dahlem müsse sowieso in absehbarer Zeit für 400 Millionen Mark saniert werden, dieses Geld würde man besser in das Schloss investieren, großartig wäre dieser zusätzliche Nutzen für die Museumsinsel.
Zwischen den beiden Weltkriegen war im Schloss das Kunstgewerbemuseum untergebracht. Gerade die kostbaren Sammlungen mit den Exponaten des 17. bis 19. Jahrhunderts fänden im Neuen Schloss einen würdigen Rahmen. Diese Alternative geht auf Gedanken von Klaus Peter Schuster, dem Generaldirektor der Stiftung, zurück.
In der Wechselausstellungshalle könnten darüber hinaus internationale Kunstausstellungen stattfinden, für die Berlin bislang keine geeigneten Räume hat.
Die Einrichtung einer repräsentativen Berlin-Bibliothek wird vom Berliner Senat angeregt. Dies wäre eine denkbare Gegenposition zu den Plänen der Stiftung preußischer Kulturbesitz. Eine Verwirklichung beider Modelle nebeneinander ist aber nicht möglich, will man hierfür nicht auf das Gesellschaftszentrum verzichten.

In Ergänzung hierzu werden Konzerte, Theateraufführungen, Lesungen und Kolloquien in den verschiedenen Räumen des Schlosses einem breiten Publikum angeboten werden.

Wissenschaftszentrum und Niederlassung bedeutender Institutionen

Die Wissenschaft wird einen Treffpunkt für den Austausch von Forschungsergebnissen, für die Debatte über die Zukunft unserer Gesellschaft erhalten. Als Mieter der Büroflächen im Hause wären denkbar:

- Die Berliner Repräsentanzen großer wissenschaftlicher Gesellschaften. Schon die Kaiser Wilhelm Gesellschaft, deren Nachfolgerin nach dem Kriege die Max Planck Gesellschaft wurde, hatte ihren Sitz zwischen 1920 und 1945 im Schloss.
- Die Berliner Kopfstellen der großen Kultur- und Kapitalstiftungen für alle denkbaren gemeinnützigen Zwecke.
- Ein „World Engineering Center“, analog zu den Word Trade Centers, nach den Vorschlägen des Verbandes Deutscher Ingenieure.

Die eingeplanten Büroflächen können alternativ auch bedeutenden nationalen und internationalen Organisationen als ihre Repräsentanz in Berlin angeboten werden. So wird das Haus auch durch diese zu einem angesehenen Mittelpunkt der Stadt gemacht. Denkbar sind als Nutzer:

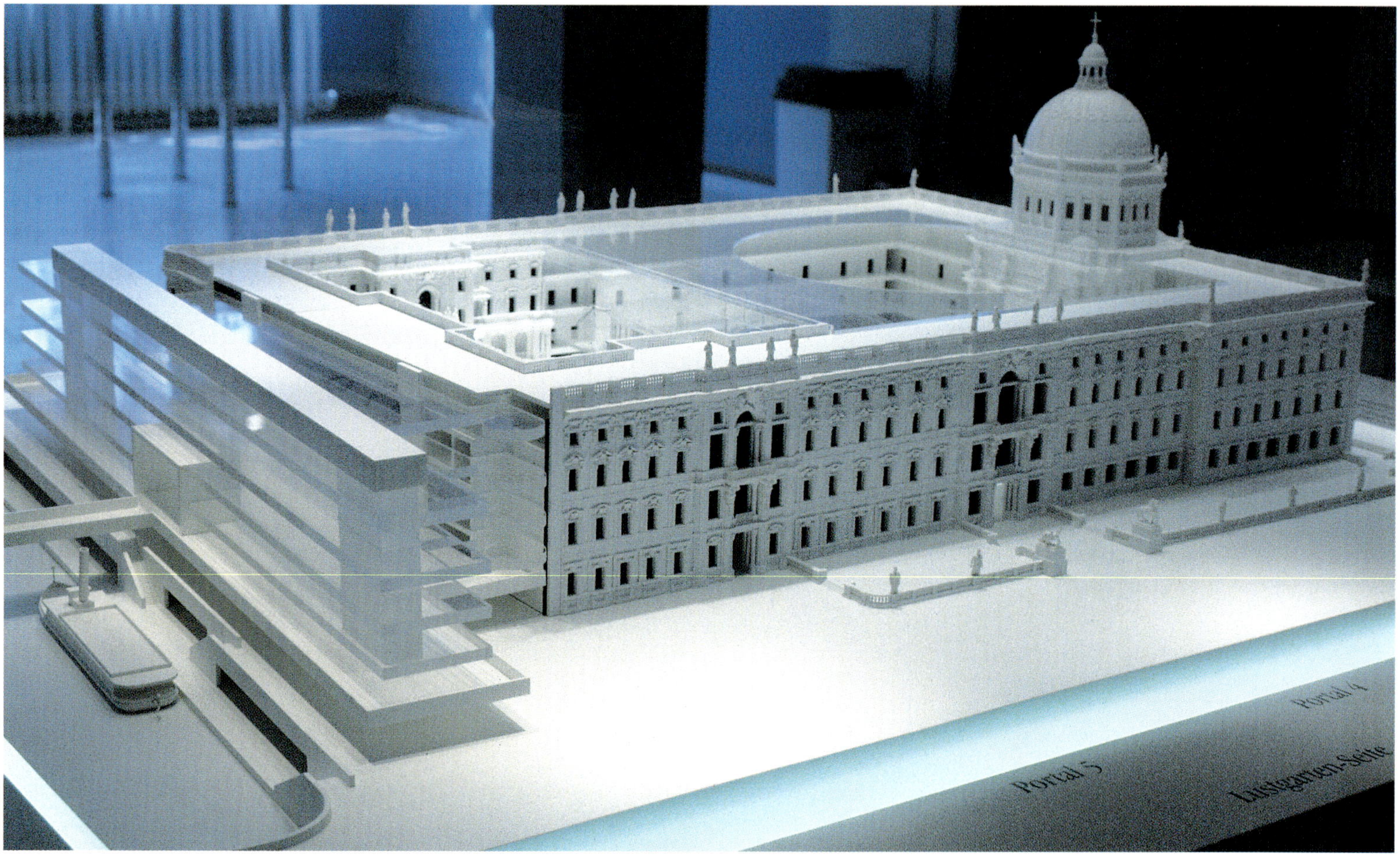

Modell Wiederaufbau Berliner Stadtschloss

Entwurf: Architekten Ralf Schüler/Ursulina Schüler-Witte, Berlin

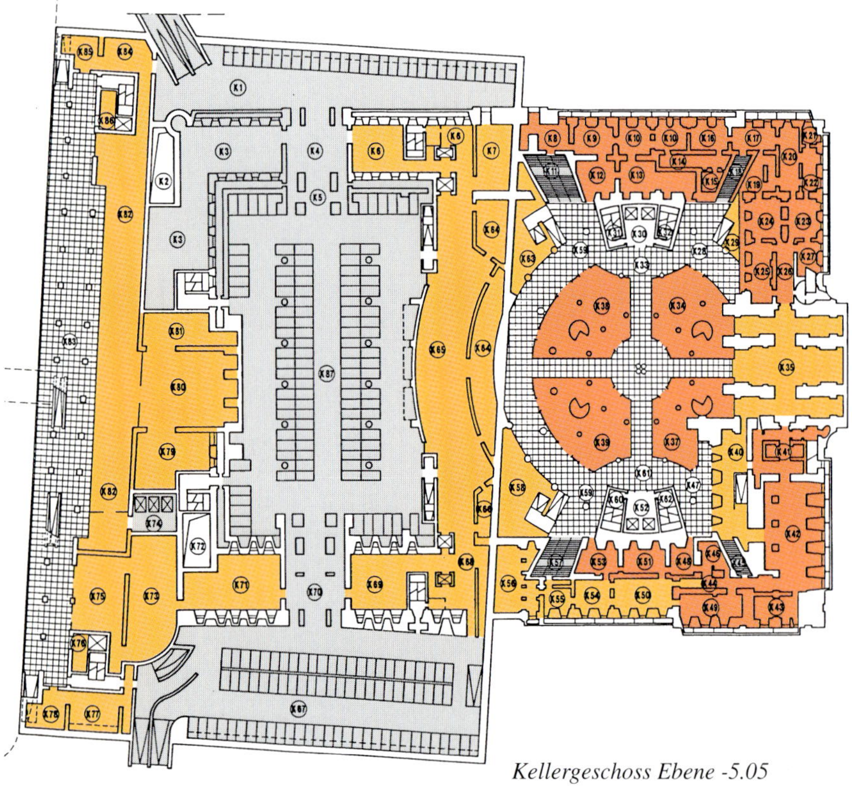

Kellergeschoss Ebene -5.05

- *Bundeskonferenzzentrum*
- *Gästehaus/Hotel*
- *Kunsthalle/Bibliothek*
- *Gastronomie und Dienstleistungen*
- *Gewerbliche Nutzungen (Läden, Galerien, etc.)*
- *Büro*
- *In den Tiefgeschossen: Magazin der Bibliothek/ Tiefgarage/Technik Im übrigen Gebäude: Betriebsgesellschaft*

Erdgeschoss Ebene +0.04

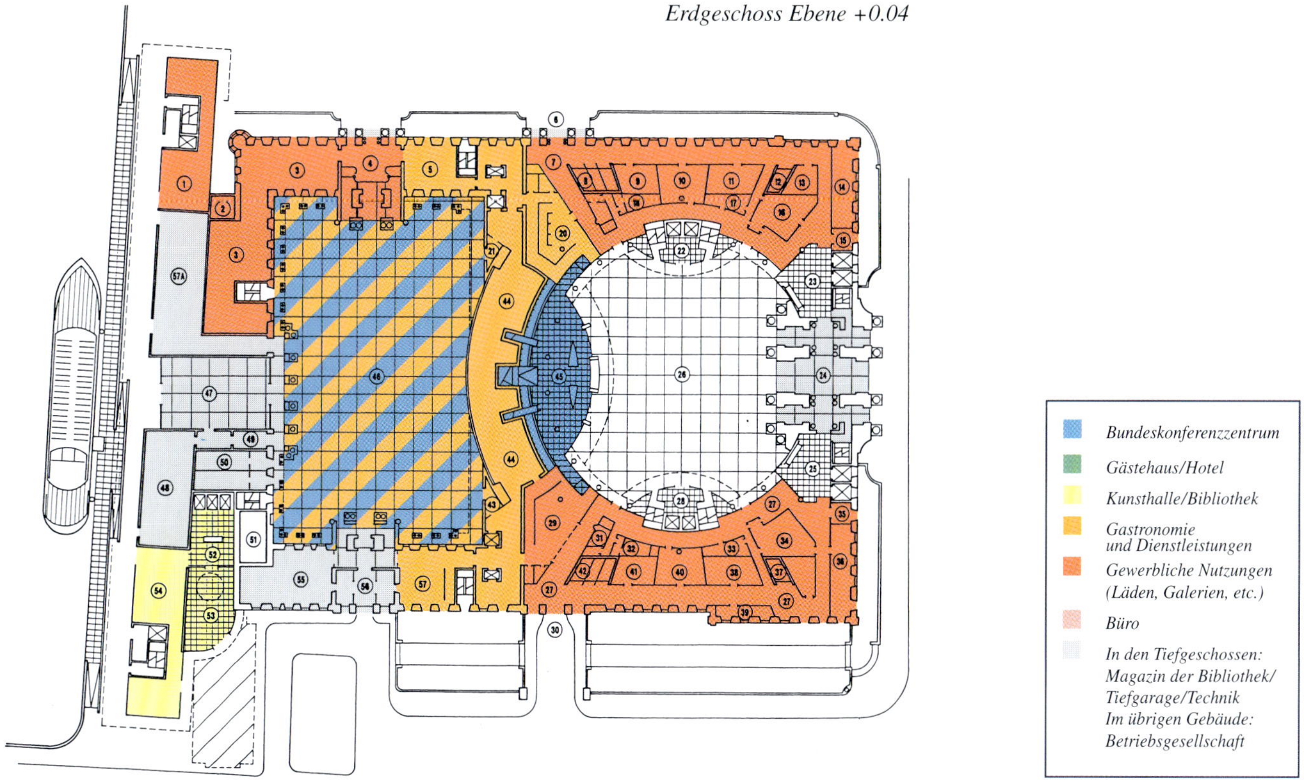

- Die Berliner Niederlassung der Europäischen Union zur Integration Osteuropas in die Union.
- Die Berliner Geschäftsstelle der UNESCO.
- Vereinigungen und Verbände mit hoher gesellschaftlicher Reputation.

Der Phantasie, seriöse Nutzungen für den Gebäudekomplex zu entwickeln, sind keine Grenzen gesetzt. Eine rein „kommerzielle" Lösung sollte nur als ultima ratio ins Auge gefaßt werden, nämlich nur dann, wenn keine der öffentlichen Konzeptionen verwirklicht werden kann.
Vor demselben Problem stände dann aber auch ein Neubau in moderner Architektur auf dem Schlossplatz.

Raumstruktur des Neuen Schlosses

All dies erfordert Räume in verschiedenster Gestalt, mit repräsentativem Ambiente und vollständiger Vernetzbarkeit. Räume für das Gespräch, für eine Debatte, für eine Verhandlung oder eine große Konferenz, für ein Essen, für ein großes Fest, für die Bälle der Stadt. Räume für Ausstellungen aller Art und für die Darstellung. Räume für den täglichen Bedarf in schlichterer Ausstattung ebenso wie Räume für höchste gesellschaftliche Ansprüche.
Das Gebäude wird in verschiedene Bedarfsebenen mit normalen und sicherheitsrelevanten Standards aufgeteilt.
Das Neue Schloss wird in seiner vielfältigen Nutzung unseren föderalistischen Bundesstaat den Geist seiner Gesellschaft widerspiegeln. Aber so wie sich unsere Gesellschaft in einem ständigen Veränderungsprozess befindet, müssen die Räume des neuen Schlosses vor dem sich verändernden Bedarf und Geschmack bestehen können. Sie sollen deswegen in anspruchsvollem, aber nicht modischem Ambiente gestaltet, mit ihrem Interieur lange Zeit ohne Veränderungen nutzbar sein. Sie müssen, multifunktional ausgestattet, deswegen für verschiedenste Zwecke einsetzbar sein.

Baubeschreibung

Nur das Neue Schloss in der überlieferten äußeren Architektur gibt der alten Mitte Berlins wieder ihren Halt, nimmt die immer noch bestehenden Kommunikationslinien der historischen Gebäude wieder auf, bildet das Gravitationszentrum der alten Mitte der Stadt. Die Straße Unter den Linden führt wieder zu ihrem Ziel. Das Brandenburger Tor, als Nachbildung der Propyläen Athens gestaltet, als Tor zum Schloss, wird nun wieder mehr als nur Monument der Deutschen Einheit und gewinnt damit seinen eigentlichen städtebaulichen Sinn zurück.

Grundlagen der Planung

Die Dokumentation der Architektur des Schlosses in Spolien, Plänen und Fotos des Schlosses ist so detailliert vorhanden wie umfangreich, so dass eine exakte Rekonstruktion in traditioneller handwerklicher Ausführung möglich ist. Im Sommer 2000 wird dies am Beispiel von zwei Schlüterschen Fensterachsen nachgewiesen. Im Auftrag des Fördervereins Berliner Stadtschloss und gefördert vom Ernst v. Siemens Kunstfonds entwickelt die Technische Universität Berlin Baupläne auf Basis der computerunterstützten Photogrammetrie unter Nutzung aller übrigen bislang bekannt gewordenen Quellen. Damit wird der Beweis geführt, dass die zentimetergenaue Rekonstruktion des letzten Bauzustandes des Schlosses möglich sein wird, wenn man diesen wiederherstellen will.

1. Obergeschoss Ebene +8.20

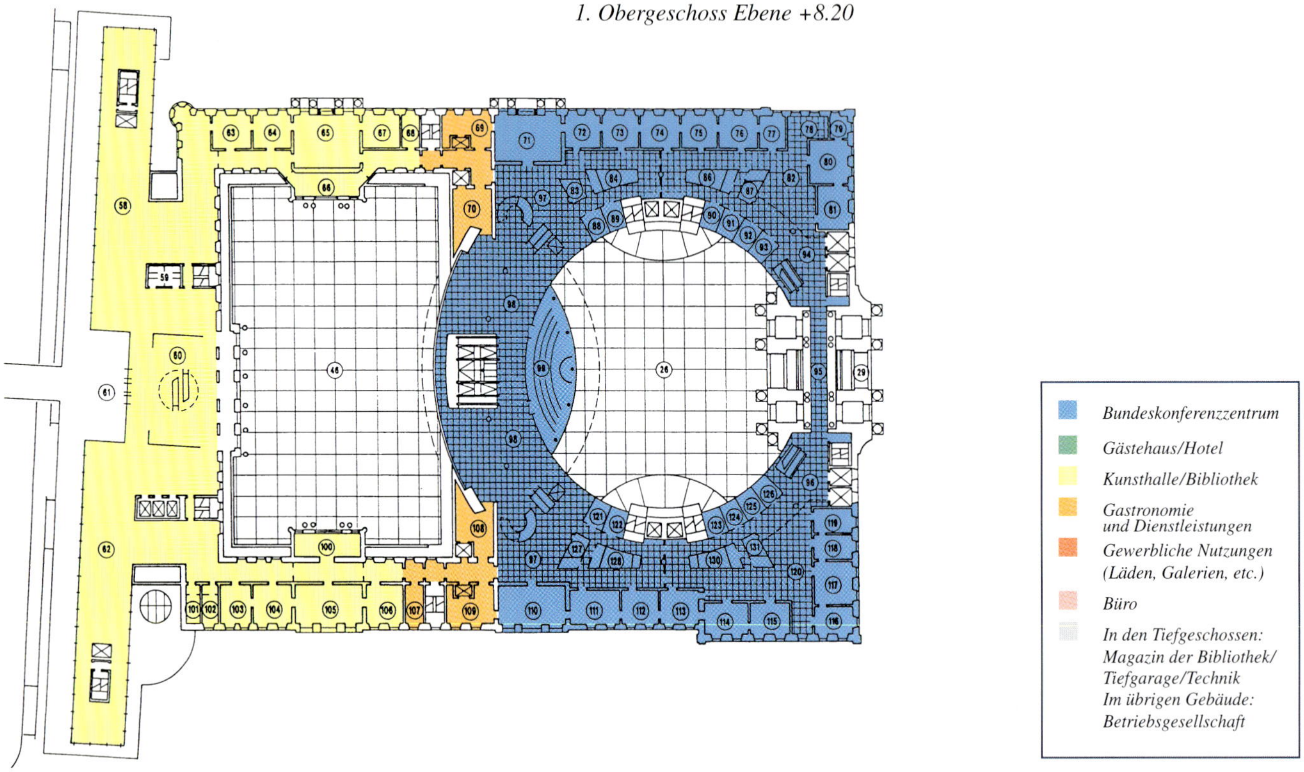

Äußere Gestalt des Neuen Schlosses

Die drei Barockfassaden am Lustgarten, an der Schlossfreiheit und am Schlossplatz, mit den fünf Portalen und ihrem plastischem Schmuck werden in traditioneller handwerklichen Arbeit ausgeführt und damit archäologisch exakt wiedererstehen. Die Schlosskuppel soll als Gegengewicht zum Dom dem Platz seinen Maßstab zurückgeben.

Jedem Kompromiß in Betonguß oder maschinell gefertigtem Sandstein ist zu widersprechen.

Die Ostfassade an der Spree wird in moderner Form entstehen, um einer möglicherweise später auf dem Marx-Engels-Forum verwirklichten Bebauung zu entsprechen. Solange dieses Forum jedoch existiert, ist auch eine Fassade denkbar, die Anklänge an die Ostfassade des Palastes der Republik aufweist. Damit kann die derzeitige Platzsituation in ihrer Ausrichtung auf den Fernsehturm und den Alexanderplatz städtebaulich vorläufig bestehen bleiben.

Das Neue Schloss wird so wieder eine Gelenkfunktion zwischen dem westlichen barock-klassizistischen Stadtraum und der modern aufgebauten Mitte östlich der Spree wahrnehmen, so wie es früher das mittelalterliche Berlin im Osten mit dem barocken Teil der Stadt verband.

Der Schlüterhof als bestes Zeugnis der Kunst seines Bildhauer-Architekten soll wieder erstehen. Unter einer gläsernen Überdachung wird er zum schönsten und größten Festsaal Berlins. Will man den Schlüterhof, ist der Palast der Republik auch nicht in Teilen zu erhalten. Er befand sich in Überdeckung mit großen Teilen der Volkskammer, dem Foyer und dem Großen Saal.

Der große Schlosshof wird nicht in alter Form rekonstruiert, der Flächenbedarf im Konzept des Neuen Schlosses lässt dies nicht zu. Die Ostseite des Eosanderportals mit der Kuppel wird aber auch hier wieder der bestimmende Maßstab des modern gestalteten Hofes sein.

Innenräume

Historischer Teil

Die wichtigsten historischen Räume und Treppenhäuser sollen nach dem Vorbild des Goldenen Saales im Rathaus Augsburg oder der Würzburger Residenz zentimetergenau an ihrem alten Ort eingemessen werden. In eleganter Ausstattung, ggf. sogar mit dem ursprünglichen Inventar und einer entsprechenden Raumwirkung, werden sie zunächst in schlichter Form eingebaut:

Wo früher sich das stark stuckierte Hauptgesims, die Attika und ein mit einem Gemälde gefüllter Deckenspiegel sowie ein künstlerisch gestalteter Parkettfußboden befanden, entsteht zunächst die schlichte Form – Hauptgesims und Attika in ihrem Architektur-Grundprofil und das Deckengemälde in abstrakter Ausführung, aber dem Farbenklang des Vorgängers nachempfunden, dazu ein Parkettfußboden im Grundmuster und verwendetem Holz dem Vorbild entsprechend.

1. Zwischenebene +11.88

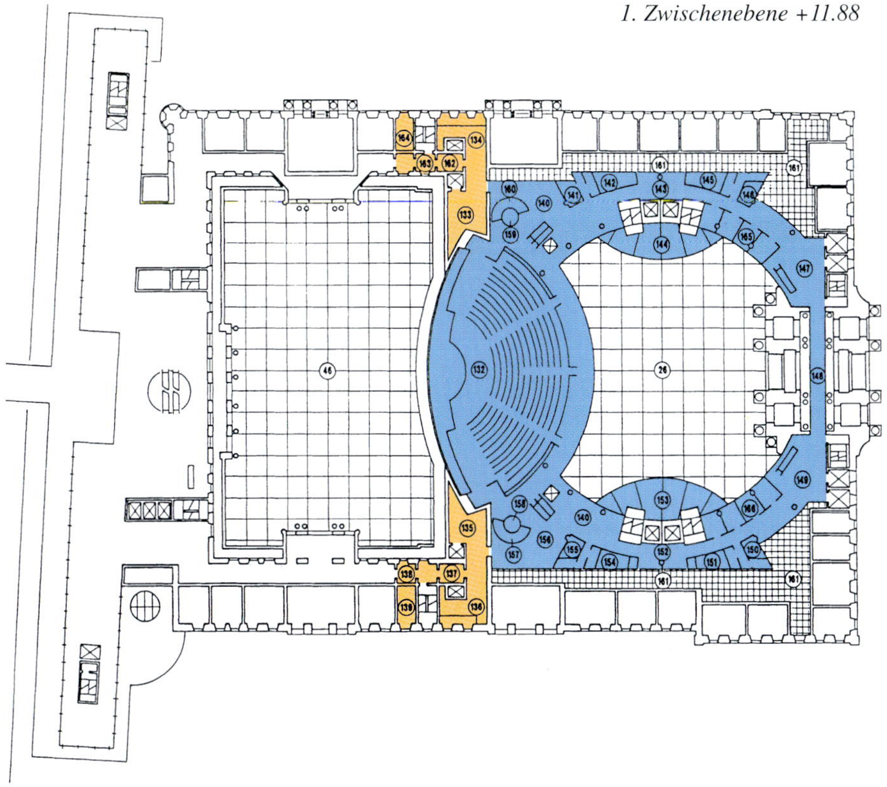

- *Bundeskonferenzzentrum*
- *Gästehaus/Hotel*
- *Kunsthalle/Bibliothek*
- *Gastronomie und Dienstleistungen*
- *Gewerbliche Nutzungen (Läden, Galerien, etc.)*
- *Büro*
- *In den Tiefgeschossen: Magazin der Bibliothek/ Tiefgarage/Technik Im übrigen Gebäude: Betriebsgesellschaft*

Innenräume
Neue Raumkonzepte in moderner Architektur

Über zwei Drittel der Raumflächen des alten Schlosses waren Schlichträume der preußischen Staatsverwaltung, Dienerkammern und Dienstleistungsräume aller Art sowie Depots für alles, was zum Betrieb des Schlosses nötig war, architektonisch wie auch kunstgeschichtlich unbedeutend. Dieser Teil ist unter den Voraussetzungen der neuen Nutzung nicht wiederherstellbar. Hier bietet sich an, mit den besten Innenarchitekten neue Raumschöpfungen zu schaffen, die in einer Collage mit den historischen Räumen und Treppenhäusern verbunden werden.

So entsteht der neben dem klassischen Zusammenhang von Fassade und dahinter liegenden historischen Räumen bei entsprechender Qualität der modernen Säle eine Raumfolge voller Spannung und Eleganz und trotzdem pragmatisch dem Nutzungskonzept unterworfen.

Die historischen Räume waren früher, der Dramaturgie barocker Architektur folgend, nur über eine Enfilade miteinander verbunden, also Durchgangsräume, die sich von Raum zu Raum steigerten, um im Thronsaal ihren Höhepunkt zu erhalten. Durch die Überglasung des Schlüterhofes entstehen in seinem Bereich dadurch keine Nutzungsprobleme, weil über seine Balkone die einzelnen Räume getrennt erreichbar sein werden und damit auch getrennt nutzbar.

Im Bereich des Großen Schlosshofes ist dies nicht möglich. Deswegen muß dort für das neue Nutzungskonzept zusätzlich ein innenliegendes Foyer entstehen, von dem aus jeder Raum einzeln und für unterschiedliche Veranstaltungen genutzt werden kann. Auf der Hofseite dieses Foyers ist es dann möglich, die Anzahl der Stockwerke zu verdoppeln, um die für den geplanten Gebrauch zusätzlich nötigen Nutzflächen zu schaffen.

Anstelle des früheren Quergebäudes, das die beiden Schlosshöfe trennte, entsteht das Konferenzzentrum, mit einem kleinen und einem großen Plenarsaal sowie einer Anzahl kleinerer Räume, von dem aus der Blick in den Schlüterhof oder alternativ auf das Eosanderportal ermöglicht wird. So verleiht die historische Außenarchitektur auch diesen Räumen ein unvergleichliches Ambiente.

Diese Räume im Verbund mit dem Schlüterhof ermöglichen eine zusammenhängende Saalfolge, in der auch ein großes Bankett für bis zu 2500 Teilnehmer möglich wird, eine Raumflucht also, wie sie von der Berliner Hotellerie und Veranstaltungsmanagern seit langem für die Stadt gefordert wird.

Für die Sammlungen der Stiftung Preußischer Kulturbesitz und die Bibliothek fehlen staatlicherseits z.Zt. noch wichtige Parameter zu Größe, Inhalt und Funktion, um sie schon jetzt optimal in das Raumprogramm einzuplanen. Generell ist die Unterbringung des Magazins in den Tiefgeschossen der Ostseite vorgesehen, die Ausstellungs oder Leseräume unmittelbar darüber in den Geschossen an der Spree- und Lustgartenfront.

Die Kunsthalle entsteht ebenfalls in dem modernen Osttrakt und nutzt auch angrenzende historische Räume.

Das Erdgeschoß und das Souterrain mit den wieder eingewölbten, historischen Schlosskellern nehmen den öffentlichen Publikumsverkehr auf und erhalten Restaurants und Läden, wie z.B. für Museumsshops, Printmedien und anderes für den Tagesbedarf der Besucher sowie Räume für andere Dienstleistungsangebote. Ein Warenhaus oder gar Geschäfte von seichter kommerzieller Art sind wegen der Würde des Ortes allerdings undenkbar.

Das Gästehaus/Hotel und das Konferenzzentrum werden gemeinsam betrieben. Sie ergänzen einander und sollen höchsten Standards genügen. So besteht die Möglichkeit, wichtige Staatsgäste im Hause repräsentativ und auch mit entsprechenden Sicherheitsstandards unterzubringen.

Die Büroflächen für die erwähnten Organisationen befinden sich in den obersten Geschossen des Gebäudes, sind also vom Publikumsverkehr getrennt. Sie erhalten deswegen auch separate Zugänge.

Die Wanne des Palastes der Republik nimmt zusätzlich neben dem Magazin der Bibliothek die Tiefgarage und Räume für die technische Versorgung des Schlosses auf. Falls der Raum nicht ausreicht, ist die Unterbringung der Tiefgarage nach dem Vorbild des Luisenplatzes in Potsdam auch unter dem Lustgarten denkbar.

- *Bundeskonferenzzentrum*
- *Gästehaus/Hotel*
- *Kunsthalle/Bibliothek*
- *Gastronomie und Dienstleistungen*
- *Gewerbliche Nutzungen (Läden, Galerien, etc.)*
- *Büro*
- *In den Tiefgeschossen: Magazin der Bibliothek/Tiefgarage/Technik Im übrigen Gebäude: Betriebsgesellschaft*

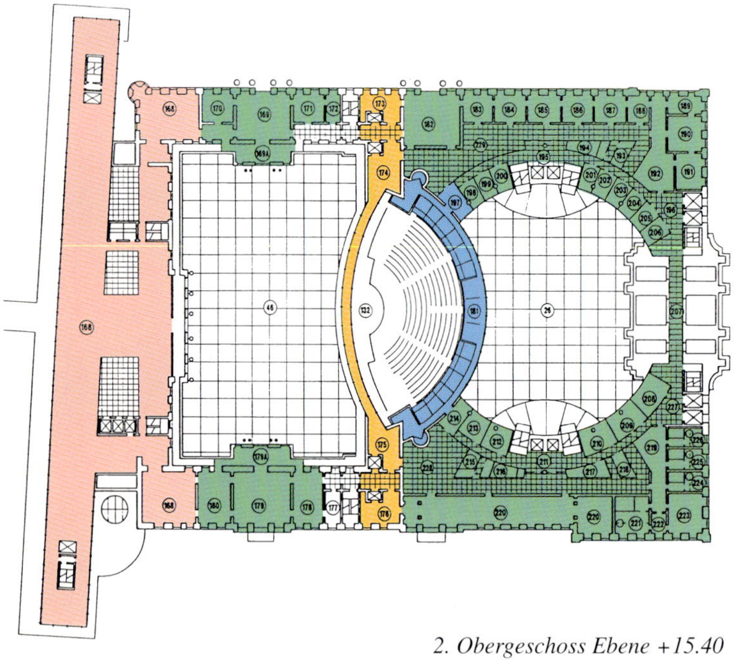

2. Obergeschoss Ebene +15.40

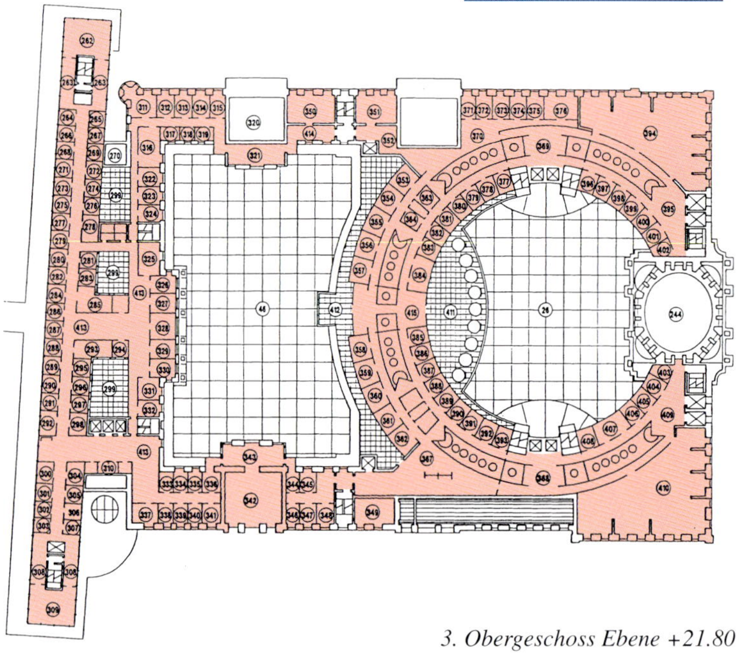

3. Obergeschoss Ebene +21.80

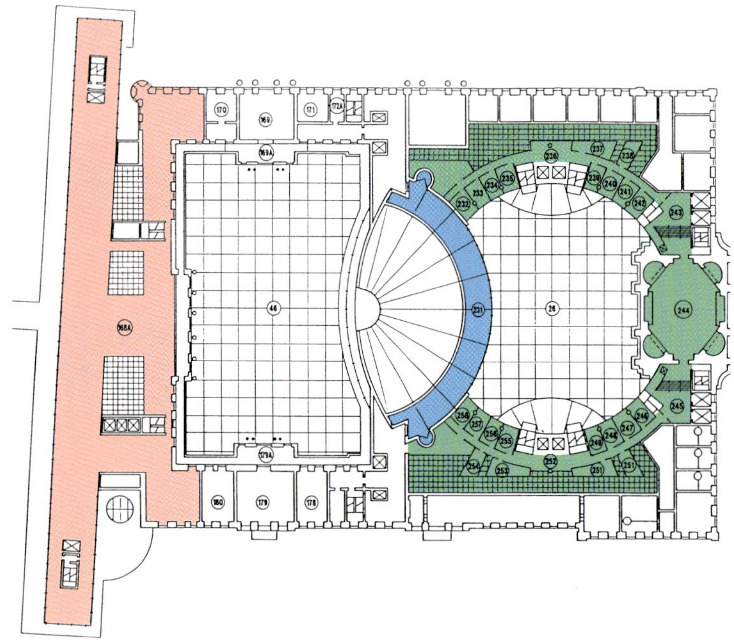

2. Zwischenebene +18.60

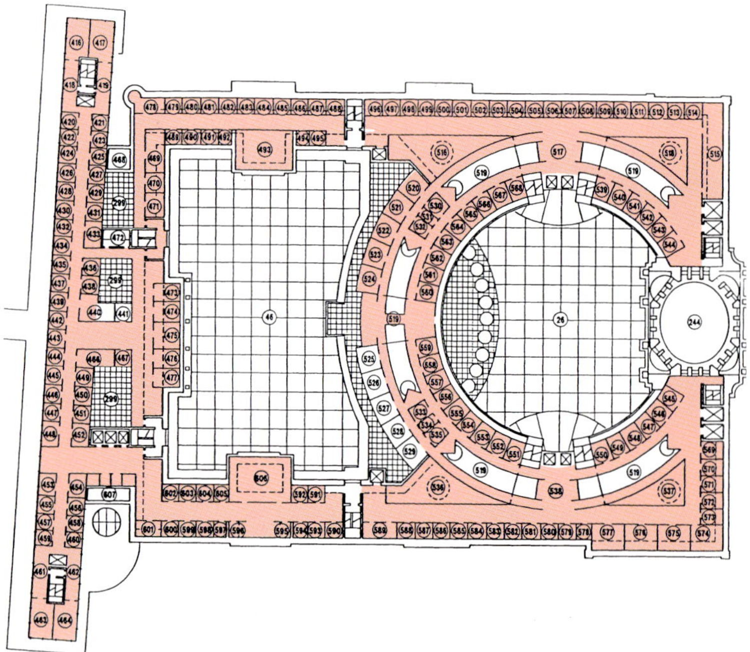

Dachgeschoss Ebene +25.00

Das neue Schloss ist in verschiedene Sicherheitszonen unterteilbar, so dass es auch für staatliche Zwecke ganz oder teilweise nutzbar sein wird. Durch seinen geschlossenen Block sind weitläufige Absperrungen der umliegenden Straßen ab dem Moment nicht mehr erforderlich, in dem die Staatsgäste das Gebäude betreten haben.

Schloss und Museumsinsel: Oase der Ruhe und Kultur im brodelnden Zentrum Berlins – Das Verkehrskonzept

Museumsinsel und Schloss müssen über den Lustgarten hinweg zu einer kulturellen Einheit zusammenwachsen. Über den an das Schloss wie in früheren Zeiten herangeführten Lustgarten entsteht ein homogenes Ensemble.

Deswegen muß der Verkehr aus dem Lustgarten herausgenommen werden und um das Schloss herum über Schlossfreiheit, Schlossplatz, Rathausstraße und Spandauer Straße zur Liebknechtstraße umgeleitet werden. Für die Autofahrer ist dies ein Umweg von 300 Metern, für Berlin der Gewinn einer kulturellen Oase mitten im brodelnden Verkehr, vergleichbar mit der Situation von Louvre und Tuileriengärten in Paris. Eine Studie in Form einer Diplomarbeit hierzu liegt vor, danach ist nicht mit größeren verkehrstechnischen Problemen durch diese Verkehrsführung zu rechnen.

Verkehrsplan Umfahrung des Schlosses

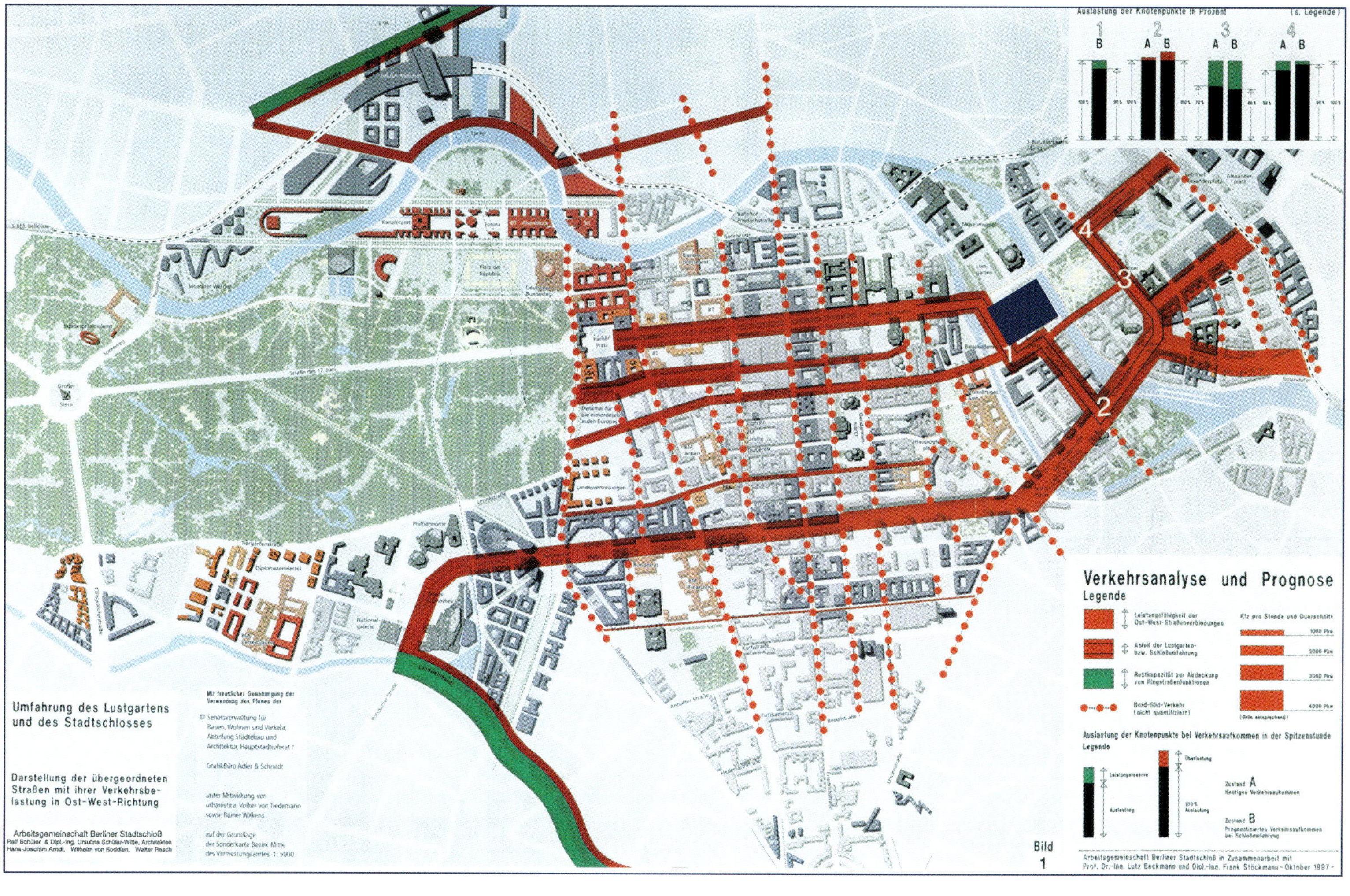

Erstes Treppenpodest der Wendeltreppe
des Großen Treppenhauses von Andreas Schlüter
Blick nach Norden

Erstes Treppenpodest der Wendeltreppe des
Großen Treppenhauses von Andreas Schlüter
Blick nach Süden

Palazzo Madama, Rom: Schlüter übernahm die Ordnung seiner Fensterachsen für das Berliner Schloss: Original und Kopie?

Einzug König Friedrichs I. nach der Krönung in Königsberg 1701

Wilhelm v. Boddien

Die Entscheidung – Oder: wie anfangen?

Ausgangslage

Prinzipielle Einigkeit in Sachen Nutzung

Nach der Asbestbeseitigung im Palast der Republik im Jahr 2002 wird auf dem Schlossplatz in jedem Falle ein großes, repräsentatives, gesellschaftliches Zentrum gebaut. Der Bedarf ist da, und die Nachfrage danach ist jetzt schon groß. Gleich, in welcher Architekturform das neue Gebäude ausgeführt wird, geht es im Streit um die Nutzung allenfalls um deren Details und die Form der Finanzierung. Hier sind sich die über die Architektur heftig streitenden Parteien im Prinzip schon weitgehend einig. Die Nutzung basiert auf drei Säulen:

1. Kulturzentrum in Erweiterung der Museumsinsel.
2. Zentrum aller denkbaren gesellschaftlichen Ereignisse der Hauptstadt.
3. Sitz der Berliner Kopfstellen wichtigster Organisationen aus Wissenschaft und Politik.

Angesichts des Einflusses der Informationstechnologien ist unsere Zeit schnellebiger geworden als je zuvor, der Wertewandel beschleunigt sich. Deswegen kann das neue Gebäude nur dann erfolgreich betrieben werden, wenn es auf Dauer universell genutzt werden kann. Über Einzelheiten wurde hierzu an anderer Stelle bereits ausführlich Stellung genommen.

Die Baukosten der drei Architekturalternativen sind gleich

Oft wird behauptet, das Schloss würde erheblich mehr kosten als ein modernes Gebäude an seiner Stelle oder der sanierte Palast der Republik. Sorgfältige Kalkulationen haben jedoch ergeben:

1. Der Neuausbau des Palastes der Republik nach seiner Asbestentsorgung und der Erweiterungsbau zur Schließung der großen Lükke auf dem Schlossplatz werden rund eine Milliarde Mark kosten.
2. Ein avantgardistischer Neubau in der modernen Architektur z.B. eines „Centre-Pompidou“ an seiner Stelle wird rund eine Milliarde Mark kosten.
3. Die Rekonstruktion des Schlosses in seinem Kernbau wird rund eine Milliarde Mark kosten. Seine Gesamtbaukosten liegen jedoch wegen der aufwendigen, weitgehend in handwerklicher Arbeit herzustellenden Außenfassaden und des Schlüterhofes ungefähr 15 % höher als die der beiden Alternativen.

Diese Mehrkosten, rund 150 Millionen Mark, sollen im Fundraising nach dem Vorbild der Dresdner Frauenkirche als Geschenk interessierter Bürger an ihr Land aufgebracht werden. Sie belasten also nicht die Kalkulation.

Alle drei alternativen Baukonzepte stehen in

Zeitgenössischer Stich des Plans der Schlüterfassade am Schlossplatz

Das Stadtportal Schlüters: Portal I

Bezug auf das einzusetzende Kapital demnach vor einer völlig gleichartigen Herausforderung, über ein geeignetes Nutzungsmix eine hohe, gleichmäßige Auslastung in allen Bereichen zu erzielen und dadurch die Amortisation des eingesetzten Kapitals zu ermöglichen.
Alle drei Alternativen sind für den Bauherren in etwa gleich teuer. Sie unterliegen damit denselben Rahmenbedingungen für die Amortisationsberechnung. Aber nur das Schloss verfügt im Wettbewerb mit anderen vergleichbaren Angeboten der Stadt über ein besonderes Alleinstellungsmerkmal: Es ist das Schloss. Allein dadurch wird es nach den Erfahrungen anderer Städte eine erheblich größere Nachfrage auf dem Veranstaltungssektor erzeugen.
Der Streit geht deswegen nur um die künftige Architektur des Hauses.

Die Argumentationsschwerpunkte

Contra Schloss

1. Unsere Zeit kann sich nur in der ihr eigenen Architektursprache der Nachwelt darstellen. Eine Rekonstruktion früherer Bauten gilt als Armutszeugnis.
2. Ohne Festlegung der Nutzung und Finanzierung darf es keine Architekturentscheidung geben. Die Architektur muß die Nutzung des Hauses eindrucksvoll widerspiegeln.
3. Viele demokratisch-zeitgenössische Veranstaltungen sind in einer Schlosskopie undenkbar, hat sie doch die Aura des Vergangenen.
4. Ein Architekturwettbewerb unter den besten Architekten der Welt wird die Notwendigkeit der Schlossrekonstruktion ad absurdum führen.
5. Wenn dennoch kein überzeugendes Konzept in der Architektursprache unserer Zeit gefunden werden kann, ist es besser, die Entscheidung in die nächste Generation zu verschieben. „Wenn wir heute nicht die geistige Größe haben, den Schlossplatz in der Formensprache unserer Zeit allgemein bewundert zu bebauen, darf dies noch lange kein Grund sein, das überkommene Schloss wiederaufzubauen.“

Das Schloss von Südwesten

6. Die Schlossrekonstruktion ist uns künstlerisch nicht möglich, das Ergebnis wäre damit ein Fake, schlimmer noch: reinstes Disneyland.
7. Der Palast der Republik ist durch seine wechselvolle Geschichte und hohe Akzeptanz durch die Bevölkerung der DDR ebenfalls zu einem Gebäude mit hoher Identifikation, historischer Qualität und damit selbst zum Denkmal geworden. Man darf deswegen nicht die Schande des Abrisses des Schlosses mit dem Abriss des Palastes tilgen. Damit würde schmachvolle Geschichte nur wiederholt.
8. Eine Finanzierung des Bauvorhabens darf nur mit öffentlichen Mitteln erfolgen, um den Einfluss privaten Kapitals auf die Nutzung unmöglich zu machen. Angesichts leerer staatlicher Kassen ist dies Grund genug, die Entscheidung zu vertagen.
   Nur öffentliches Geld sei anständiges Geld, nur mit ihm sei eine Nutzung möglich, die eine Kommerzialisierung des Ortes verhindert. (Franziska Eichstädt-Bohlig, MdB, Bündnis 90/Die Grünen)

Vermittelnde Thesen

In jüngerer Zeit haben prominente frühere Gegner des Schlosswiederaufbaus ihre Meinung geändert. Sie argumentieren differenzierter:

1. Ein Architekturwettbewerb, an dem auch „eine Teilnahme Schlüters" vorgesehen sei, muß vorgelagert werden, dann wird man sehen.
2. Die historische Mitte Berlins wird ihre einstige architektonische Bedeutung wohl doch nur über das wieder errichtete Schloss zurückerhalten können.
3. Die vorhandene, kostbare Bausubstanz der umgebenden Gebäude muß wieder zu einem Ensemble von Weltgeltung zusammengeführt werden. Es bestehen große Zweifel, ob dies in moderner Architektur gelingen kann.
4. Das Schloss war der bedeutendste Bau Berlins, ein hervorragendes Kunstwerk. Die Rekonstruktion muß deswegen mit größter Bemühung um das Optimum durchgeführt werden, Raum für Raum im Prozeß intensiven Nachdenkens. Deswegen kann es nur in einem Langzeitkonzept errichtet werden, über ungefähr 20 Jahre. „Wenn das Schloss in 5 Jahren fertig ist, ist etwas falsch gelaufen." (Senatsbaudirektor Dr. Hans Stimmann).
5. Es kann nur eine staatliche Nutzung geben, „keine Schlossfassade vor einem Kongresszentrum, einem Hotel oder Büros".
6. Wegen der Geldknappheit der öffentlichen Hand muß es auch über diese Bauzeit privat finanziert werden.

Pro Schloss

1. Die Bauentscheidung für den Schlossplatz wird unumkehrbar die architektonische Qualität des Berliner Zentrums beeinflussen, sie entscheidet, ob die Mitte, die jetzt nur Durchgangsstation ist, von der Bevölkerung wieder angenommen und damit wieder zum Oberzentrum der Stadt wird.
2. Der Palast der Republik fügt schon jetzt als Solitärbau dem historischen Ensemble schweren Schaden hinzu. Wird er in alter Form

Das Schloss von Nordosten

wieder ausgebaut und mit einem Anbau erweitert, um das gähnende Loch in der Mitte Berlins zu schließen, wird das Zentrum der Stadt endgültig deformiert und zusammenhanglos, bleibt der Horror des Vakuums, den das gesprengte Schloss hinterließ. Gestaltet man ihn in seinen äußeren Fassaden und im Inneren jedoch um, ist er nicht mehr der Palast der Republik, sonder ein beliebiges modernes Gebäude. Alle Argumente für seinen Erhalt aus Gründen der Identität und Geschichte wären damit hinfällig.

3. Entscheidet man sich für ein Gebäude in der Architektursprache des ausgehenden 20. Jahrhunderts, ähnelt es äußerlich voraussichtlich Dutzenden von Bauten in der Stadt. Es wird ebenfalls keinen Beitrag zur Rehabilitation der historischen Mitte leisten: Industrielle Architektur und Bauausführung sind nicht mit den einmaligen Kunstwerken der historischen Stadtarchitektur vereinbar, wie man in vielen Städten nach den Kriegszerstörungen und modernem Neuaufbau der Zentren inzwischen erkannt hat.
4. Neben dem materiellen Alter eines Baudenkmals hat es ein immaterielles Bedeutungsalter: Gebäude, die identitätsgebend waren, prägend für den Charakter einer Stadt oder Landschaft, dürfen selbst nach der Charta der UNESCO neu errichtet werden, weil sonst ein Stück des geschichtlichen Gedächtnisses ausgelöscht würde. Voraussetzung ist eine Dokumentation, die eine wirklich authentische Kopie ermöglicht. Eine Konferenz der europäischen Denkmalpflege in Klagenfurt im Jahr 1994 forderte genau aus diesem Grunde den Wiederaufbau der durch Kriegszerstörungen völlig entstellten Stadt Mostar in Jugoslawien, um so ein Stück des europäischen Geschichtsgedächtnisses wiederherzustellen.
5. Für das Berliner Schloss treffen alle diese Kriterien zu, ohne es wäre die Entwicklung Berlins zur Metropole undenkbar. Es beherrschte die Stadtmitte und fasste sie zusammen. Nur seine Rekonstruktion in den wichtigsten Bauteilen macht die Mitte wieder zum Gesamtkunstwerk Berlin, entsteht wieder das alte „Spreeathen“ als spannendes Gegengewicht zu den großen Quartieren der Moderne ringsherum, die in überwältigender Weise Besitz von der Stadt genommen haben und die die ursprüngliche Identität der Stadt fast zerstört haben.

   Berlin wird mit der Rehabilitation der alten Mitte wieder austariert. Das Neue Schloss gibt den einzelnen Baukunstwerken wieder Zusammenhang und Halt und stellt ihren ursprünglichen künstlerischen Wert wieder her, war dieser doch immer auf das Ensemble bezogen. Es wird ihr Bezugspunkt wie in den Jahrhunderten zuvor, wird zum Gravitationszentrum der Stadt, zu ihrem Kristallisationspunkt.
6. Das in diesem Spannungsbogen von Alt und Neu wieder aufgebaute Berlin wird zu einem Langzeit-Besuchermagnet in Zentraleuropa, weil großartige europäische Kultur mit dem american way of life und dem Berliner Pep gleichberechtigt verwoben wird.

   Die Gestalt der historischen Mitte, im Kontext mit den Quartieren der Moderne, entscheidet zudem über den architektonischen Rang der Stadt im Konzert der europäischen Kulturstädte für die nächsten Jahrhunderte.

Die Eosandersche Fassade mit dem Triumphportal (Portal III)

7. Die teilweise Wiederherstellung auch des Schlossinneren, zunächst in schlichter Form, und vor allem des Schlüterhofes gibt dem neuen Zentralbau Berlins ein unvergleichliches Alleinstellungsmerkmal. Ein solches Ambiente, in einer Collage verbunden mit vielen neuzeitlich gestalteten Räumen wird mehr Nachfrage dauerhaft auf das Haus ziehen wie ein ausschließlich im Stil des beginnenden 21. Jahrhunderts gestaltetes Gebäude.
   Den besten Beweis hierfür lieferte der G-7 Gipfel in München. Er fand dort in der nach fast vollständiger Zerstörung im 2. Weltkrieg weitgehend originalgetreu wiederaufgebauten Münchner Residenz statt, die hierzu mit Millionenaufwand hergerichtet wurde. Weit billiger hätte man das im örtlichen modernen Kongreß- und Kulturzentrum Gasteig haben können, denn dort war die gesamte benötigte Infrastruktur längst vorhanden. Man entschied sich jedoch für das Schloss, nicht zuletzt wegen der Kälte der Architektur des Gasteig. Die Bundesregierung wollte ihren Gästen die Atmosphäre des großartigen Ambientes des rekonstruierten Antiquariums der ehemaligen königlich-bayerischen Residenz nicht vorenthalten, weil man weiß, dass der äußere Rahmen entscheidenden Einfluß auf die Qualität der Kommunikation hat.
8. Ein Architekturwettbewerb „Modern gegen Schlüter“ wird keine neuen Erkenntnisse bringen. Die emotionale Vorentscheidung der Menschen wird dem Wettbewerb kein sachliches Ergebnis ermöglichen. Er funktioniert ebenso wenig wie z.B. der Wettbewerb zwischen einer Symphonie von Mozart und einer von Strawinski. Ein Urteil darüber kann nur emotional gefällt werden. Schönheit ist kein wissenschaftlich erklärbarer Begriff. Alle angeblich sachlichen Argumente pro oder contra Schloss wirken deswegen nur konstruiert.
   Auch der Siegerentwurf Sir Norman Forsters zum Reichstag hat keinerlei Ähnlichkeit mit dem danach Gebauten. Sein preisgekröntes Dach wurde nicht gebaut, statt dessen kam die Kuppel wieder. Eine emotionale Entscheidung, die die Sachargumente seines Entwurfs beiseite wischte. Dieses Ergebnis hätte man auch ohne Wettbewerb in gleicher Qualität einfacher, billiger und ehrlicher haben können.

Die hohe Qualität der nun schon seit zehn Jahren währenden Debatte, die verbissene Auseinandersetzung zeigt, dass sich alle streitenden Parteien dessen bewußt sind. Seit langer Zeit sind von Seiten der Moderne keine neuen Ideen den bisherigen hinzugefügt worden. Die Zeit für Beschlüsse ist reif.

Was zusätzlich beachtet werden muß

1. Kein privater Investor wird sich finden, wenn er 20 Jahre auf einen Mittelrückfluß verzichten muß. Die Baukosten von mehr als einer Milliarde Mark können solange nicht vorfinanziert werden. Damit ist eine private Finanzierung des Schlosses unmöglich.
2. Eine lange Bauzeit ist nach Ansicht von Fachleuten nicht begründet. Eine gründliche, auch länger währende Planung ermöglicht später eine kurze Bauzeit, und nur diese ist Garant für die notwendige Einhaltung des Kostenrahmens. Das aus der vorgesehenen Nutzung

Das Schloss von Südosten

Die Lange Brücke mit dem Denkmal des Großen Kurfürsten und Schloss

Der Große Schlosshof. Der Drachentöter von Kiß befindet sich jetzt im Nikolaiviertel.

resultierende Baukonzept für das Innere des Schlosses muß deswegen vorher sorgfältig mit allen Interessengruppen abgestimmt werden und in seiner Funktionalität optimiert sein. Erst am Ende dieses Prozesses steht der Baubeginn.

3. Der Schlossbau dauerte vor dreihundert Jahren insgesamt nur 16 Jahre, mit einem höchst aufwendigen Innenausbau, trotz erheblicher zeitlicher Unterbrechungen. Der eigentliche Schlüterbau wurde innerhalb von nur 5 Jahren vollendet.
4. Mit den heutigen technischen Möglichkeiten ist eine sorgfältige Rekonstruktion einschließlich von Teilen des Inneren seriös in deutlich kürzerer Zeit möglich. Fachleute sprechen von 5 bis 6 Jahren.
5. Das Argument, man dürfe in dem Schloss kein „Hotel" und keine „Büros" einbauen, dieses würde der Würde des Ortes nicht gerecht, ist historisch unbegründet: Das alte Schloss war bis in die zweite Hälfte des 19. Jahrhunderts Sitz preußischer Verwaltungen, bestand mit dem größten Teil seiner Flächen nach heutiger Lesart aus „Büros" und Dienstleistungsräumen.
   Viele seiner Wohnungen dienten höchsten Staatsbesuchern als Gästehaus der Monarchie, es war nach heutiger Interpretation also ein 5-Sterne-Grandhotel. Nur ungefähr ein Drittel seiner Fläche und nur 10 % seiner Räume dienten der Staatsrepräsentation und als Wohnung der Hohenzollern. Das alte Schloss war auch früher schon, über Jahrhunderte, ein öffentlicher Bau mit einer „Mischnutzung". Zum Museum wurde es erst in der Weimarer Republik.

Man ahnt vor dem Hintergrund dieser erst jüngst vorgetragenen Argumente der Schlossgegner den neuerlichen Versuch, die längst mögliche Entscheidung weiter auf das lange Gleis zu schieben, nachdem sich inzwischen eine große Mehrheit in der Bevölkerung Berlins pro Schloss gebildet hat, die man zwar zur Kenntnis nimmt, aber nicht akzeptieren will.

Damit gewinnt man wieder Zeit, hofft, daß später die Welle der Zustimmung zur Schlossrekonstruktion wieder abebbt. Danach wird man unbehelligt von der Öffentlichkeit seine ursprünglichen Vorstellungen doch durchsetzen können und modern bauen, vielleicht sogar mit dem vordergründigen Bedauern, dass wegen des Scheiterns der privaten Finanzierung der Schlossbau leider nicht möglich geworden sei. Daran habe man aber keine Schuld.

Die Entscheidung muß jetzt fallen

Die Entscheidung über die künftige Gestalt des Berliner Zentralbaus ist hochpolitisch und mit Sachargumenten nicht mehr zu beeinflussen. Alle Fakten liegen seit geraumer Zeit auf dem Tisch, ohne dass man dadurch einer Lösung näher gekommen ist. Berlin dreht sich im Kreis. So schreibt Christian van Lessen am 10. April 2000 im Tagesspiegel, nach der Entscheidung des Potsdamer Magistrats, das dortige Stadtschloss wiederaufzubauen:

„In Berlin hat man sich für einen anderen Weg zum Schloß entschieden, einen Weg des Abwartens und Zerredens, einen Weg ohne Visionen, ohne klare Worte und Beschlüsse. (...) Während sich Potsdam zum Schloßaufbau bekennt, übt sich das politische Berlin in warmen Worten für den Schloßaufbau, ansonsten eher in Bedenken. Man schaut begeistert auf Schloßmodelle, wartet aber auf ein Votum des Bundes und auf das Ende der Asbestsanierung im Palast der Republik. Man wartet, daß ein Investor vom Himmel

Der Schlüterhof. Nordrisalit mit dem Treppenhaus zum Rittersaal

Der Schlüterhof. Hauptrisalit mit dem Haus der Gigantentreppe

fällt, das Schloß aufbaut und ein wenig „Palast" übrigläßt. Wenn einer schon vom Himmel fällt, dann in Potsdam. Eben schon hat sich die Fundus-Gruppe als Interessent gemeldet. Klare Worte machen eben am ehesten Visionen wahr."

Die politische Entscheidung über die äußere Gestalt des neuen Hauses am Schlossplatz muß deswegen jetzt als erstes getroffen werden. Der Zeitpunkt hierfür ist jetzt so günstig wie noch nie zuvor, auch unter wahltaktischen Aspekten:

1. In der Bevölkerung hat sich eine Mehrheit für den Wiederaufbau des Schlosses gebildet. Die überaus positive Reaktion der Medien auf den Wiederaufbaubeschluß für das Potsdamer Stadtschloss im April 2000, verbunden mit z.T. bissiger Kritik an der Entschlusslosigkeit beim Berliner Stadtschloss zeigt, dass die Zeit reif ist, auch hier zu entscheiden. Die Berliner Bevölkerung wird dies begrüßen.
2. Der hierfür notwendige Beschluss, die Ruine des Palastes der Republik abzubrechen und das Schloss in wesentlichen Teilen, einschließlich des weltberühmten Schlüterhofes, wiederaufzubauen, kann von interessierter Seite politisch-wahltaktisch nicht genutzt werden, wenn die Entscheidung noch im Jahr 2000 getroffen wird:
   Die nächste Bundestagswahl findet erst im Herbst 2002 statt, die nächsten Landtagswahlen in Berlin und Brandenburg erst im Herbst 2004, also erst in mehr als vier Jahren.
3. Bis dahin ist die Planung des Schlosses beendet und der Bau längst begonnen. Seine vorgesehene öffentliche Nutzung wird bis dahin jedem Bürger verständlich gemacht worden sein und die Stadt befriedet haben.
   Die Vorfreude auf das Kommende macht einen rückblickenden Wahlkampf über die dann lange zurückliegenden Entscheidung gegenstandslos.

Vorschlag zum weiteren Prozedere

Die lange Debatte über den Schlossplatz kann nur in folgender Weise konstruktiv beendet und damit einer Lösung zugeführt werden:

1. Politische Entscheidung über die Architekturform.
2. Politische Entscheidung über das Nutzungskonzept.
3. Politische Entscheidung über die Form der Finanzierung.

Danach:
Ausschreibung eines beschränkten Investorenauswahlverfahrens unter den seriösen Bietern des Interessenbekundungsverfahrens, ggf. um wenige weitere Konsortien erweitert. Die Investoren sollen im Rahmen der Vorgaben für die Nutzung und Architektur in Zusammenarbeit mit Architekten und Finanziers ihre Konzepte im Wettbewerb einreichen. Dabei ist darauf zu achten, dass die authentische, handwerkliche Rekonstruktion der vorgegebenen Teile des alten Schlosses zur Auflage gemacht wird. Hierzu ist auch der Sachverstand der Denkmalpflege einzuschalten:
Betonguß an Stelle von in alter Technik künstlerisch bearbeitetem Sandstein darf es nicht geben.

Die Findungskommission

Nach einem gemeinsamen Beschluss vom 19. Januar 2000 setzen die Bundesrepublik und das Land Berlin gemeinsam eine hochkarätig und international besetzte Findungskommission zur Vorbereitung der Entscheidung über den Schlossplatz ein. Diese Idee an sich ist zu begrüßen. Die bisher bekannt gewordene Aufgabenstellung zur Zielfindung ohne klare Zielvorgaben wird jedoch Zeit und Geld kosten, ohne sinnvolle Ergebnisse erwarten zu lassen. Die Tatsache, dass diese Kommission Ende Mai immer noch nicht benannt wurde, deutet auf eben diese Schwierigkeiten hin. Je hochkarätiger sie besetzt ist, ist sie zudem auf die Zuarbeit von Fachleuten der Bundesregierung und des Senats angewiesen. Deswegen sollte ihr Aufgabenbereich anders definiert werden:
Die zuerst zu treffende politische Entscheidung über die Architektur des Hauses setzt den äußeren Rahmen. Die Kommission erarbeitet bis ins Detail die Nutzungsmöglichkeiten und macht Vorschläge zur Finanzierung des Hauses.
Diese Ergebnisse werden anschließend von BMBau und SenBau in einen Masterplan und

schließlich in Ausschreibungskriterien umgesetzt. Die Ausschreibungsbedingungen sollten ausdrücklich vorsehen, dass sich die Findungskommission vorbehält, aus den verschiedenen Entwürfen nicht nur einen insgesamt zum Sieger zu küren, sondern ggf. die besten Details anderer Entwürfe in diesen mit zu integrieren, wenn er in den entsprechenden Details schwächer ist. Ziel muß ein zu prämierendes, optimales Gesamtkonzept sein. Die Ausgewogenheit von architektonischer Konzeption, optimaler Umsetzung des Nutzungskonzeptes und die Schlüssigkeit der finanziellen Kalkulation muß im Vordergrund stehen.
Danach wird der Bauwettbewerb im Rahmen des Investorenauswahlverfahrens durchgeführt.
Die Mitglieder der Kommission, ergänzt durch ausgewählte politische Mandatsträger, Fachleute und engagierte Bürger bilden schließlich das Preisgericht, das die Entwürfe der einreichenden Konsortien prüft und die Auszeichnungen vergibt.

Wann steht das Neue Schloss?

Unmittelbar nach der Entscheidung über das beste Gesamtkonzept wird der Bauauftrag erteilt, danach erfolgt die Feinplanung.
Bei einer zügigen politischen Vorentscheidung könnte dieser planerische Ablauf im Jahr 2003 abgeschlossen werden und mit dem Bau begonnen werden. Eine realistische Bauzeit liegt dann bei vier bis sechs Jahren, so dass 2009 mit dem 10-jährigen Jubiläum der Wiedereinsetzung Berlins als deutscher Hauptstadt das Haus der Öffentlichkeit für ihre vielfältigen Veranstaltungen übergeben werden könnte, in Teilbereichen durchaus auch schon früher.

Finanzierungskonzept des Wiederaufbaues des Berliner Schlosses über eine Aktiengesellschaft

Für die private Finanzierung stehen zwei Modelle zur Verfügung, das Erbbaurecht und die Finanzierung über den Kapitalmarkt in Form einer Aktiengesellschaft oder eines Fonds.
Das Erbbaurecht sichert dem Staat nach dem Heimfall das alleinige Eigentum auch an dem Gebäude, hat aber für den Geldgeber Nachteile: Er erwirbt kein Vermögen, sondern einen Schuldtitel mit Tilgung und Verzinsung. Er hat bei Inflation allenfalls über den Zinsanteil einen gewissen Ausgleich, nimmt aber an der Vermögensentwicklung des eingesetzten Kapitals in Form des Gebäudes nicht teil. Für die Finanzierung eines so großen Objektes ist die Beteiligung institutioneller Anleger wie Versicherungsgesellschaften usw. nötig, da es kaum über den Markt von Kleinanlegern abgedeckt werden kann. Diese lehnen aus den vorgenannten Gründen in der Regel eine Beteiligung an einem Erbbaurecht unter 99 Jahren ab, suchen die mündelsichere Anlage, die einen Wertverlust ausschließt. Diese ist aber nur in Eigentum darstellbar.
Die optimale Alternative zum Erbbaurecht ist die Finanzierung über eine Aktiengesellschaft. Die Vorteile stellen wir in der folgenden Aufstellung dar:
Die Finanzierung der Schloßfassaden über Spenden nach dem Modell der Dresdener Frauenkirche ist bei diesem Modell vorläufig außer Acht gelassen worden, aber weiterhin zusätzlich möglich. Hierbei erhöht sich natürlich die Rentabilität des Kernbaus.
Auch andere Stückelungen sind denkbar, diese

Baukosten

Grundstück	DM	350.000.000,–
Kernbau	DM	1.000.000.000,–
Mehrpreis Schlossfassade	DM	150.000.000,–
Investitionsvolumen:	Gesamt DM	1.500.000.000,–

Ausgabe von Schlossaktien

Nominalwert:		
1 Million Aktien à DM 500,–	Gesamt DM	500.000.000,–
1 Million Aktien à DM 1.000,–	Gesamt DM	1.000.000.000,–
	Gesamt DM	1.500.000.000,–

Streuung der Aktien

Bundesrepublik Deutschland		
175.000 Stück à DM 1000,–	Gesamt DM	175.000.000,–
Land Berlin		
175.000 Stück à DM 1000,–	Gesamt DM	175.000.000,–
Streubesitz		
Diverse Kleinaktionäre		
1.000.000 Stück à DM 500,–	Gesamt DM	500.000.000,–
Institutionelle Anleger		
650.000 Stück à DM 1000,–	Gesamt DM	650.000.000,–
	Gesamt DM	1.500.000.000,–

Neptunbrunnen auf dem Schlossplatz, während der Abräumung des Schlosses

Der Schlüterhof. Hauptrisalit 1950, wenige Tage vor der Sprengung

Neptunbrunnen auf dem Schlossplatz, jetzt vor dem Roten Rathaus

Der Schlüterhof. Sprengung des Hauptrisalites November 1950

sind unter Vermarktungsaspekten zu ermitteln. Der Ausgabekurs kann erst nach Vorlage der endgültigen Kostenkalkulation festgelegt werden und richtet sich nach dem dabei ermittelten hochwertigen Gebäude und seiner Vermietbarkeit.

Rechte der öffentlichen Hand

Die Ausgabe der Aktien ist in Stammaktien und Vorzugsaktien denkbar. Die Streuung der Stammaktien kann so erfolgen, dass die öffentliche Hand eine Mehrheit an Stimmrechten erhält. Alle weiteren Aktien werden als Vorzugsaktien ohne Stimmrecht ausgegeben.

Alternative:

- Alle Aktien werden als Stammaktien ausgegeben. Bund und Berlin erhalten eine Sperrminorität. Eine Übernahme der Mehrheit der Aktienstimmrechte durch private Anleger ist nicht möglich ohne Zustimmung.
- Vetorecht gegen bestimmte Nutzungen.

Bei Gewinn der AG Ausschüttung von Dividende auf das eingesetzte Kapital.
Damit gehen keine der bisherigen Privilegien der öffentlichen Hand verloren.

Vorteile gegenüber einem Erbbaurecht

Durch Schaffung der Aktien als Besitzzertifikate ergibt sich eine bessere Vermarktungsmöglichkeit, da der Aktionär Schloßanteilseigner wird. Die Finanzierung ist weitgehend über Eigenkapital möglich, daher ergibt sich eine bessere Rendite für die Anteilseigner.
Die Aktie ist wertbeständig, langfristig sogar wertgesteigert und handelbar. Der Anteilseigner kann jederzeit über die Börse sein Kapital in Liquidität zurückverwandeln.

Über eine entsprechende Vermarktungskampagne dürfte eine volle Zeichnung des Aktienkapitals kein Problem darstellen, wie der Börsengang vieler Unternehmen der jüngsten Zeit zeigt, bei denen in der Regel das Kapital überzeichnet wurde. Es ist genügend Liquidität am Kapitalmarkt vorhanden.
Entscheidend für den Erfolg der Vermarktung ist natürlich ein stimmiges, allen Ansprüchen gerecht werdendes Bau-, Nutzungs- und Amortisationskonzept. Diese Voraussetzung müßte allerdings bei einer Finanzierung über das Erbbaurecht in gleicher Weise geschaffen werden.

Einbindung weiter Teile der Bevölkerung möglich

Die Bevölkerung wird zum Schlossbesitzer. Die Stückelung der Aktien ermöglicht es auch dem „kleinen Mann“, Aktien zu erwerben.
Wie am Beispiel des Berliner Zoos sichtbar, wird der Besitz der Schlossaktie dann für viele Bürger zum Beweis ihres Engagements für die Stadt, Man will dabei sein: Die Zooaktien werden kaum gehandelt, sondern innerhalb der Familien seit langem in der Regel weitervererbt. Renditeaspekte stehen dabei im Hintergrund. Man kann den Aktionären statt Rendite auch Privilegien besonderer Art einräumen wie freien Eintritt zu bestimmten Bereichen des Schlosses, eine Raumflucht wird exklusiv für Aktionäre reserviert.
Die Aktie wird in grafisch dekorativer Form gedruckt, so dass sie auch als Wandschmuck eingesetzt werden kann. Damit kann sich der Aktionär in seinen Geschäfts- und Wohnräumen als Schloßanteilseigner ausweisen.

Attraktiv für institutionelle Anleger

Instituionelle Anleger legen Wert auf sichere Anlage mit langfristiger Wertsteigerung. Über die Aktie können sie für die Anlage gewonnen werden. Die Akquisition institutioneller Anleger ist bei einem Erbbaurecht unter 100 Jahren kaum möglich.

Erhöhung des Anteils der öffentlichen Hand

Die öffentliche Hand kann bei diesem Modell einzelne Gebäudebereiche des Projektes, z.B. die ethnologischen Sammlungen der Stiftung

Schlosssimulation 1993/94, Nachtaufnahme

Preußischer Kulturbesitz oder die Bibliothek mit öffentlichen Mitteln finanzieren. Hierzu bietet sich die Übernahme weiterer Aktien an, über den in Aktien dargestellten Wert des Grundstückes hinaus.
Dieser Bereich könnte aus der Amortisationsrechnung herausgenommen werden. Mietzahlungen hierfür sind dann nicht erforderlich.
Die öffentliche Hand hat zudem jederzeit die Möglichkeit, bei entsprechender Liquidität weitere Aktien aufzukaufen, die Aktienmehrheit zu erhalten. Dabei können Zeiten niedriger Börsenkurse genutzt werden, relativ preiswert den Anteil zu erhöhen.
Der öffentlichen Hand kann zusätzlich ein Vorkaufsrecht für die Schloßaktien eingeräumt werden.

Sicherheit für die Geldgeber

Von Fachleuten des Finanzministeriums ist zu hören, dass der Staat befürchtet, durch Einbringung der Grundstücke in die AG bei einem möglichen Insolvenzverfahren diese zu verlieren. Durch die klare rechtliche Trennung der AG als Holding von einer Betriebsgesellschaft, an die das Gebäude insgesamt unter Haftungsausschluss verpachtet wird, können diese Bedenken zerstreut werden:
Ein Insolvenzverfahren trifft nur die Betreibergesellschaft. Die eigenkapitalfinanzierte AG wird davon nicht berührt: Sie muß zwar für die Zeit, bis eine neue Betreibergesellschaft gefunden wurde, auf Einnahmen verzichten, verliert aber nicht die Kapitalbasis. Damit hat der Staat die größtmöglichen Sicherheiten für seinen Grund und Boden.

Zukunftsaussichten

Da das Schloss als das Veranstaltungs- und Kommunikationszentrum der Republik per se errichtet wird, ist abzusehen, dass es mittelfristig zu gewinnbringenden Preisen voll ausgelastet sein wird. Seine Toplage in Berlin, die mit keiner anderen vergleichbar sein wird, sein ganz besonderes Ambiente – es gibt nur dieses Schloss – erhebt es weit über vergleichbare, in neuzeitlicher Architektur gestaltete Objekte, garantiert zudem die Wertbeständigkeit der Anlage und seinen Wertzuwachs über die Inflationsrate hinaus. Dadurch, dass die Aktien sowohl im Streubesitz wie auch bei den institutionellen Anlegern langfristig im Depot gehalten werden, ist damit zu rechnen, dass der Markt frei gehandelter Aktien relativ klein sein wird. Dies führt bei entsprechender Nachfrage zu hohen Kursen.

Lustgartenportal

Richard Schröder

Was tun – Schlussbetrachtungen

Als ich 1962 zum Studium nach Berlin kam, war der Berliner Dom noch Teilruine. Gegenüber lag ein großer freier Platz mit einer riesigen gemauerten Tribüne, auf denen sich die Partei- und Staatsführung postierte bei „Kampfdemonstrationen der Werktätigen" und Militärparaden. Tage vor dem 1. Mai und dem 7. Oktober wurde die Tribüne mit einem eisernen Gitter umgeben und von Sicherheitskräften bewacht. Erst später erfuhr ich, dass hier einmal das Berliner Stadtschloss gestanden hatte und noch später, dass es einigermaßen den Krieg überstanden und erst danach gesprengt und abgeräumt wurde, eine der vielen symbolischen Sprengungen, die mit der Geschichte brechen wollten. Die letzte spektakuläre Sprengung dieser Art war die der Leipziger Universitätskirche 1968. Andere Zeugen der Vergangenheit wurden durch Vernachlässigung zerstört. Das „Neue Deutschland", für das die DDR sich ausgab, sollte radikal mit der Vergangenheit brechen, und das sollte auch architektonisch vollzogen werden.

Aus dem Jahre 1951 gibt es eine Zeichnung, die auf dem Schlossplatz einen riesigen Turm im Stil der Moskauer Lomonossow-Universität zeigt, im Zuckerbäckerstil der Berliner Stalinallee, davor ein großer freier Platz, auf dem Volkstanzgruppen demonstrieren. Das ungefähr war Stalins Vorstellung vom neuen sozialistischen Menschen. Wahrscheinlich haben uns die leeren Staatskassen der DDR vor diesem architektonischen Ungeheuer bewahrt. 1973 wurde dann der „Palast der Republik" errichtet, aber nicht im Format des Schlosses, sondern als langgestreckter Bau am Ufer, der in die Straßenflucht hineinragt, davor weiterhin ein riesiger freier Platz. Der „Palast der Republik" war ein merkwürdiger Zwitter. Einerseits war rechts in den Bau eine Tribüne integriert, wie sie für die unvermeidlichen Demonstrationen gebraucht wird. Daher auch das städtebaulich deplazierte langgestreckte Format. Der gähnend freie Platz war noch immer für Aufmärsche gedacht. Aus mir unbekannten Gründen fanden aber dann die obligaten Demonstrationen doch nicht hier, sondern auf der „Stalinallee", nun „Karl-Marx-Allee", statt. Der „Palast der Republik" entwickelte sich tatsächlich zu einem offenen „Haus des Volkes", als „Erichs Lampenladen" oder der hohen Kosten wegen als „Ballast der Republik" bespöttelt, aber nie gehaßt. Seine Gaststätten wurden auch für Familienfeiern gern genutzt. Der in die Straßenflucht ragende Teil beherbergte den Sitzungssaal der Volkskammer, der aber nur zweimal jährlich benutzt wurde, denn öfter tagte die alte Volkskammer nicht – bis die Verhältnisse im Herbst 1989 zu tanzen begannen. Da war es vorbei mit der Totenstille im Volkskammerflügel. Die alte Volkskammer versuchte unter dem Druck der Demonstrationen und des Runden Tischs schnell noch Volksvertretung zu werden. Sie zitierte Mielke vor sich, der die geflügelten Worte sprach „Ich liebe euch doch alle", sie strich die „führende Rolle der Partei" aus der Verfassung und beschloß schließlich freie Wahlen. Und dann zog doch tatsächlich noch für ein halbes Jahr ein echtes Parlament in dieses Gebäude ein. Doch da zeigte sich, wie wenig dieser Bau für ein echtes Parlament geeignet war. Abgeordnetenbüros waren gar nicht vorgesehen. Dafür mußte das Gebäude des ZK der SED, nun zum „Haus der Parlamentarier" geadelt, einbezogen werden. Trotzdem: Hier wurde der Beitritt der DDR zur Bundesrepublik beschlossen.

Wahrscheinlich hat sich schon Walter Ulbricht, sicher aber Erich Honecker über die Sprengung des Berliner Stadtschlosses geärgert. Denn die anderen kommunistischen Führer residierten im Kreml der Zaren oder auf der Prager Burg der böhmischen Könige. Unter Honecker änderte sich die „Geschichtspolitik" der SED, und das schlug sich auch in der Stadtplanung nieder. Die Idee der „sozialistischen Stadt", die das Vorhandene radikal wegräumte, um das ganz Neue entstehen zu lassen, hatte die Stalinallee geschaffen und den Alexanderplatz. Doch das Neue offenbarte sich schnell als steril, ungeeignet für städtisches Leben. Parallel dazu verlor offenbar die Idee des Neuen Deutschland, des neuen Menschen, der sozialistischen Stadt an Legitimationskraft. Kompensatorisch dazu sollten nun offenbar verstärkt geschichtliche Bezüge Legitimation verschaffen. „Unter den Linden" war ja immer von der Politik des Abräumens ausgenommen worden. Jetzt entstanden der Gendarmenmarkt und das Nikolaiviertel neu im alten Format. Friedrich der Große erschien wieder Unter den Linden. Er war im Park von Sanssouci versteckt gewesen.

Dadurch ist der Palast der Republik sozusagen in die Klemme geraten zwischen zwei städtebauliche Konzepte. Man geht vom Brandenburger Tor aus Unter den Linden entlang und ist gespannt, wohin diese Prachtstraße führt. Na, wohin? Auf ein Riesenrad oder einen Parkplatz, einen Rummel oder den Weihnachtsmarkt. Die Straße Unter den Linden ist wie ein Witz ohne Pointe.

Dagegen hilft nur ein: Wir müssen das Schloss wieder aufbauen. Zu teuer? Die Polen sind kein reiches Volk und haben trotzdem ihr Schloss von unten an neu aufgebaut. Die Dresdener haben mit dem Aufbau der Frauenkirche bewiesen, dass da scheinbar Unmögliches möglich ist. Die Erinnerungen an Familienfeste sind kein hinreichender Grund, den Palast der Republik unangetastet zu lassen. Die nächste Generation hat solche Erinnerungen nicht mehr und wird sich nur noch über den deplazierten Kasten wundern. Dass damit auch der Ort verschwindet, an dem das einzig frei gewählte Parlament der DDR getagt hat, ist bedauerlich, aber unvermeidlich. Der Bau hat das falsche Format. Die frei gewählte Volkskammer hat ihn doch außerdem sozusagen vorteilhaft zweckentfremdet. Geschaffen ist er bloß für die Scheindemokratie des Abnickens zweimal jährlich. Der Sitzungssaal, der Volkskammersaal mit seinem nunmehr historischen Mobiliar könnte ja zur Erinnerung an das bewegte halbe Jahr respek-

tabler deutscher Parlamentsgeschichte innerhalb des Schlosses rekonstruiert werden. Seitdem der Dom rekonstruiert ist und der Lustgarten auch und das schreckliche Außenministerium verschwunden ist, fehlt das Schloss um so deutlicher.

Prof. Dr. h.c. Dr. theol. habil. Richard Schröder, Blankenfelde, geb. 1943, ist 1. Vizepräsident der Humboldt-Universität Berlin und Inhaber des Lehrstuhls für Philosophie Berlin. Er war Mitglied der frei gewählten, letzten Volkskammer der DDR und Vorsitzender der SPD-Fraktion.

Östliche Linden, Forum Fridericianum, 1853

Jetzt: VEB Tiefbau Berlin N 4, Chausseestr. 8

BAUWESEN UND BAUSTOFFE

VEB ABRÄUMUNG UND ERDBAU

ENTTRÜMMERUNG
ERDBAU
ABBRUCHARBEITEN — SPRENGUNGEN
GEFAHRENSTELLENBESEITIGUNG
TRÜMMER-AUFBEREITUNG UND -VERWERTUNG

Magistrat von Groß-Berlin
Abt. Aufbau
8. JUNI 1951

Abt. Mitte, NW 7, Schiffbauerdamm 35 Tel. 42 1758

Telefon: 56 42 01

Bankkonto: Berliner Stadtkontor
Berlin-Weißensee, Berliner Allee 241
Konto Nr. 154/8881

Postscheckkonto: Berlin Nr. 69626

An den
Magistrat von Gross-Berlin
Abt. Aufbau, Amt f. Abräumung
Berlin C 2

Klosterstr. 47

Titel IX

Kostenstelle: 58 21o
Kostenträger: T 902

BERLIN-WEISSENSEE, Pistoriusstr. 108

Ihr Zeichen Ihre Nachricht Unser Zeichen Fg/Zi den 5. Juni 1951

Angebot Nr. 183/5o-51/63

Bei Auftragserteilung Angabe der Angebotsnummer unbedingt erforderlich

Betr. Schlossruine Los Nr. 143/5o

Dieses Angebot umfaßt sämtliche bisher erstellten Angebote betr. der direkten Enttrümmerung der Baustelle Schloss-Ruine sowie einige Arbeiten, welche noch nicht angeboten waren:

Angebot-Nr.	1	vom	26. 8.5o	dose Trümmer Auftrag 1/1892/5o	vom	5. 9.5o
"	2	"	11. 9.5o	"	"	23. 9.5o
"	7	"	28.9.5o	Apothekenflügel "	"	14.11.5o
"	7a	"	3o.1o.5o	"	"	14.11.5o
"	16	"	19.1o.5o	Terrasse Spreeseite	"	15.11.5o
"	18	"	4.11.5o	Eosander südwest	"	12.12.5o
"	19	"	4.11.5o	Eishof "	"	12.12.5o
"	2o	"	4.11.5o	Mittelbau "	"	12.12.5o
"	21	"	4.11.5o	Eosander/Bühne Süd	"	12.12.5o
"	31	"	2o.11.5o	Elisabeth/Spreeflügel	"	12.12.5o
"	32	"	2o.11.5o	Spreeflügel "	"	12.12.5o
"	32a	"	3o.12.5o	Portal II Bereich	"	27. 1.51
"	33	"	2o.11.5o	" "	"	12.12.5o
"	44	"	13.12.5o	Spreeflügel, Eishof	"	28.12.5o
"	45	"	19.12.5o	Flügel Lustgarten	"	28.12.5o
"	46	"	28.12.5o	Fassade Lustgarten	"	6. 1.51
"	47	"	29.12.5o	Eosanderbau Nordwest	"	9. 1.51
"	48	"	3o.12.5o	Diverses "	"	26. 1.51

zu 49